何以
以
中国

在这里，读懂中国

何謂唐代

东欧亚帝国的兴亡与转型

唐代

[日] 森部丰 —— 著

马云超 —— 译

浙江人民出版社

浙 江 省 版 权 局
著作权合同登记章
图字:11-2023-436号

图书在版编目（CIP）数据

何谓唐代 ：东欧亚帝国的兴亡与转型 / （日）森部
丰著 ；马云超译. — 杭州 ：浙江人民出版社，2024.
9. — ISBN 978-7-213-11508-0

Ⅰ．K242.07

中国国家版本馆CIP数据核字第2024FQ3862号

审图号：GS（2024）2152号

何谓唐代：东欧亚帝国的兴亡与转型

[日] 森部丰　著　马云超　译

出版发行:浙江人民出版社(杭州市环城北路177号　邮编　310006)
市场部电话:(0571)85061682　85176516

责任编辑:李　信　　　　　　　封面设计:尚燕平
责任校对:王欢燕　　　　　　　内文设计:王　芸
责任印务:程　琳　　　　　　　营销编辑:陈雯怡　张紫懿
电脑制版:杭州天一图文制作有限公司
印　　刷:杭州广育多莉印刷有限公司
开　　本:880毫米×1230毫米　1/32　　印　张:10.375
字　　数:226千字　　　　　　　　　　插　页:7
版　　次:2024年9月第1版　　　　　　印　次:2024年9月第1次印刷
书　　号:ISBN 978-7-213-11508-0
定　　价:78.00元

如发现印装质量问题,影响阅读,请与市场部联系调换。

太宗嘗天日表纳谏爱言心转小
鄭心澤社俊日抗論翰志陳不揽
楊祿會合一堂上賢乾美春此相間
後未間相寫真真五个见无啓事伸
茄艳吝常照而光為靴頭寫意人眾
折橡 上賢道讀論忠唐美顏稱風雷
唐太宗纳諫圖
題徐仲和臨閻立本畫

徐仲和临阎立本画《唐太宗纳谏图》（现藏台北故宫博物院）

通过"玄武门之变"夺权的唐太宗，在位期间平定割据势力，攻灭东突厥等部族政权，被尊奉为"天可汗"，并因其虚心纳谏、开创"贞观之治"，成为历代帝王的楷模。

传（唐）李昭道绘《明皇幸蜀图》（现藏台北故宫博物院）

"安史之乱"后，由于外敌入侵、叛军攻击、藩镇争斗等，唐朝皇帝数次逃离都城长安。其中著名的事件有：天宝十五载（756），安禄山军直逼长安，玄宗被迫逃往蜀地；广明元年（880），僖宗因"黄巢之乱"一度前往蜀地避难。

大秦景教流行中国碑（现藏西安碑林博物馆）

唐朝长期奉行兼收并蓄、开放包容的文化政策，在儒、佛、道之外，祆教（琐罗亚斯德教）、景教（基督教的一支）、摩尼教等也均有传播。至武宗时期（840~846），唐朝发起废佛运动，除道教外，诸教多受到弹压，文化政策亦向内敛保守转变。

出版者言

中华文明源远流长，文化博大精深，历史悠久深邃。"何以中国"是时代之问，是历史之问，我们给予积极回应。

本书系从不同角度展开解读，致力于展现中国历史文化全貌，内容涵盖中国独特的国家运转机制、社会道德秩序，特殊的文化制度、技术成就，关键历史节点、人物等方面，结合文明互鉴的视角，助力读者更好地理解中华文明起源、发展，文化嬗变，历史变迁的深层原因与具体历程。

本书系兼具学术性与可读性。作者有着不同专业背景、思维方式与研究方法。不同作者的成果，能让读者突破成见，看到多面的中国历史，甚至一探中国之为中国的深邃底蕴，以及文明自我更新的可能之道。

所选书目，表述上也各有所异：有的是整体俯瞰，有的是细处观摩；有的是通史分析，有的是断代剖析；有的是他者视角，有的是自我反思。但所通的是，都以各自的方式溯源历史、寻脉中华，希望读者能在这里读懂中国，读懂中华文明。

知所从来，方明所往。

何以中国？是以中国。

浙江人民出版社

中译本序

　　这本书原本是日本关西大学森部丰教授写给日本普通读者的，列入中央公论新社的《中公新书》丛书的"世界史"系列中，2023年3月25日在东京出版。我们称这种书是"通俗读物"，是随身携带、可以在路上阅读的"口袋书"。《中公新书》或以前的《中公文库》我也买过或受赠过几本，如护雅夫《古代游牧帝国》（1976年）、江上波夫《骑马民族国家——通往日本古代史的途径》（1984年）、宫崎市定《大唐帝国——中国的中世》（1988年）、金子民雄《斯文·赫定传——伟大的丝绸之路探险者》（1988年）、砺波护《隋唐的佛教与国家》（1999年）、赤松明彦《楼兰王国——罗布泊畔的四千年》（2005年）、丸山裕美子《正仓院文书的世界——重回天平时代》（2010年）等，都十分好看，带在身上，乘地铁或新干线时阅读，也十分方便。

　　森部丰的这本书，是按照给日本读者阅读而设计的，其实也完全适合于中国读者。其以唐代政治史为主要内容，按照时间先后，从唐朝的建立，一直讲到唐朝灭亡后的五代十国。他特别强调本书不同于此前出版的日文唐代历史的概说书，一是把唐朝历史放置在整个"东部欧亚大陆"的广阔空间里加以阐述，而不是只局限在"中国"历史的范畴中叙述；二是更详细地讲述唐代中晚期的历史，这是此前的唐代历史概说书比较简略的部分。

把包括唐朝在内的中国历史放到"中部欧亚大陆"或"东部欧亚大陆"的框架里叙述，是大阪大学森安孝夫教授在所著《丝绸之路与唐帝国》（2007年）中极力倡导的学说，也是近二十年来日本学术界在"全球史"观念的影响下提出的一种史学理论。以森安孝夫为核心的一批学者，都把自己的研究放在这个框架当中，试检本书后所附《文献指南》，就可以见到荒川正晴《欧亚大陆的交通、交易与唐帝国》（2010年）、森部丰《粟特人在东方的活动和东部欧亚大陆世界历史的展开》（2010年）、森部丰编《粟特人与东部欧亚大陆的文化交流》（2014年）、森安孝夫《东西回鹘与中部欧亚大陆》（2015年）、菅沼爱语《7世纪后期到8世纪东部欧亚大陆的国际局势及其演变——以唐、吐蕃、突厥的外交关系为中心》（2019年）、荒川正晴编《岩波讲座世界历史》第6卷《中华世界的重编与欧亚大陆东部（4—8世纪）》（2022年）、新见まどか《唐帝国的灭亡与东部欧亚大陆——藩镇体制的通史性研究》（2022年）、妹尾达彦编《亚洲人物史》第3卷《欧亚大陆东西两大帝国》（2023年）等。从这种"东部欧亚大陆"史观来看唐朝，时间上突破了"唐宋变革论"，地域上超越了"征服王朝论"，无疑是有极大包容性的。本书作者用简练的笔墨，把近年来日本学界利用这一理论讨论唐朝的种种观点，纳入自己关于唐史的叙述当中，让我们了解到这种理论的解释力度。

森部君早年师从时在筑波大学的妹尾达彦教授治唐史，重点关注河北藩镇问题。他在1994年9月至1996年7月间来北京大学历史学系留学，我忝为指导教师。为了搜寻第一手资料，他前往河北邯郸，分层拍摄回来魏博节度使何弘敬的巨型墓志。那时我指导的研究生不多，时间宽裕，所以大概每周用一天的时间，和他一起一个字一个词地会读这方重要的墓志——当时还没有一个像样的录文。正如森部在《中文版序》和《后记》中所述，我提议他注意何弘敬等河北藩镇首领可能是粟特人后裔，从这个角度或许对河北藩镇的研究会有所突破。因为那时候我正在大力收集入华粟特人的墓志，利用各种材料追寻粟特人在唐朝的迁徙与聚落问题，所以有此一问。没想到这一提议改变了森部君的研究方向，他的研究全面揭示了粟特人与河北藩镇的关系，其成果最终汇为上述的《粟特人在东方的活动和东部欧亚大陆世界历史的展开》一书。后来他还写了有关安禄山的专著，又组织研究班，从东部欧亚大陆的视角看契丹王朝，硕果累累。现在又见到他有关唐代历史的通史性著作，在出版不久即翻译成中文，十分欣喜赞叹。

本书中文本译笔流畅，表述准确。译者马云超君，师从留学京都大学多年的张学锋教授，治古代中日关系史、东亚海域交流史，曾与张学锋等合译《宫崎市定亚洲史论考》（2017年），又独自翻译了宫崎市定《谜一般的七支刀：五世纪的东亚与日本》《宫崎市定解读〈史记〉》（以上2018年）、《隋唐世界帝国的形成》《科举史》（以上2020年），以及冈本隆司《何谓明代："危机"下的世界史与东亚》（2023年）。我曾阅读过其中若干，是为专业译笔高手，翻阅本书，的确不凡。

本书虽为通俗读物，但吸收了日本（也包括中国和欧洲）的最新研究成果，译语精到。我与森部君有三十年学缘，在京都也曾与学锋教授交流学术，今得先读本书译本，喜不自胜，是以为序。

荣新江

2024 年 7 月 20 日于三升斋

中文版自序

本书是用日语写作的唐朝历史读本，以现代的普通日本人作为读者。如今，这本小书即将被翻译成中文，迎来主场的中国人作为它的新读者。对我来说，这真是望外之喜。

那么，身为日本人的我，为什么会对中国史感兴趣呢？我想简单回答一下，同时也是作为自我介绍。

在中国的历史中，我以唐朝及其前后的时代（隋朝及五代十国）作为研究对象。日本通过"遣唐使"，从唐朝输入先进的文物制度，建成了古代国家。因此，日本人倾向于将唐国（唐王朝）视为兴亡于汉字文化圈的中国历代王朝之一。然而事实上，唐王朝在其建国之时，曾经与突厥、匈奴等游牧民族和中亚出身的粟特人等有着密切的联系，并且在之后长达二百九十年的历史中，前半部分可谓到处能够感受到游牧文化氛围。我的研究主题之一就是生活在唐朝的外国人，特别是关注粟特人、突厥人和契丹人，阐明他们在唐朝历史上的地位。因此，我需要将唐帝国从日本人固有观念中汉字文化圈的"中国史"框架中剥离出来，定位于更加广阔的舞台——东欧亚世界之中。另外，我还想打破唐朝作为汉字文化开花结果的中国王朝之一这种刻板印象，从全新的视角构筑唐朝的历史形象，那就是唐朝不仅有汉字文化，还有来自中亚的伊朗系文化、来自蒙古高原的游牧文化融入其中，正是这些因素的多元组合产生了新的文化。这个视角也是笔者在写作本书的时候，经常留意的地方。

我很早就与历史相遇，从1970年代后期的小学高年级开始，我对历史产生了兴趣，不过最初的兴趣是日本史的战国时代（15世纪末到16世纪末）。

正好那个时候，日本开始播放在中国取景拍摄的节目，我看的是日本电视台制作的电视剧《西游记》（1978～1980年播出）和NHK特辑《丝绸之路》（1980～1981年播出）。1978年中日两国缔结了和平友好条约（《中华人民共和国和日本国和平友好条约》），两国的交流正式开始。我还记得通过在中国拍摄的外景，看到未曾知晓的中国风景，于是渐渐对中国产生了兴趣。还有因为阅读翻译成日语的《水浒传》（岩波少年文库版），我越发沉迷于中国的世界。1982年，电影《少林寺》在日本上映，那是我初中三年级时候的事情，看到与此前李小龙和成龙的功夫电影完全不同的正宗中国武术，我心中的"中国热"日益高涨。

1983年升入高中后，我读到有一篇文章中这样写道："如果想要钻研中国武术，在日本练习是没有意义的，必须到中国的大地上，和中国人吃相同的东西、呼吸相同的空气。只有在这样的环境下练习，才可能掌握中国武术。"以此为契机，我开始摸索长期留在中国的方法。最初想过成为北京特派员，但还是选择将喜欢的历史和中文结合起来，也就是研究中国历史的道路。我想，其间应该会有去中国留学的机会。

1980年代时候，我考上了与中国交流最多的爱知大学。爱知大学是源于战前上海东亚同文书院的学校，当时发行了《中日大辞典》等，俨然已经成为中国学的圣地。我在大学二年级的暑假和三年级结束的春假，先后在北京语言学院（现在的北京语言大学）短期留学过两个月左右；然后从大学四年级的9月开始，利用学校的交换留学制度到天津南开大学留学了一年。此后，为了进行正式的中国史研究，我进入日本筑波大学的研究生院，师从唐代史专家妹尾达彦老师。研究生院在读期间，1994年9月至1996年7月，我曾到北京大学历史系留学。留学期间，我加入中国武术社团，实现了中学时代的梦想。北京大学武术社团邀请了传统的陈式太极拳老师，每三天进行一次练习，这对于我来说真是奢侈的日子。不过在那个时候，我对中国历史的关心已经超出了中国武术，所以非常遗憾，我没有成为武术高手。取而代之的是，我在北京大学迎来研究上的重大转折。

留学之前，我的研究对象是唐朝的地方军阀（藩镇）。这是非常正统的中国史研究题目，军阀的长官被称作"节度使"，我的大学毕业论文和硕士研究生论文都以军阀作为主题。在撰写硕士论文的时候，我运用了以河北南部作为据点的魏博节度使何弘敬的墓志。所谓墓志，是指某个人物去世之后在石板上刻录他的事迹，与死者一起埋葬于墓中的纪念物。一般来说，研究唐代史的时候会利用经过编纂的历史典籍（《旧唐书》《新唐书》《资治通鉴》），但是通过墓志上的记录，有时会发现史书上没有提到的史实。在今天的唐史研究中，墓志可以说是不可缺少的史料。

我在硕士论文中使用的何弘敬墓志，是一方边长近2米的巨型墓志，但我所能看到的只有天津古籍出版社发行的《隋唐五代墓志汇编·河北卷》中收录的拓本照片。由于缩小至B4尺寸，文字既小又难读，漫漶难辨的地方也有不少。到北京大学留学的目的之一，就是亲眼看到这方墓志的原件，判读上面的文字，完成硕士论文中存疑的部分研究。关于那方墓志，我只是模糊地知道位于北京以南河北省邯郸市的丛台公园。当时还是无法上网的时代，所以只能根据这一模糊的信息前往邯郸寻找。当我找到那方墓志时，心中的感动和喜悦真是无法用语言表达。我立刻用照相机（当时还不是数码相机，是胶卷摄影）进行了细致的拍摄，然后一个字一个字抄写下来。

我把这一资料带回北京，和北京大学的指导教师荣新江教授一对一地解读。荣新江教授的专业是东西交流史，这一点为墓志的解读带来了意料之外的收获。魏博节度使何弘敬的"何"姓是中国人（汉人）中也能够看到的姓氏，如果只看到这里，就会毫无疑问地认为何弘敬是汉人。然而，墓志上还记载着不见于典籍史料的何弘敬妻子和母亲的姓氏（在中国的习俗中，不记录女性的名字）。他的妻子姓"安"，母亲姓"康"，这些都是中亚出身的伊朗系粟特人在中国汉字文化圈中自称的特有姓氏。不只如此，"何"姓本身也是粟特人自称的姓氏之一。

于是，荣新江教授建议我说："他们很可能是粟特人的后代，不妨从这个角度重新调查一下节度使的家庭以及军阀问题。"后来，我的研究从节度使家庭扩展到了魏博藩镇，以及其他有着相似粟特血统的军人。

说起来，所谓粟特人在日本高中的世界史教科书里也是以粗体字出现的必会用语（学习上重要的单词），并且强调他们是在丝绸之路上从事贸易的商人。那么，为什么原本作为商人的粟特人变成了军人呢？一种观点认为，粟特人从中亚组队来到中国的时候，为了防备盗贼等的袭击，需要将自己武装起来，或者雇佣保镖，其结果就是移居中国后成了武人。然而随着研究的进步，我们得知事实并非只是如此。为了从事贸易，粟特人不仅进入中国，还深入蒙古高原。虽然已经存在游牧国家（柔然和突厥），但粟特人在其间建立起聚落，过着半定居的生活。这些粟特人通过同族之间联姻，保持着自己的习俗，但也逐渐沾染游牧民族的习俗，掌握了骑射技术。不仅如此，当蒙古高原上的游牧国家（突厥）被唐朝灭亡后，粟特人也和突厥人一起被迁往唐朝内地。即便在唐朝的领土内，这些粟特人依然紧密团结，按照集团居住，并最终发挥出骑射的本领。

唐朝中期"安史之乱"的主导者安禄山，就是游牧化粟特人的后裔，而且安禄山的麾下也有很多这样的粟特人。"安史之乱"平定后，唐朝各地都有藩镇割据，特别是北京和河北残留着安禄山直系的将军们。这些势力中包含着粟特军人，并且还有不断加入的粟特人。通过追溯这些粟特军人的动向，可以确认从"安史之乱"到此后的藩镇割据，再到唐朝灭亡后五代十国时代的后唐、后晋、后汉、后周，甚至是北宋初期都有他们活跃的身影。

这样看来，从唐朝到北宋的中国史潮流，并不单纯是汉人王朝的兴亡，同时还与以粟特人为首的民族集团息息相关。与此同时，他们的活动范围超出了今天中国的框架，发生在更大的空间，即东欧亚世界之中。

本书的写作就是以上述研究兴趣作为主轴的，并且为了让一般读者理解唐朝的历史变迁，选择将政治史的演变作为论述的中心。

在本书的结构中，还有一点是我特别留意的，那就是从安禄山叛乱到唐朝灭亡，即唐朝后半段的历史记述。在本书于2023年出版之前，日本已经有好几本用日语讲述唐朝历史的优秀概说书，但其中大部分都对唐朝后半段的历史记述很少。一般人的感觉是，"安史之乱"的故事才刚刚结束，黄巢就登场了，然后唐朝就灭亡了。这样说也许过于夸张，但我认为确实存在把唐朝后半段的历史写得过于简略的倾向。也正因为如此，本书打算尽可能详细地记述唐朝后半段的历史。不过，作为面向一般日本人的书籍，结尾罗列的"文献指南"几乎没有介绍中文的专业书籍，差不多都是用日语书写的。

关于本书在日本的评价，学术界目前还没有书评，但在面向一般读者的读物中，本书2023年3月出版后不久就出现了两篇重要书评。一篇由东京大学名誉教授山内昌之先生发表在《周刊邮报》5月5日、12日合并号（2023年4月24日）上，题目是"《唐——东欧亚的大帝国》作为独创性的通史，提出了规模宏大的历史观"；第二篇由明治大学教授加藤彻先生发表在《日本经济新闻》2023年4月29日的晨报上，题目是"《唐》森部丰著 跨越东欧亚的王朝史"，开头还有"令人醍醐灌顶的新书"这样的评语。两篇书评的共同点在于，它们都高度评价了本书将唐朝历史置于"东欧亚"这一更加广阔的空间，而不是局限在"中国"这个有限范围之中。

我无法知晓作为主场的中国读者对于唐朝抱着怎样的固有观念，或许有人和日本人是相同的印象，但或许也有人运用本书所提示的宏大世界观来理解唐朝。无论怎样，我都非常期待中国的读者会如何看待现代日本人对唐朝作出的解释。

森部丰

2024年1月31日

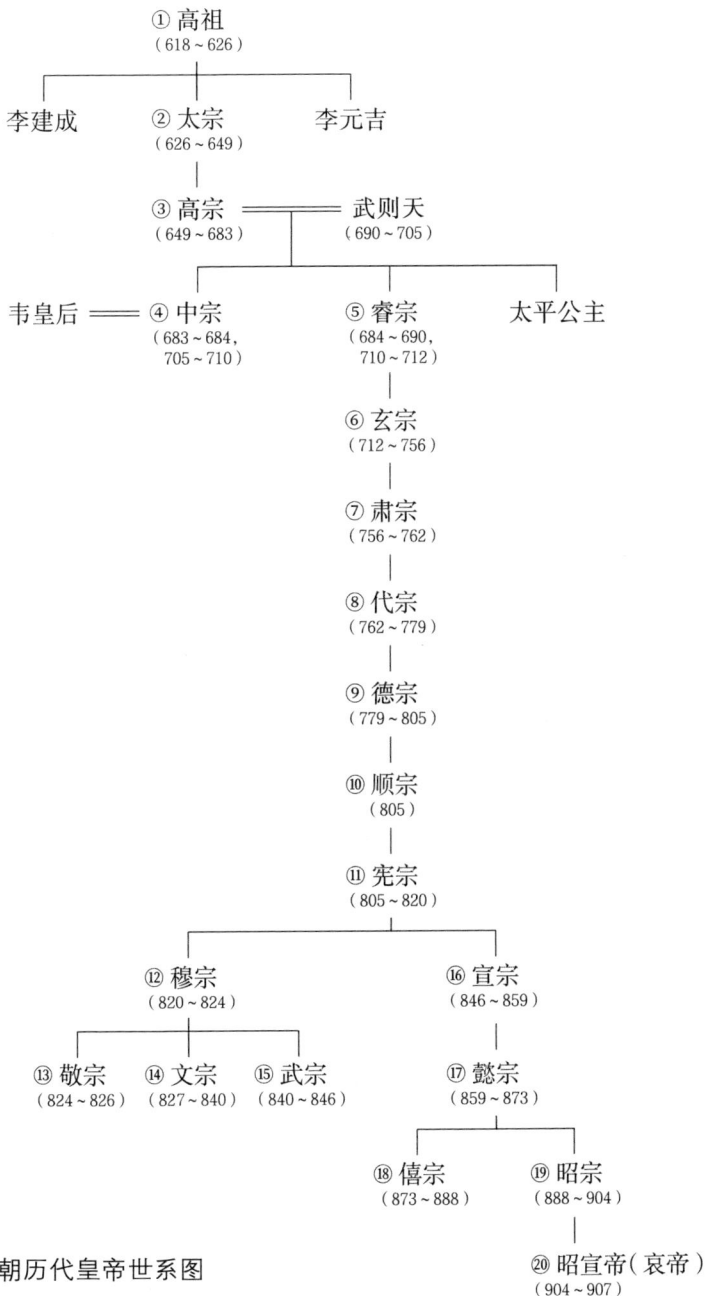

唐朝历代皇帝世系图

* 数字表示在位时间

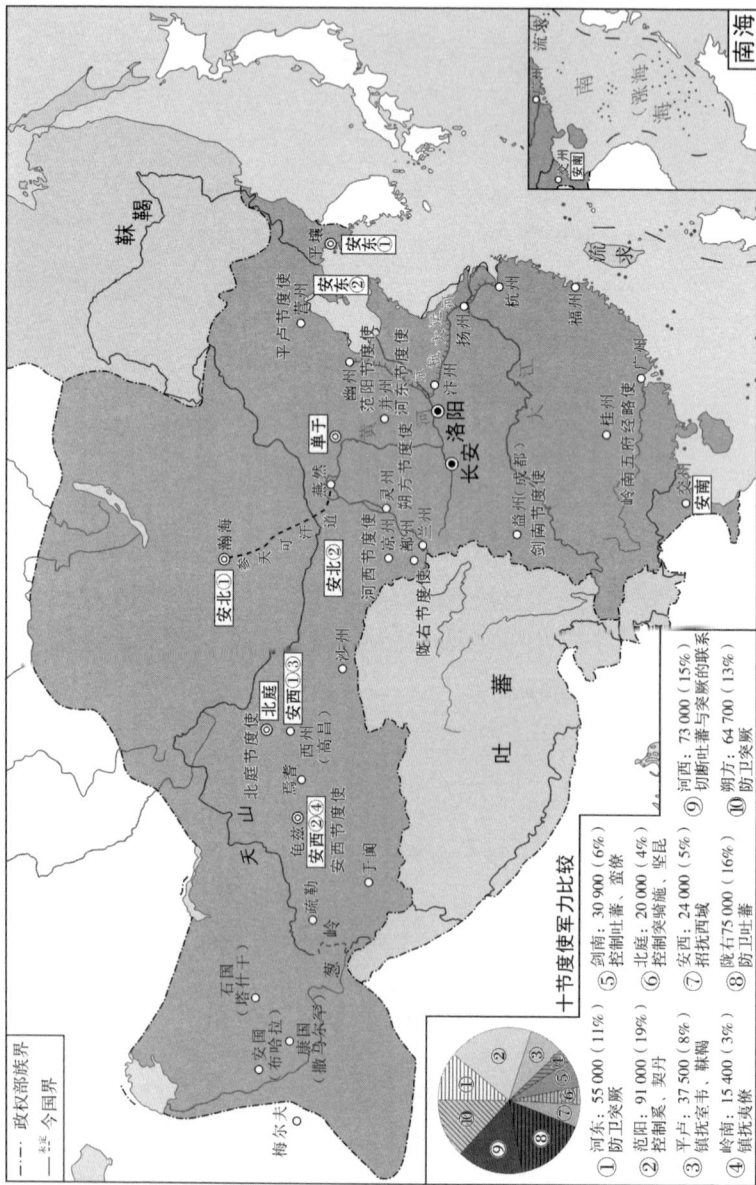

唐全图（盛唐时代）

* 方框内为都护府名称，圆圈中的数字表示转移顺序

图例：
- ----- 政权部族界
- —— 今国界

十节度使军力比较

① 河东：55 000（11%） 防卫突厥
② 范阳：91 000（19%） 控制奚、契丹
③ 平卢：37 500（8%） 镇抚室韦、靺鞨
④ 岭南：15 400（3%） 镇抚夷獠
⑤ 剑南：30 900（6%） 控制吐蕃、蛮僚
⑥ 北庭：20 000（4%） 控制突骑施、坚昆
⑦ 安西：24 000（5%） 镇抚西域
⑧ 陇右775 000（16%） 防卫吐蕃
⑨ 河西：73 000（15%） 切断吐蕃与突厥的联系
⑩ 朔方：64 700（13%） 防卫突厥

目 录

前　言

在日本，恐怕不会有人没听过"唐朝"的大名吧？它从公元618年到907年君临于欧亚大陆的东部，给正处在"国家"建设初期的日本带来了深远的影响。

不过，对于唐朝的印象却是多种多样的。在今天日本人的眼中，唐朝是怎样的王朝呢？为了解答这个疑问，我向所在学校的学生们打听对于唐朝的印象。学生们首先能够想到的，大概就是"遣唐使"，日本曾以文化繁荣的唐朝作为范本，引入了律令和佛教；还有通过丝绸之路的东西交往，以及唐朝是多民族国家、一个女性也可以活跃的自由王朝，诸如此类。

这些看法大体就是多数日本人对于唐朝的模糊印象。如果还要有所补充，那便是日本以汉字作为媒介从唐朝输入文化，再加上关于唐诗的印象，唐朝通常被视为兴起于中国的"汉字文明"王朝之一。

但是，这只是唐朝的一个侧面而已。唐朝无论在文化、族群、语言上都非常复杂，是一个由多民族组成的混合王朝。唐朝皇室本身就深度继承了鲜卑人的血统，或者是他们的文化，而且如果翻开唐朝的历史，到处都能够看到突厥系骑马游牧民、伊朗系粟特人、朝鲜半岛人等出身各异者的活跃身影。

记述唐朝历史的基本史料是以纪传体书写的《旧唐书》和《新唐书》两部正史。所谓纪传体，是指开头有记载历代皇帝事迹的"本纪"，然后设置重要人物的记录，也就是"列传"的体例。正史中还有记录制度、地理、文物等内容的"志"。顺带一提，《旧唐书》是唐朝灭亡后在五代十国时期的后晋编写的，而《新唐书》则是进入北宋之后，参照新发现的史籍而重新编纂的历史书。此外还有北宋司马光编纂的《资治通鉴》，那是记述从战国时代到北宋成立前历史的编年体史书。

再加上其他各种各样的典籍史料，但这并不是唐代历史的全部，能够复原的唐朝历史形象也存在局限性。同时，这些历史书都是在唐朝灭亡后编纂的，反映出后世中国人的价值观，这一点必须留意。比如唐朝著名的"均田制""租庸调（租调庸）制""府兵制""羁縻统治"，这些在高中历史教科书中必定登场的制度中也混入了后世中国人的想象和创造。因此，现在对于它们的理解有了很大的改变，唐朝的历史形象也在不断更新。

能够对典籍史料起到补充作用的，就是20世纪以后发现的史料群。比如在中国甘肃西端的敦煌和新疆吐鲁番发现的文书史料，以及中国全境发现的石刻资料等。在石刻资料中，包括与死者一同埋葬的墓志。墓志上镌刻着墓主生前的事迹，从中不仅可以获得不见于正史等典籍史料的信息，还有通过发现墓志才首次被人们所知的唐代人物和史实。

可以说，墓志是有力推动唐代史研究的重要史料之一。1980年代以后，以墓志为中心的石刻资料集在中国陆续出版。截至2015

年末，收录于刊行资料集的唐代墓志数量已经突破12000件。本书在撰写过程中，也大量利用了墓志资料。

本书是对有唐一代历史的概说。在日本，已经有多部叙述唐朝历史的概说书出版问世（参见书后的文献指南），但单纯讲述唐代历史的似乎并不常见。因为要把唐朝的历史从前后的时间轴中分离出来讲述，就历史学这一学问而言，几乎是不可能的。

在考察世界各地的人类历史时，我们尝试超越"王朝"和"国家"所存在的时空范围，通过不同的时间跨度观察时代的变化，从中找出人类历史的意义。在寻找这样的跨度时，如果采用王朝史或者国家史进行切割来考察历史，就会遗失人类所编织的、更加长时段的历史图景。

因此，至今在日本出版的唐朝概说书，至少是把隋和唐一起叙述，有时还会从魏晋南北朝到隋唐，或是将唐代中期和五代、宋朝共同论述。因为"唐朝"不是一个天然的王朝，而是诞生于东汉灭亡后，"分裂"的中国重新走向"统一"的过程之中，是一个连续的时代。不仅如此，在大约二百九十年的唐代历史中，后期所产生的各种体制也被接下来的契丹国和宋朝等所继承。

但是，本书依然要跳出这样既定的史观，纯粹就延续二百九十年、其间给东欧亚带来深刻影响的唐王朝的兴亡历史展开探讨。这或许就像一位人物的传记，宛如讲述他恰好处于巨大历史转折期的命途多舛的一生。

唐―東ユーラシアの大帝国

序　章

如何看待唐朝的历史

第一节 | 空间——何谓"中国"？

"中国"的范围

一般认为，唐朝是中国历史的一部分，那么这里的"中国"究竟指的是什么呢？举个例子，当你听到"中国"的时候，会联想起白色的蒙古包（游牧民的移动帐篷）和成片的羊群吗？当你看到沙丘下的绿洲，或者绵延的骆驼商队时，会立刻想到中国吗？由于中国的国土非常辽阔，确实有些地方也存在这样的风景，但从"中国"一词的源头来看，起初只是指代黄河中下游地区。

黄河和长江流域，加上东南沿海（浙江、福建）、岭南（广东、广西）、云贵（云南、贵州）等空间，那里自古以来就是汉人居住，或者说由汉人统治的地方，有学者称之为"汉地"。"中国"一词涵盖的范围也从这里出发，扩展为现在的意义。

如今的"中国"生活着使用多种语言、拥有独立生活文化和习俗的人们。这些人主要生活在中国东北部（旧称满洲）、蒙古高原（北半部是蒙古国）、新疆、西藏等地。开头说到的风景，也包含在这些空间之内。相对于"汉地"而言，这些区域也可以称为"边疆"。在历代中华王朝中，既有只统治"汉地"的王朝（秦、宋等），也有统治两种空间的王朝（元、清等）。

唐朝的统治空间

那么，唐朝的统治空间有多大呢？

某种意义上，比今天的中华人民共和国要小，因为唐朝最初的统治领域以黄河流域为中心，仅仅是除云南以外的"汉地"而已。从7世纪初期到前期，东北地区到蒙古高原有高句丽、靺鞨、契丹、奚、东突厥等骑马游牧民族和骑马狩猎民族的国家或部落，新疆北部的草原地带有西突厥等突厥系骑马游牧民族的势力，南部塔里木盆地周边则有伊朗系和汉人系的绿洲王国，他们都构筑起了独立的势力范围。还有唐朝建国后形成的吐蕃帝国和云南的南诏，它们最终都没有成为唐朝直接统治的领域。

另一方面，唐朝某种意义上又比今天的中国更大。那是因为唐朝从7世纪前期到中叶，开始向外扩张自己的势力范围，结果形成了包含蒙古高原、东北地区、新疆在内的统治圈。但到了7世纪后期，伴随蒙古高原上的突厥再次独立，7世纪末蒙古高原东部的契丹也发起叛乱，接着是渤海在东北地区建国，唐朝的国势开始出现阴影。以8世纪中叶的"安史之乱"为界，唐朝再次成为只统治黄河流域、长江流域及其以南的王朝。

如果从空间上考察唐朝的历史，不难发现以"安史之乱"作为分界点，其前期和后期历史之间存在巨大的差异。在"安史之乱"前，包括"汉地"的北部（黄河流域）和蒙古高原、东北地区、新疆，这一空间可以说是唐朝历史的主要舞台。在此基础上，本书将这个空间（包含全部"汉地"）视为一体，称作"东欧亚"。

另一方面，"安史之乱"后的唐朝历史则与长江流域有着密切的关联。这一时期的唐朝正演变成只统治黄河流域、长江流域及其以南空间的王朝，大体相当于前文提到的称为"汉地"的空间（云南有南诏，故不包含在内）。

为了在讲述唐朝历史的时候将同时代欧亚大陆的动向纳入视野，本书不使用"东亚"这个词汇，而是选择了"东欧亚"。因为"东亚"一词，尽管还有些异议，会令人联想到包含日本、中国和朝鲜半岛的地区（强调日本是其特色）。同时，笔者尝试运用东欧亚和中国两种空间，从中勾勒出唐朝的历史。由此，唐朝将不再只是"中国史"，也将作为在东欧亚中展开的历史获得重新理解的契机。

第二节 ｜ 时间——时代划分和时期划分

划时代的唐宋变革

有"唐宋八大家"这种说法，指的是活跃于唐代的柳宗元、韩愈和宋代的欧阳修、苏轼等八位文学家。但是，将唐和宋视为一体这种江户时代以来的观点，其实偏离了历史的实际情况。京都帝国大学教授内藤湖南[1]（1866～1934）就曾主张，唐和宋之间存在着巨大的断层。政治层面上，唐代贵族政治崩溃，宋代君主独裁政治形成，加上庶民开始崛起；经济层面上，货币经济取得发展；文化层面上，古文运动的兴起打破了贵族文化。这样的历史观称为"唐宋变革"，直到现在仍在中国史研究者间产生巨大的影响。

内藤不仅指出了唐宋之间的社会变化，还将这种变化理解为从"中古（中世）"向"近世"过渡。内藤认为，中国历史存在不同的阶段，从中国文明诞生到东汉中期是"上古"，从东晋十六国到唐朝中期是"中古（中世）"，宋代则是"近世"的开端。

但是在第二次世界大战以前的日本，除了一部分专家外，像内藤这样认可中国历史存在变化的人并不多。在大部分日本人眼里，中国是一个停滞的社会。在东洋史学界，仿佛是与日本入侵大陆形成呼应一般，研究满洲和蒙古高原上骑马游牧民、狩猎民历史的"满蒙学"逐渐兴盛。这与他们对中国社会内部推动历史前进的力量抱以轻视乃至蔑视的态度，认为中国社会必须依靠外部力量来"变化""发展"的观点恐怕是一致的。

因此，1945年日本战败和1949年中华人民共和国成立，给战前日本人对于中国历史的普遍印象带来了毁灭性的冲击，因为这证明中国社会内部也蕴含着推动自身发展的力量。不仅如此，社会主义中国的诞生，意味着中国亲身证明自己也存在经由奴隶制、封建

---

[1] 内藤湖南：本名虎次郎，字炳卿，号湖南。日本东洋史学京都学派创始人之一。其研究领域博大，涉及中国上古、中古、近世史通论及文化史、史学史、美术史等。他提出的中国历史分期法、唐宋变革论、六朝贵族社会论等学说，至今对学界影响深远。——译者。以下不做特殊说明者皆为译者注。

性农奴制、资本主义社会，最终到达共产主义社会的"世界史基本法则"。由此，在战后日本学界运用马克思主义唯物史观，特别是"世界史基本法则"研究中国历史的趋势陡然高涨。

时代划分争论的始末

就在中华人民共和国诞生前的 1948 年，日本学界东京帝国大学出身的前田直典[1]（1915～1949）从内藤"唐宋变革"说中论证不够充分的社会经济史角度出发，提出应当将唐朝以前视为"古代"、宋代作为"中世"开端的全新时代划分理论。以此为契机，唐朝是"古代"还是"中世"的时代划分争论拉开序幕，日本的东洋史学界开始朝着着眼于内在发展力的方向研究中国历史。

唐朝历史也不例外，政治史、社会经济史等各种话题都成为研究的对象，唐代究竟是"古代"还是"中世"，争论此起彼伏。但是，中国社会的构造与西欧社会有着根本性的差异。比如，中国普遍存在着拥有自己土地的自耕农，尽管耕地面积狭小，但他们无法被归入奴隶或是农奴的概念之中。换言之，从生产方式的角度强行将唐代社会套入"世界史基本法则"的方法是行不通的。随着研究的不断深入和对象的细化，时代划分的争论也逐渐降温。

与这样的学界动向平行，中国在 1980 年代以后通过改革开放

---

[1] 前田直典：日本著名汉学家、元史学家，师从加藤繁、和田清。除在元史研究领域成果丰富外，所发表的《东亚古代的终结》一文曾在日本史学界激起轩然大波，引发了有关中国历史分期的大讨论。代表作为《元朝史的研究》。

政策取得显著的经济增长。这不仅让全世界看到了中国自身拥有发展的动力，也不难想象会给二战以后出生的日本年轻中国史学者带来一定影响。也就是说，中国拥有内在的发展动力已经成为理所当然之事。作为中国史研究的方法，对于"基本法则"的关心在逐渐淡化。

无论如何，即便在21世纪的日本，包含唐朝在内的中国历史共通的时代划分标准依然没有确立。不仅如此，在全球化的今天，人们正迈向国境不再具有意义的无边界（borderless）时代。其结果就是，时代划分作为一种起源于欧洲、便于系统性勾勒一个国家或共同体历史的研究方法，其本身也开始遭到怀疑。

当我们试图运用时代划分讲述世界历史时，就会出现同时存在于地球上的地区处在不同时间的状态。比如唐朝是"中世"的话，它的邻国日本就是"古代"。如果要对这样的情况加以说明，就不得不进行价值上的判断，即唐朝的文化（文明）比奈良平安时代的日本更先进、更优秀。这就陷入了文化优劣论之中（空间性价值歧视）。

还有，一旦站在时代划分的立场上，从自己现在所处的时间来看，往往会对过去的时代持否定观点（时间性价值歧视）。现在，中世是"黑暗时代"的看法尽管在西欧也已经逐渐得到纠正，但直到不久之前，这仍是普遍的观点。如果是那样的话，"中世"的唐朝也就成了"黑暗时代"。但至少唐朝的历史并不会给人"黑暗"的印象（尽管本书的叙述中存在"黑暗"的部分），与唐朝的实际情况也是大相径庭的。

何谓时期划分

于是进入21世纪后，学界开始摒弃时代划分中反映的优劣价值观，提倡通过新的时期划分审视世界史的形成。比如，日本的妹尾达彦[1]将世界历史简要分为三个时期。

具体来说，第一期是古代国家的形成期（公元前4000年至公元3世纪前后）。首先，欧亚各地的大河流域出现早期国家，与现代相通的制度和文化开始被创造出来。接着，这些地域相邻的游牧地区产生骑马游牧国家，农耕文化圈则相应地建立起统一王朝，古典国家日臻完备。但在这一时期，欧亚各地古典文化圈的联系还很微弱，呈现出分散性的特征。

第二期是欧亚史的形成期（4世纪左右至15世纪左右）。这一时期的重要特征是骑马游牧民族动向的活跃化，他们的迁移给农耕文化圈中的各地古典国家带来打击，结果两种文明发生冲突，最终融合共存。与此同时，骑马游牧民的移动也将欧亚各地的都市连接起来，对欧亚陆域网络的形成起到重要作用。这一时代最后的接力选手就是蒙古，它的登场促进了欧亚的统一。

第三期是地球一体化发展的时期（16世纪左右至现在）。以欧洲势力借助海路入侵全球各地作为契机，欧亚与其他大陆通过人员

---

[1] 妹尾达彦（1952～　）：日本东洋史学者，中央大学文学部教授。主要研究方向为隋唐时期的中国都市与环境史，长期致力于隋唐长安城的研究，并以游牧世界和农耕世界的关系为主线，阐明欧亚大陆的历史构造。代表作有《长安的都市计划》《隋唐长安与东亚比较都城史》《全球史》等。

移动和定居相互连接，政治上和经济上逐渐一体化，一直延续到现代。

第二期的东欧亚世界

如果将唐朝放入这一世界史的时期划分中，它应该处在第二期。在这一时期的东欧亚，受3世纪以来气候寒冷化的影响，居住在蒙古高原的鲜卑和羯等骑马游牧民陆续南下，开始朝着黄河流域（中国北部）的农耕社会移动。

享国四百余年的汉王朝灭亡后（220年），经过三国鼎立时代而出现的晋王朝（西晋）实现了中国的再次统一（280年）。然而，西晋宗室在4世纪初陷入内乱，东汉时期移居中国北部的南匈奴后裔趁机独立。以此为契机，游牧势力在黄河流域各地建立政权的时代（所谓"五胡十六国"）拉开帷幕。晋朝宗室来到长江流域（中国南部）重建政权（东晋，318年），其后当地陆续兴起了宋、齐、梁、陈等汉人王朝（南朝）。在南朝，东汉以来汉字文化和儒教构成的中国古典文化得以重生，作为"六朝文化"日益成熟。

另一方面，鲜卑族部落之一的拓跋部（以首领辈出的拓跋氏为中心，由多个氏族组成的联合集团）建立北魏，5世纪前期平定割据中国北部的各个游牧政权（439年）。当时的中国南部还有汉人王朝，此后在中国史的框架中被称为"南北朝时代"。但实际上，蒙古高原还有游牧民族柔然，以东欧亚全境的视角来看，应该是三股势力鼎立的"三国时代"。北魏在孝文帝时期推行一系列"汉化"政策，但对此不满的北魏军人发动叛乱（六镇之乱）。以此为契机，北魏陷入了分裂（534年）。

在混乱中诞生的就是北齐和北周，中国北部出现了两股势力相争的局面。后来，北周攻灭北齐，北周又禅让于隋（581年），隋灭亡南朝的陈而完成中国的统一（589年）。隋朝吸收了保存于中国南部的古典文化，与游牧文化融合后创造出全新的世界。

继承隋朝遗产的就是唐朝。换言之，唐朝是骑马游牧民族的鲜卑人因为气候寒冷化而从蒙古高原进入中国北部，与汉人势力和其他骑马游牧民族时而相争、时而共存，在这一过程中诞生的王朝。

时期划分的特征

这种时期划分的特征在于，它可以在摈弃价值评判的前提下，对同一时期世界上发生的事件加以审视。在原有的时代划分中，同时期的地球上存在着处于不同"发展阶段"的社会；时期划分则不然，不同地区形成的文化圈、共同体、国家群的交流和彼此影响变得可视化，相互间的比较研究也得以可能。

通过时期划分进行研究时，唐代属于"古代"还是"中世"就不再成为问题。不仅如此，在理解该时代的中国史时备受重视的"唐宋变革"，也只是位于欧亚东部"中国"空间内部的"微小"社会变动而已。这样的看法，也许可以成为淡化至今为止中国王朝中心史观的契机。进一步来说，当我们把唐朝定位于世界史形成的第二期时，该时期活跃的骑马游牧民的动向以及欧亚各城市间网络的形成，它们与唐朝的兴亡之间存在怎样的联系，这一问题也可以在欧亚规模的视野下重新进行思考。

第三节 ｜ 视角——如何把握唐朝

唐朝是贵族制的时代

自内藤湖南以来，魏晋南北朝到隋唐被理解为"贵族"制的时代，这是日本中国史学者的看法。这里的"贵族"一词是方便研究而使用的称呼。中国的"贵族"原本是指在其居住的地域社会中享有名望的领袖，他们富有中国古典文化的教养，通过九品官人法被选拔为中央政府的官员。

所谓"九品官人法"是建立三国曹魏的曹丕在即位前接受陈群的建言而采用的官僚选拔法。具体来说，在地方行政单位的郡中设立中正官，由他负责对当地的官员候选人进行评定，将其分为九个等级（乡品）。中央政府的官僚也有九个等级（官品），两者相互关联。九品官人法的最初目的是选出地方上的优秀人才，将其推荐给中央政府，但由于担任中正官的也是贵族，往往会给予贵族子弟很高的评价（二品以上），最终演变成其家族的固有权利。于是，家族的等级逐渐固定下来，形成了门阀。

南朝有自认中国古典文化继承者的江南门阀，北朝则有西晋灭亡之后没有南渡的汉人权贵（山东门阀）。他们的地位不是由皇帝赐予的，其家族甚至凌驾于皇家之上，在政治上是独立的。尽管魏晋南北朝时代王朝交替频繁，但门阀却超越王朝的兴替得以持续存在。有观点认为，唐朝就是这种贵族制社会的最终阶段。

"关陇集团"与拓跋国家

北周、隋、唐的创业者都是武川镇出身，那是北魏建立在与柔然边境上的国防前线基地。中国著名学者陈寅恪[1]（1890～1969）着眼于这一点，认为北周、隋、唐都是鲜卑系军人集团和关中（陕西）、陇西（甘肃东部）汉人权贵的联合政权。他们以北魏末年发生的六镇之变为契机向关中移动，在此以武川镇的军人作为核心，建立起将游牧系氏族和当地汉人权贵都纳入统治之中的新型集团。在陈寅恪上述看法的基础上，中国学者将这一集团称作"关陇集团"，认为是他们作为北周、隋、唐的统治集团主导了此后的历史。

特别强调唐朝游牧色彩的是中央欧亚史学者杉山正明[2]（1952～2020）。他把从北魏到唐朝视作以北魏皇帝出身的拓跋氏为中心的部落联合体所建立的一系列王朝，将它们统称为"拓跋国

---

[1] 陈寅恪：字鹤寿，江西义宁（今修水县）人。中国现代历史学家、古典文学研究家、语言学家、诗人，与吕思勉、陈垣、钱穆并称为"史学四大家"。一生致力于魏晋南北朝及隋唐史研究，对佛经翻译、校勘、解释，以及音韵学、蒙古源流、李唐氏族渊源、府兵制源流、中印文化交流等，均有重要论断。著有《隋唐制度渊源略论稿》《唐代政治史述论稿》《元白诗笺证稿》《金明馆丛稿》等。

[2] 杉山正明：日本欧亚史学者，京都大学名誉教授、北京大学客座教授。主要研究方向为蒙古史、中央欧亚史。在蒙古帝国史研究中，批判偏重汉文史料的研究方法，善于综合运用波斯语、蒙古语等史料，从多角度得出全新的观点。代表作有《忽必烈的挑战：蒙古帝国与世界历史的大转向》《蒙古帝国的兴亡》《疾驰的草原征服者：辽、西夏、金、元》《蒙古帝国与其漫长的后世》等。

家"。对此也有反对的意见，比如北齐和北周并不是拓跋氏建立的，而且强调其游牧因素也与史实相背离。

但是，根据8世纪突厥人留下的记录（突厥碑文），古突厥语中将唐朝称为"桃花石"，这恐怕是"拓跋"一词的讹音。由此可以证明，在8世纪唐朝外部的人们看来，唐朝是由"拓跋"统治的国家。

不过，即便从初唐政权的人员构成来看，除了"关陇集团"之外，还能看到山东门阀、江南门阀等旧北齐系和南朝系的人物。单纯说"唐朝的统治集团是关陇集团"或者"唐朝是拓跋国家"都是不符合事实的，我们需要基于这些史实的全新的唐朝历史叙述。

从游牧视角看唐朝

这一课题暂且搁置，"关陇集团"也好，"拓跋国家"也罢，这些看法都与研究者的立场密切相关。在中国空间中展开的历史，究竟是借助中国的汉字文化考察，还是用更加广阔的视野将其定位于游牧世界和农耕世界的纷争之中？至少就唐朝初期的历史而言，我们不应对其游牧性色彩作过小的评价。如果过于重视唐朝"汉字文化"的侧面，只将其视作中国的一个王朝，一些原本能够看见的东西也可能会被遮蔽起来。这里只举一个例子。

根据正史的记载，唐朝建国后不久，王府中有名为"库直"和

"驱咥直"的武官官职。唐史学者池田温[1]指出，那是鲜卑语的转写，唐初的军制中保留着鲜卑的制度。还有1972年发现的粟特人安元寿墓志，上面就有"右库真"一词。安元寿在唐太宗还是秦王时就效命于他，当时的官职名即是"右库真"。正史中的"库直"其实是"库真"在书写时的讹误，而经过检索，"库真"（包括库直）一词早在唐朝以前的隋朝，乃至东魏、北齐时期就可以得到确认。它的职能是作为亲王的亲信发挥侍卫和宿卫的作用，其渊源恐怕可以追溯到北魏。

如果是研究中国史，考证到"库真是鲜卑遗制的军职名"就可以告一段落了。但只有把视野扩大到东欧亚世界，"库真"的另一层意思才会浮出水面。那就是，"库真"的作用与后世蒙古帝国时代的"怯薛歹"（蒙古语中"当值的人""轮值的人"之意）类似。

"怯薛歹"是直属于游牧君主的精锐禁卫军。他们不仅负责护卫君主，还从事日常生活中的各种事务，有时还会参与国事。他们原本由从属于游牧君主的部族首领子弟构成，后来随着势力扩张，新臣服的部族集团首领也不断将子弟送到君主身边，出现了扩大化的趋势。这些子弟在亲王身边接受教育，作为将来承担国事的人才加以培养，这也是游牧社会的体制之一。

实际上，北魏也有带"真"字的官名，那是作为亲信侍奉北魏

---

[1] 池田温（1931~2023）：日本东洋史学者，东京大学名誉教授。研究方向为中国古代、中世史，所著《中国古代籍帐研究》获得学士院奖，曾担任日本东方学会会长。代表作有《东亚文化交流史》《敦煌文书的世界》《唐史论考：氏族制与均田制》等。

皇帝（即游牧君主）的职名。换言之，北魏、东魏、北齐、隋以及唐朝初期，游牧社会的制度一直得以保留，而唐朝创业之初正处在游牧色彩浓厚的阶段。

唐朝的理解方法

不过，唐朝有着近三百年的历史，其间并不总是带有浓厚的游牧色彩。不难想象，随着游牧的记忆逐渐淡化，唐朝和唐皇室的性质也在发生缓慢的变化。但是如果要用"汉化"这样中国（汉人）中心主义的寻常词汇加以概括，恐怕也是不够准确的。因为我们往往一厢情愿地把使用汉字、掌握汉字文化的人们都视作中国人（汉人）。

至于唐朝，它确实接受了汉字文化，也具备在秦汉时代以来"中国式"政治制度和经济体制基础上建立的王朝的特质。但是，这已经不是古典中国的复活，而是经历了相当大的变迁。带来这些变化的，正是骑马游牧民族。可以说，游牧文化和中国式古典文化融合的终点就是唐王朝。

同样不能忽视的是，在长达二百九十年的唐代出现大规模的人员流动。乍看之下，唐朝"统一"了因骑马游牧民族活动而"分裂"的中国，其结果也是遏制了"民族"的迁移。

但实际上，7世纪前期东突厥灭亡后，从蒙古高原向中国北部移动的游牧民至少有十万人，最多可以达到一百万的规模。8世纪中期的"安史之乱"中，不仅是东欧亚，还有来自中亚和西亚的人员流动。再加上8世纪后期到9世纪初，伴随吐蕃帝国[1]和回鹘帝国[2]的冲突，突厥系沙陀和其他部落从西域、河西（甘肃）迁入，这样的人员流动给唐朝历史带来深刻的影响，离开这些人员的大规模移动就无法讲述唐朝的历史。

还有一点不能忘记，那就是中亚出身的伊朗系粟特人的活动，以及他们给唐朝带来的影响。一直以来，说起粟特人往往是作为商人参与"丝绸之路贸易"，从事丝织品交易，或是作为媒介从中亚向唐朝传播佛教、基督教、摩尼教、琐罗亚斯德教等宗教，总之是从经济和文化的视角进行论述。然而，近二十年间关于粟特人的研究取得飞跃性的进展，他们在中国王朝中发挥的政治、外交、军事作用正逐渐清晰起来。

本书基于这样的视角，尝试以通史的方式讲述唐朝的历史。

---

[1] 本书将唐朝周边各国中的突厥、回鹘(类书中称为"汗国")和吐蕃，分别称为突厥帝国、回鹘帝国、吐蕃帝国。——作者

[2] 回鹘原称回纥，8世纪后期上表唐朝，自请改为回鹘。原书中未对回纥和回鹘加以区分，皆作ウイグル，为尊重原著，译文中统一译作回鹘，以下不再一一说明。

第一章

朝着东欧亚帝国飞翔

七世纪

第一节 | **唐朝建国**

隋末叛乱

作为隋朝的第二代皇帝，事实上也是末代皇帝，炀帝（604～618年在位）常常被后世称为"暴君"。他不仅营建新都洛阳，开凿沟通中国南北的大运河，修筑长城，不断兴起大规模的土木工事，还三次发动远征高句丽的军事行动（611～614年），民众因此疲敝不堪。

也许当时"暴君"的形象还没有固定下来，但无休止的土木工程和国外远征必然为炀帝乃至隋朝积聚了众多的不满，而在被隋朝"征服"的旧南朝领域，反隋的情绪也依然高涨。

隋末叛乱从以掠夺为目的的小规模叛乱开始，其规模扩大的契机是杨玄感之乱（613年）。虽然这一叛乱在两个月后就被镇压，但无疑给炀帝带来巨大的冲击，因为杨玄感的父亲杨素不仅是隋朝开国元勋，而且还是拥立炀帝的功臣。

此后，全国各地都掀起叛乱，规模也逐渐变大。杨玄感之乱三年后，叛乱领袖中开始有人自称"皇帝"，历史进入群雄割据时代。对隋发动叛乱的群雄达到四十人以上，其中还有参与北周和隋朝建国的核心势力成员。比如群雄之一李密，出身西魏以来的名门，是号称"八柱国家（八位柱国大将军之家）"（后文第53页）之一李弼的曾孙。本章的主人公、建立唐朝的李渊（565或566～635）也是其中之一，他是"八柱国家"李虎的孙子。李渊的家世可以追溯到武川镇，他是隋朝权力中枢的一员。这到底是怎么回事呢？

北魏灭亡的契机就是六镇之变。这场叛乱的起因是北魏孝文帝从平城（今山西大同）迁都洛阳，禁止使用鲜卑语和穿着鲜卑服装。这些激进的"汉化政策"产生了落差，于是保持骑马游牧民原本生活方式的六镇士兵发起反叛。源于六镇之变的上述性质，从中诞生的北齐和北周必然是带有极浓厚鲜卑色彩的王朝。这两个王朝的宫廷和军中都使用鲜卑语，由此也可见一斑。

隋文帝（581～604年在位）从北周获得禅让，后来吞并长江流域的南朝，将中国这一空间进行了整合。在这个全新的帝国中，北朝系的游牧文化和南朝系的中国古典文化等各种价值观相互混杂。隋文帝由此创造出新的体制，包括制定面对不同出身之人都能够提供明确基准的律令，设立整齐而富有形式美感的官僚制度，在地面上建造理念性的理想王都大兴城，以及将外来宗教佛教作为国家统治的意识形态。在隋文帝的政策下，拥有游牧文化和农耕文化这样不同文化与价值观的两个世界，借助普遍性原则得到了治理。

然而，他的儿子炀帝将父亲的政策接连推翻。炀帝在北魏洛阳城的西侧重新建造洛阳城，开通大运河连接洛阳和江南。之所以推进这样的政策，是因为炀帝对游牧文化毫不关心，而是倾心于汉人固有的中国古典文化。这一点与北魏孝文帝推行"汉化政策"的情况非常相似。在隋朝的世界中，必然会有人感到疏离和歧视。因此，对隋炀帝发动叛乱的人群中就有西魏、北周、隋朝政权的核心成员。换句话说，隋末群雄中的这些人或多或少都带有复辟拓跋鲜卑的意识。

李渊的出身

唐朝的第一代皇帝李渊出生于北周的都城长安。这里的长安与隋唐时期的长安不是同一座城市，而是西汉建都的地方。其位置在隋朝新建的大兴城西北，现在那里不仅地面上还留有宫殿台基和城墙、城门遗址，而且经过调查发掘，宫殿遗址也已经得到确认。

李渊的祖父李虎是北魏末期武川镇的军人，李渊的母亲则是武川镇军人、日后西魏元勋独孤信的女儿。李渊的母亲和隋文帝的皇后是姐妹，所以在李渊的眼中，文帝是其姨父，炀帝是其表弟。

至于李渊究竟是汉人还是鲜卑人，这个问题自古就有争议。根据记录唐朝历史的《旧唐书》《新唐书》和其他典籍史料，唐朝皇室都自称"陇西李氏"。"陇西"是现在甘肃省东南部的郡名，"陇西李氏"则是本籍当地的汉人权贵豪族。在五胡十六国时，"陇西李氏"出了名为李暠的人物，他建立起以敦煌为中心的西凉王国。李渊则是李暠的七世孙。

如果这样的记录可信，唐朝当然就是汉人王朝，但这份谱系完全是杜撰的，是建立唐朝的李氏的伪作。早在南宋时期，创立朱子学的朱熹就在语录中说道："唐源流出于夷狄，故闺门失礼之事，不以为异。"（《朱子语类》）他断定唐朝皇室乃是"夷狄"出身。唐朝李氏还有一个非汉人风的姓氏"大野"，这也许是其本来的姓氏。他们恐怕是从西魏开始自称"陇西李氏"，到唐朝建国后第二代太宗和第三代高宗的时候，才将谱系改写成了西凉李暠的后代。那么，并非"陇西李氏"的李渊又是怎样的人物呢？

李渊的祖父李虎是武川镇的一员。如后文所说，一般认为所谓"八柱国家"是唐朝建立之后为了抬高皇室的权威而创造出来的。不过，李虎是武川镇出身的军人，在北魏末到西魏建立间发挥了重要作用，这一点应该是事实。

武川镇是对抗蒙古高原上柔然的重要国防据点。在游牧世界和农耕世界的边境地带，除了武川镇外，还有多个作为防卫据点的"镇"，其中最重要的六个军镇合称"六镇"。军镇的长官由鲜卑人等精英军人担任，鲜卑人和其他游牧民族，包括汉人权贵，都将子弟派往军镇，担负起国防的重任。武川镇日常都使用鲜卑语交流，从习俗和文化来看都属于鲜卑人集团，这一点与血统无关。

比如窦毅，他是李渊的丈人。窦毅虽然是汉式的"窦"姓，但如后文所说，他其实是游牧民族出身。根据留下的记录，北周建立后，窦毅曾经用鲜卑语和北周皇帝交谈。即便是在与北周对立的东魏、北齐军中，鲜卑语同样普遍使用，建立东魏、北齐的高欢势力也是由出身六镇之人构成。总之，不单是武川镇，六镇都可以理解为鲜卑人的世界。李渊在这样的环境中出生和成长，不难想象他也能使用鲜卑语。如此看来，李渊的家族至少在文化层面上应该算是鲜卑族。

李渊起兵

参加隋末叛乱之前，李渊曾经担任隋朝的太原留守。留守是一种临时职务，原本是皇帝巡行之际，在王都代为处理朝廷事务。但隋朝末期在地方上的重要城市都设置了留守，太原（今山西）则是隋朝防范蒙古高原游牧势力突厥人南下的重要军事据点之一。

据说，李渊的性格特点是优柔寡断，即便身处隋末乱世也从没想过起兵。与之相反，次子李世民（599~649）则十分积极。李渊麾下的文武官员和栖身太原的隋朝反炀帝派官员，也都希望李渊立刻起兵。关于这一点还有个著名的故事，那就是晋阳宫宴会事件。

太原的晋阳宫是炀帝巡幸时驻跸的大型离宫，众人趁炀帝不在之际在晋阳宫召开宴会，其间又让宫女侍奉李渊。于是，晋阳宫的管理官在李世民的指使下，以此事胁迫李渊起兵。

史书记载这是李世民的计策，但当时的李世民只有二十岁，不可能是他一个人的谋略，李渊身边的各类人物恐怕也都参与其中。如果可以做点臆测，李渊优柔寡断的性格应该也是李世民即位之后创作出来的，为的就是宣传自己的神勇。就事实来看，李渊从隋末各地的群雄中脱颖而出，建立延续二百九十年的大唐王朝，他的才能不应该遭到轻视。

起兵之后，李渊按照游牧军制将军队编成左、右、中三军，一口气朝着隋朝都城大兴城进军，四个月后成功实现和平进城（617年）。太原的军队以李渊和他的儿子们为核心，李氏一族之外的太原官僚也参与其中。

李渊还有个后来称为平阳公主的女儿，当时正住在大兴城里。李渊在起兵前曾打算把女儿和女婿召回太原，结果平阳公主对丈夫说："你快去太原吧，我是一介女流，足以随机应变。"[1]然后就跑

---

[1] 语出《旧唐书·柴绍附平阳公主传》，原文为："公主曰：'君宜速去。我一妇人，临时易可藏隐，当别自为计矣。'"本书作者在引用古籍时，有时直接训读原文，有时经过内容翻译。为尊重原著，对于前者直接翻译为文言文，在注释中标明出处；对于后者则翻译为现代汉语，在注释中给出文言文和出处。以下不再一一说明。

进山里招募士兵。平阳公主还把被称作"胡贼"的粟特人何潘仁引为同伴。当李渊到达大兴城时，仅平阳公主麾下的精兵就达到一万余人。这支军队被称为"娘子军"。李渊的女儿身先士卒投入战斗，这正是游牧社会风气的反映。不仅如此，这也是宣告唐朝这一女性活跃的时代业已到来的象征性事件。

进入大兴城后，李渊立刻将炀帝之孙、时任西京留守的杨侑立为皇帝（恭帝，时年十三岁），尚在江都（今江苏扬州）的炀帝则遥尊为太上皇。李渊没有灭亡隋朝，而是向内外展示其尊奉隋朝皇帝的姿态。

在这样的混乱中，炀帝依然不愿离开江都，甚至还想把都城迁到古老的建康之地（隋丹阳郡，今江苏南京）。当时，炀帝的禁卫军大多来自关中，对故乡充满思念之情，得知炀帝没有回程之意后，他们立刻竖起反旗。宇文化及是炀帝的亲信，他利用禁卫军的哗变谋杀了炀帝。炀帝享年五十岁。皇后萧氏用涂漆的床板做成小型棺木，将遭到弃置的炀帝遗体纳入棺中草草下葬。

其后，萧皇后历经曲折，与炀帝之孙杨政道（正道）一起投奔蒙古高原上的游牧民族东突厥。这大概是嫁到突厥的隋朝义成（义城）公主在从中牵线。萧皇后在当地建立起隋朝的流亡政权，直到东突厥灭亡之后，她才回到了中原。

根据史书记载，炀帝在唐高祖时期改葬于"雷塘"。"雷塘"的位置长期被认为是在扬州的北郊，直到2013年才有了颠覆性的发现，那就是在扬州西郊发现了炀帝和萧皇后的合葬墓。出土的墓志上刻有唐太宗的贞观年号，可见是太宗时期重新葬在扬州西郊的，从东突厥回国的萧皇后也随之合葬。

隋唐革命

接到炀帝被杀的报告后，李渊立刻进入夺取政权的准备阶段。形式上由隋恭帝颁布诏书，宣告将帝位让于唐王李渊。更确切地说，恭帝应该是被迫这样做的。李渊在经过三次礼节性的推让后，终于接受帝位。就这样，李渊以不借助武力、表面上和平的方式获得政权，这样的政权让渡形式叫作禅让。

李渊将隋朝大兴城宫城的正殿由大兴殿改为太极殿，在此即皇帝之位，将国号改为唐，定年号武德（618年）。新皇帝李渊的庙号是高祖（618～626年在位）。高祖立刻派遣刑部尚书前往都城南郊，在那里筑坛焚柴，举行向上天报告的仪式。由此天命既革，通过隋唐革命的形式完成王朝交替，唐朝二百九十年的历史自此开始。唐朝将隋朝的人兴城继续用作都城，并改名为京城。不过，人们一般还是将其称为"长安"，所以本书也沿用这个称呼。

顺带一提，"唐"这个国号来源于祖父李虎去世后追封的唐国公。"唐"是古地名。根据《史记》记载，公元前11世纪左右，西周成王之弟叔虞被分封在唐地（春秋时期的晋国），也就是相当于太原的位置（另一种说法是在山西翼城以西）。

李渊虽然建立了唐朝，但当时各地群雄割据，唐朝的命运依然前途未卜。以洛阳为据点的王世充就是不可小觑的对手，他原姓支，据说是"西域胡人"。支是月氏后代的姓氏，但详细情况不得而知。王世充和李渊一样尊奉隋朝皇室，在唐朝建国一年之后，按照既定手续得到炀帝之孙杨侗（越王，后被王世充奉为皇帝，称皇泰主）的禅让，改国号为郑。此后，唐朝大约花费八年时间才将王世充等群雄陆续平定。

革命成功的背景

李渊能够成功实现隋唐革命，理由有以下几点。

第一，他曾担任太原留守。太原与王都大兴城之间有一条大道相连，短时间内就能攻入大兴城，而且这条大道上没有其他强劲的群雄，这是李渊的幸运。李渊在太原负责防备突厥，操练兵马时引入突厥式的骑兵战术。因此，李渊的进军速度极快，在他与群雄的对决中，骑兵力量发挥了巨大作用。

第二，以最快的速度和平占领王都大兴城。正因为如此，李渊掌握了王都的官僚系统和统治必需的行政文书，同时通过占据仓库确保庞大的物资，为旷日持久的平定工作打下基础。其间，李渊尊奉隋朝皇室、以禅让方式和平进行革命也起到了重要作用。

第三，与突厥订立和议，消除来自草原世界的威胁。进军大兴城之际，李渊还得到突厥的援军。不过，这样的援军也可能在革命成功后招来突厥的干涉。事实上，突厥援助的只有军马二千匹、骑兵不足五百人，并不是什么大军。据说李渊看见突厥士兵少、马匹多，感到很高兴，他大概是觉得这样可以避免突厥的过度干涉。顺带一提，此时作为突厥使者到来的是粟特人康鞘利。当时的粟特人是"国际性"商人，他们作为今天所说的外交型人才被东欧亚世界的王权广泛利用。

第四，李渊在武川镇集团中家世显赫。李渊妻子（窦氏）的外祖父宇文泰曾在西魏掌握实权，也是北周的实际缔造者。隋朝皇室杨家不仅从宇文氏手中夺走政权，其后还将宇文氏后裔诛杀殆尽。因此，武川镇集团中反杨家之人自然会拥戴家世显赫的李渊。

第五，不能忘记李渊之妻是窦氏一族出身。窦氏本姓纥豆陵，是匈奴系"费也头"部落中的氏族之一（图1）。

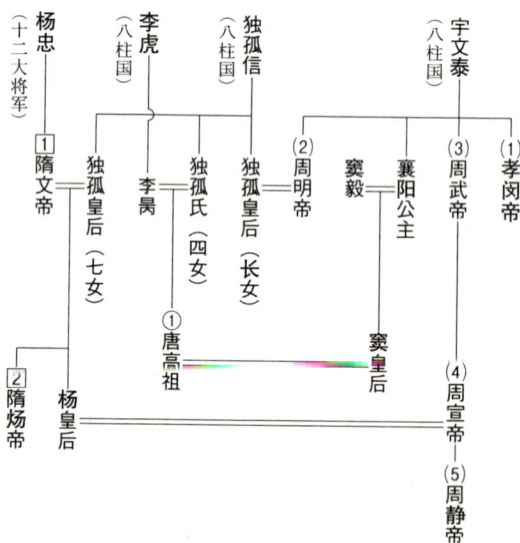

图1　北周、隋、唐帝室婚姻关系图

* 数字表示皇帝代数，（ ）内为北周，□内为隋朝，○内为唐朝

读者们也许会问，"匈奴不是在汉代就消失了吗?"或者"虽然五胡十六国时期匈奴建立了几个政权，但后来不是消失在历史中了吗?"其实在北魏时期，费也头也是重要的势力。以北魏末期的六镇之乱为契机，他们向鄂尔多斯（黄河几字形弯曲部分的内侧）扩

张，构筑起东西魏都无法忽视的游牧势力。不但如此，费也头还向着鄂尔多斯以西的河西走廊（祁连山脉北麓东西延伸的平原，"丝绸之路"的一部分从这里经过）进军。

与李渊联姻的窦氏一族能否直接统率河西走廊中匈奴的骑马游牧势力，这一点并不清楚，但在李渊成功发动隋唐革命的背后必然有着匈奴的势力。

粟特人的协助

最近，隋唐革命成功的另一个重要原因也被揭示出来。在从隋末到唐初的政局动荡中，有一支力量在各地群雄割据、前途难测的情况下，率先投奔了李渊集团，那就是粟特人。

粟特人是中央绿洲国家的居民。今天的乌兹别克斯坦境内有塔什干、撒马尔罕、布哈拉等都市，这些都曾是粟特人的故乡，他们为了寻求丝绸而来到东方。粟特人的历史非常古老，可以确认的是，东汉王朝已经和粟特的绿洲国家结成朝贡关系。20世纪初，在敦煌以西的烽火台中发现粟特语的书信群，其中有一封是西晋末期名为那你槃陀[1]的粟特人写回故乡撒马尔罕的。通过这些书信，粟特人曾经以河西走廊的绿洲都市作为据点，前往长安、洛阳乃至河北邺城从事贸易，这段历史才得以重见天日。

---

[1] 那你槃陀（Nanai-Vandak）：又译娜娜槃陀、那耐·万达克，曾在西晋经商的粟特商人，具体事迹不详。该信笺写于313年，使用粟特文字，收件人是其在撒马尔罕的主人拔褐迦（Varzakk）。

自北魏到北齐、北周，粟特人积极从河西走廊进入黄河流域，在各地建立起聚落。这一时期，河西走廊的武威（甘肃）、固原（宁夏）、西安（陕西）、太原等地，都有粟特人的聚落。这些居住在聚落中的粟特人与来自本土的粟特商人相互协作，通过购买中国的物产（主要是丝绸）开展贸易活动。当然，他们为了保障贸易活动的安全，同时提高贸易的利益，往往利用遍布东欧亚的网络来获取最新情报。

在隋末群雄割据的时代，这样的网络非常奏效。中国各地的粟特人不仅共享情报，还会辨别谁将给今后的中国带来安宁，从而协助他们所认可的英雄。那个得到认可的人，就是李渊。

在李渊起兵的太原就有粟特人的聚落。起兵之际，太原粟特人聚落的居民被组织为士兵，在出身中亚的吐火罗人龙润率领下投奔李渊。

太原以南的介州位于李渊从太原向大兴城进军的大道上，那里也有粟特人的聚落。根据"曹怡墓志"（2010 年公布）记载，当地的粟特人曹怡响应李渊起兵前来投靠。曹怡恐怕是把介州的粟特人都组织起来，带领着他们前来从军的。顺带一提，当地粟特人所信仰的琐罗亚斯德教寺院的遗迹，在今天的介州以"祆神楼"之名保存了下来。

李渊进入大兴城不久，原州（今宁夏固原）粟特人史诃耽就前来投奔。现在的固原只是六盘山脚下的一座地方性城市，但在北朝到唐朝时期，它正好位于贸易路线上，有众多人群往来。早在北魏时期，粟特人就开始在当地定居并组建聚落，逐渐形成庞大的势力。于是，粟特人史氏一族被任命为军府的府主，粟特聚落的居民也作为士兵组织起来。

隋末，固原的西方是陇西的金城（今甘肃兰州），当地军府的将军薛举在此独立，自称皇帝（图2）。后来，薛举与西边武威的李轨作战失利，便把根据地转移到南方固原和六盘山之间的秦州（今甘肃秦安附近）。薛举的势力盛极一时，从西面和西北面对占据长安的李渊构成威胁。当时，固原的史氏协助了长安的李渊政权。选择跟随哪一方势力，将决定此后固原粟特人聚落的命运，而原州史氏最终选择了唐朝。

图2 隋末群雄图

李渊宣布建立唐朝时，位于河西走廊贸易路线上的武威盘踞着以李轨为中心的势力。李轨是武威的豪族出身，在隋炀帝大业年间

（605～618）获得当地的军府之职。薛举在金城独立后，李轨趁机在武威建立起王国，而拥立李轨的正是武威粟特人聚落的领袖安修仁。安修仁的兄长叫安兴贵，当时侍奉李渊，他作为李渊的使者前往武威后，与其弟商议率领粟特人集团向李轨竖起反旗。后来安兴贵和安修仁兄弟顺利夺取武威，整个河西地区都归顺了李渊。由此，李渊的势力得到进一步巩固。

唐朝的律令

唐朝沿袭隋朝的统治体制，其根本在于律令。李渊即位后下令修订律令，在律令完成之前，隋炀帝的大业律令作废，只公布暂行的五十三条格。

高祖的治世只有八年，其间致力于平定割据各处的"皇帝"。因此，直到他把"中国"这一空间基本纳入统治之后，才颁布了重新修订的武德律令（624年）。遗憾的是，武德律令现已不存。一般认为就是在隋文帝开皇律令的基础上，加入上述的五十三条格。隋代在炀帝时期也颁布过改订的大业律令，但唐朝为了否定炀帝的统治，高举"向文帝回归"的旗帜，选择将开皇律令作为武德律令的范本。但实际上，开皇律令和大业律令之间没有太大差异。

不过，隋朝制定的开皇律令并不是以北周律令作为范本，而是选取了北齐的律令。北周曾以记录周代理想制度的《周礼》为基础复活古老的制度，但严重脱离现实。因此，性格谨慎的隋文帝一方面继承汉人之间自古以来形成的传统，另一方面又以精通典故的山东门阀的根据地——北齐的律令作为基础。但是，隋唐的刑法体系更接近北周律，令也很难说直接来源于北齐令。

中国的律令由秦汉以来的汉人王朝制定，经过不断积累变得越发烦琐复杂。用游牧民族的眼光对其重新审视，经过整理和体系化，进行客观性革新的就是隋朝的律令，而唐朝律令是其继承者。由于具有普遍性的特点，隋唐律令跨越国界，扩大到整个东亚。正在建设早期王朝的日本将隋唐律令作为模板加以吸收，其原因正在于此。不仅如此，隋朝通过律令彰显客观而明确的基准，从而创造出统合游牧民价值观和汉人价值观的世界，这样的方针也被唐朝所继承。

众所周知，"律"相当于现在的刑法，"令"相当于行政法。唐朝直到第六代皇帝玄宗为止，每逢皇帝更迭都会颁布修正的律令，这一点和隋朝是相通的。律令随着时间固定下来，其运用也逐渐僵化，应对方法就是借助诏敕加以修正。将一定数量的这类诏敕汇总起来，以明文化形式编纂并公布，这就叫作"格"。还有一种称为"式"，那是律令实行过程中的细则。

"唐令"的复原与发现

唐朝的律以《唐律疏议》的形态至今依然可见，但唐令已经散失。日本的情况相反，律已经丢失，从唐朝输入的令则以《令义解》（官撰的注释书，引用了大宝令和养老令的一部分）和《令集解》（针对养老令的私撰注释书）的形式保存下来。将散佚的唐令进行复原，这样的工作从江户时代就已经开始，其滥觞是元禄时代[1]松下见林[2]的著作。他从《唐律疏议》中抽取出唐令的佚文，汇编为《唐令》一书。虽然内容非常简略，但在江户时代的元禄年间就已经试图考据唐令的具体情况，这一点值得重视。

唐令复原的工作，此后延续至20世纪。1933年，仁井田陞[3]（1904～1966）完成了《唐令拾遗》。继承这一工作的是池田温，他的《唐令拾遗补》于1997年出版。然而，就在唐令复原这一金字塔式的工作在日本不断取得进展时，中国有了重大发现，那就是唐令的"发现"。

契机是浙江宁波天一阁（明代范钦建造的书库）所藏明代钞本的《官品令》一书，被确认为北宋仁宗年间天圣七年（1029）编订的《天圣令》的钞本。北宋的令是对唐令的重新利用，《天圣令》不仅记录了北宋时期在唐令基础上加以修订的宋令条文，同时还包含当时已经不再施行的唐令条文，因此对于复原唐令而言是绝佳的史料。

这份史料于2006年在中国以《天一阁藏明钞本天圣令校证（附唐令复原研究）》（上下两册，北京：中华书局）的形式出版，

---

[1] 元禄时代：指1688年到1703年期间。元禄是日本东山天皇的年号，幕府将军为德川纲吉，其间以经济发展和文化繁荣著称。

[2] 松下见林（1637～1713）：名庆摄，字诸生，号西峰散人，日本江户时代史学家。他以儒医身份辨别经籍百家本末，专修本国历史，力图纠正当时尊慕汉土的学风。通过四处搜寻探访，在元禄元年（1688）完成代表作《异称日本传》。

[3] 仁井田陞：日本历史学者、法制史学者，师从中田薫，历任东方文化学院研究院、东京大学东洋文化研究所教授。主要研究方向为中国法制史，在收集分析唐代律令逸文、复原唐令体系和条文领域具有突出贡献。主要著作有《唐令拾遗》《唐宋法律文书研究》《中国法制史》等。

为唐令复原研究做出巨大的贡献。不过,《天圣令》并不是以完整形式记录的,在总共三十卷中,只有从第二十一卷到第三十卷的十卷。其篇目是:田令、赋役令、仓库令、厩牧令、关市(捕亡)令、医疾(假宁)令、狱官令、营缮令、丧葬(丧服年月)令、杂令。

唐朝的官制

中国王朝的官僚制度自东汉以来日益发展,变得十分复杂。隋朝并不是将其全部废止,而是在此基础上加以理念性地整合,创立全新的官制。官制是由令规定的,所以称为律令官制。在有关官制的令中,官品令将官僚(当时的用语是官人)从正一品到从九品分为三十个等级,而一系列的职员令又规定了所有官厅的官职名称、定额以及职务内容。

唐朝继承隋朝的官制,不过不是在李渊建国后立刻形成,而是在第二代太宗时期确立框架,经过武则天时代的改革后,到玄宗时代的开元年间才正式完成。其间的详情在玄宗时代被汇编为《唐六典》,我们今天通过它可以知晓唐朝律令官制的完整形态。下面就开元时期的官制进行介绍。

中国自汉代以来,从事宰相工作的三师(太师、太傅、太保)和三公(太尉、司徒、司空)就已经成为荣誉职务,最重要的官厅是三省,即中书省、门下省、尚书都省。

中书省是起草皇帝话语(王言)、制作诏敕草案的机关,充当皇帝的秘书官。不过,由于其长官中书令和次官中书侍郎通常被授予"同中书门下三品"的头衔而享受宰相待遇,实际起草诏敕的是中书侍郎以下的三等官中书舍人。诏敕的草案需要送往门下省审议。

门下省，一言以蔽之就是同意皇帝旨意的机关。他们对诏敕的草案进行审议，对错误之处加以修正，也可以直接打回（封驳）。同时，各官厅提交请求皇帝裁决的文书（奏抄）后，经由尚书都省将原件送到门下省，门下省负责审核。如果没有问题，就由中书省制订皇帝的回答（批答），皇帝进行裁决。门下省的长官门下侍中和次官门下侍郎也参与国家政务，所以实务交给了三等官给事中。有观点认为，从南北朝时代到唐朝前期，门阀在中国政界和社会上都有着根深蒂固的势力，因此皇帝不得不与门阀势力通过合议的方式处理国政，而门下省就是其残余。但也有看法认为，唐代的门下省只是起到在发布诏敕和处理各官厅的奏请时，审查其中是否存在错误的作用。

尚书都省之下有六部，负责行政事务。尚书都省的长官是尚书令，次官是左、右仆射，负责将经过门下省的诏敕和下达裁决的各种文书发放给相关官厅，同时把中央和地方官厅上奏的文书送达门下省。左、右仆射下分别有左司和右司：左司统辖主管人事的吏部、管理户籍和税务的户部、担任王朝礼仪和礼制的礼部，右司则统辖主管武官人事和军事事务的兵部、法务相关的刑部、承担土木工事的工部。不过，六部只负责文书事务，实际工作交由汉代以来的部门——九寺和五监处理（图3）。这里的寺不是指寺院，而是管理杂务的官厅。此外还有监察官员行为的特设机关，即御史台。

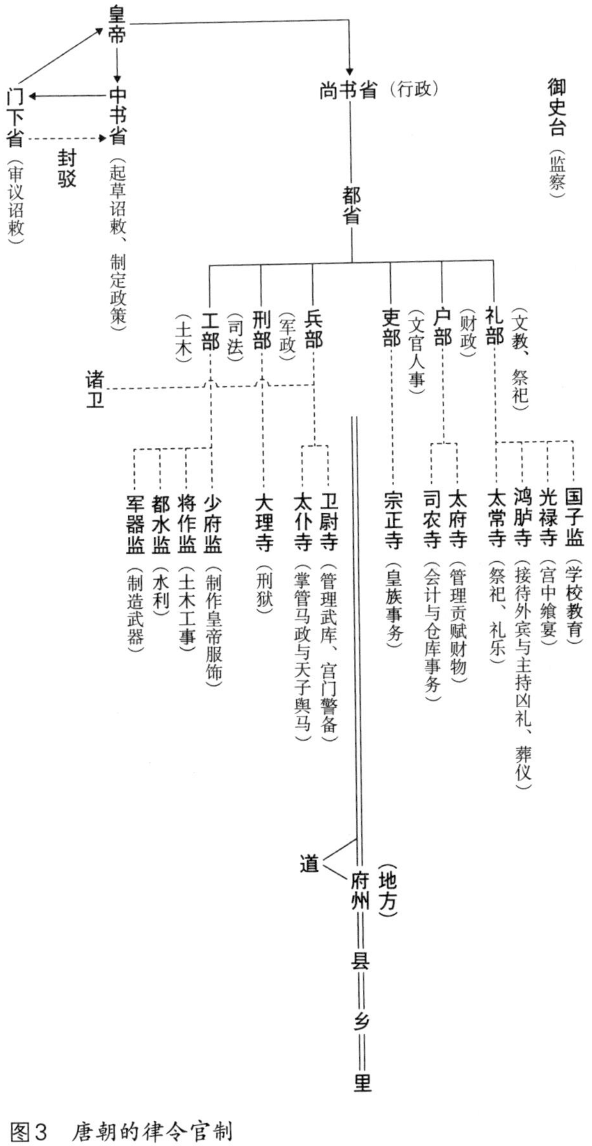

皇帝

门下省（审议诏敕）

中书省（起草诏敕、制定政策）

封驳

尚书省（行政）

御史台（监察）

都省

诸卫

吏部（文官人事）
户部（财政）
礼部（文教、祭祀）
兵部（军政）
刑部（司法）
工部（土木）

军器监（制造武器）
都水监（水利）
将作监（土木工事）
少府监（制作皇帝服饰）
大理寺（刑狱）
太仆寺（掌管马政与天子舆马）
卫尉寺（管理武库、宫门警备）
宗正寺（皇族事务）
司农寺（会计与仓库事务）
太府寺（管理贡赋财物）
太常寺（祭祀、礼乐）
鸿胪寺（接待外宾与主持凶礼、葬仪）
光禄寺（宫中飨宴）
国子监（学校教育）

道
府州（地方）
县
乡
里

图3 唐朝的律令官制

唐朝的政策由皇帝之下的宰相们合议决定。最初的宰相是指中书令（定员二人）、门下侍中（定员二人）、尚书令（定员一人），但由于李世民曾在秦王时期（后述）担任过尚书令，太宗即位后尚书令就不再任命了。于是，左、右仆射（各一名）递补为宰相。贞观末年还出现了被授予新设头衔（同中书门下三品、同中书门下平章事、参知机务等）而参与政务决策的人员。

一般而言，外观上以三省六部的形式加以整备，与其说对应实

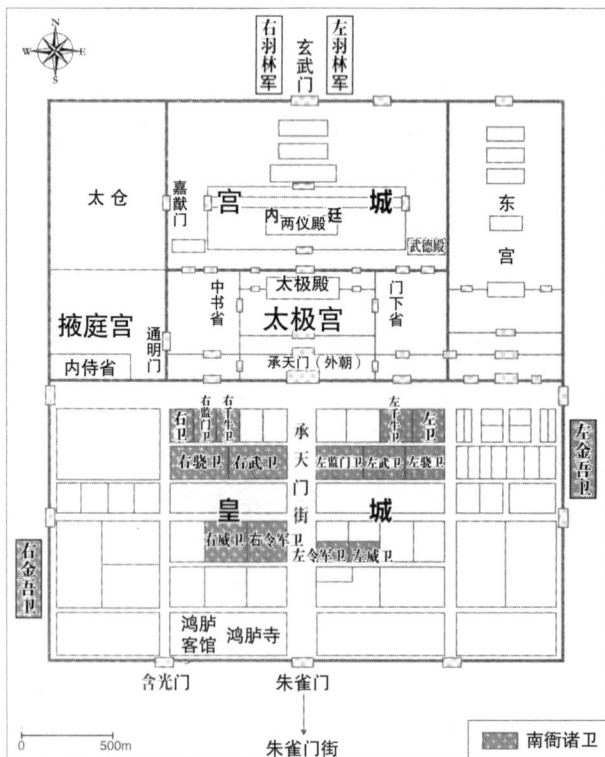

图4 长安的宫城、皇城

际事务，不如说就像"三"和"六"这些数字，更看重形式上的美感。至于中书省和门下省的官衙，连建筑的配置都是对称的。在宫城的区域中，以正殿太极殿为中心，东侧是门下省，西侧是中书省；皇城区域以贯通南北的承天门街作为中轴线，各官厅对称分布，这也体现了对形式美的追求（图4）。

第二节 ｜ 李世民：天可汗之路

李世民的成长

第二代皇帝李世民是高祖李渊和匈奴系窦皇后的第二个儿子，他的同母兄弟还有长子建成、三子玄霸（早逝）、四子元吉。顺带一说，高祖总共有二十二个儿子。

在成为皇帝前的十几岁到二十几岁，李世民的人生都是在战争中度过的。也是在这个时期，李世民作为军人和战略家的才能得以发挥。比如有这样一则故事：隋炀帝在北方边境地区巡行时，被突厥可汗率领的军队包围，这时李世民献策将兵力不多的隋军伪装成大军，结果成功促使突厥撤兵（615年）。当时的李世民只有十八岁。第二年，李渊在讨贼时身陷敌阵，李世民只身骑马突围，从马背上放箭将他救了出来。

唐朝建国后，李建成是太子，李世民是秦王。然而，当时的中国还处在群雄割据中，唐朝也不过是群雄势力之一。李世民首先讨伐甘肃东部的薛举及其子薛仁杲，因为对于以关中为据点的唐朝而言，他们是最直接的威胁。李世民先采用兵粮战术削弱敌方，将他们逼入绝境，然后投入精兵一举击破。李世民这样的政略和战术，被宫崎市定[1]（1901~1995）评价为"非凡才能的创造，他人无法仿效的境界"（宫崎，1988年）。

此后，唐朝最大的敌人就是洛阳的王世充，以及在其背后的河北南部建立起巨大独立王国的窦建德。李世民生擒了王世充和窦建德，陆续将两股势力镇压。凭借这一战绩，李世民被授予特别为他设立的天策上将称号，地位在王公之上。成为天策上将后，李世民的声望日益高涨，而李建成作为皇太子留守都城，无法立下战功，心中充满不安。

其实直到唐朝创业为止，皇太子李建成和秦王李世民的关系都不算太坏。在认为父亲"优柔寡断"这一点上，两人是共通的。但是由于上述原因，两人之间出现裂痕。不仅如此，他们周围的人们也会优先考虑自己的利益，或是为了得到更多而陷入对立，最终演变成集团之间的斗争。

"玄武门之变"与粟特人

两者间的对立，终于发展成李世民诛杀兄长李建成的事件，即"玄武门之变"。

---

[1] 宫崎市定：日本著名东洋史学者，京都大学名誉教授，第二代京都学派的核心人物，在中国史研究的多个领域都有杰出贡献，著有《宫崎市定全集》二十五卷。

　　根据当时的记录，事件发生以前曾有白昼的天空中出现金星的报告，这是政变的先兆。当天，意图抢先动手的李世民上奏"建成与弟元吉秽乱后宫"，高祖大惊，下令建成和元吉进宫问话。

　　第二天早晨，李世民准备在长安宫城北门的玄武门伏击入宫的李建成。他的身边聚集了秦王府的文武官员，包括内兄加儿时玩伴长孙无忌，后世并称"房杜"、作为宰相引领"贞观之治"的房玄龄和杜如晦，猛将尉迟敬德等。李建成明知那是李世民的策略，但依然决定进宫面圣。于是，两者在玄武门进入了交战状态（见图4）。

　　当时的情况是，李元吉向李世民放箭，射空，而李世民放出的箭射死李建成。接着，李世民一方的尉迟敬德率领七十骑赶到，射出的箭迫使李元吉落马。就在此时，李世民也落下马来，差一点被李元吉用弓弦绞杀。幸好尉迟敬德前来助阵，射杀了李元吉。东宫和齐王府（李元吉是齐王）的两千人禁卫队仍在抵抗，双方陷入混战状态，直到李建成和李元吉被斩首示众，他们的禁卫队才溃散而去。高祖乘船逃到宫城内的海池，李世民派遣尉迟敬德前往护卫，同时迫使其下诏交出全部权力。

　　以上是正史和《资治通鉴》中玄武门之变的情况。最近还出土了参与事变人员的墓志，这些不见于正史的人物活动逐渐浮出水面。其中值得重点介绍的还是粟特人。前面提到武威的安兴贵、安修仁兄弟在唐朝建国时提供了协助，而安兴贵的儿子就是《序章》中介绍的安元寿。安元寿在秦王时代的李世民身边担任右库真（禁卫队），玄武门之变当天，他正在宫城西门的嘉猷门（连接内廷和太仓的门）严阵以待。李世民不仅在玄武门，其他门也安置了自己的亲信军将，他是在封锁整个宫城的情况下发动了政变。

还有唐朝建国之际率先前来投奔的固原粟特人史诃耽，他在此后担任殿中省统率的尚乘局进马（正七品上或正七品下）一职。这一官职负责管理宫中的厩舍（闲厩）。他的墓志上写着"北门供奉进马"。"北门"指玄武门，"供奉"就是皇帝亲信的意思，所以应该是指在玄武门附近饲养和管理皇帝乘坐的马匹（外来的贵种马等）。这恐怕是因为他曾经在固原饲养军马而获得的官职。

史诃耽饲养马匹的能力在玄武门之变后也受到重视，被任命为左二监，意思是"第二个设立的饲养和供给名马的监牧（官营牧场）长官"。史诃耽的故乡固原正是适合畜牧之地，唐朝在包括固原在内的陇右道东部到关内道西部都设立了监牧，其负责人之一就是史诃耽。有观点指出，这是史诃耽为李世民一方提供禁军的马匹，在玄武门之变中立下功劳的褒奖。史诃耽直到下一代的高宗时期仍在长安，担任中书省的翻译官长达四十年之久。这是他作为粟特人的语言能力得到了高度评价吧。

玄武门之变的背景

玄武门之变是兄弟相杀的惨剧，它为什么会发生呢？除了从围绕皇位的兄弟相争和宫内的权力斗争这些唐朝内部的视角来看外，还有一种视角是联系唐朝与北方东突厥的关系，其中似乎还能看出李世民和其父李渊的对立。

李渊原本也将东突厥视为威胁，但因为无力对抗，建国之前选择臣服，并获得东突厥的援助。唐朝创业后中国各地依然群雄割据，为了专注于讨伐群雄，应对东突厥只能是次要的。借着这样的条件，东突厥日益强盛，几乎每年都会入侵唐朝边境，有时甚至还深入内地。当东突厥的军队进军到关中时，高祖李渊一度打算放弃长安，把都城迁往南方去（624年）。

但是，高祖对于突厥的态度也在发生变化。在他治世的后期，镇压河北的刘黑闼后，隋末以来的群雄基本都已平定，剩下的只有东突厥以及仰其鼻息的鄂尔多斯和山西北部群雄。唐朝的主要问题，逐渐从平定国内转向对抗突厥这一国外问题。即便是在东突厥入侵时惊慌到想要迁都的李渊，也开始摆出与东突厥全面对决的姿态。

其间的象征性事件就是高祖李渊再次设立"关中十二军"（625年）。由于群雄割据，唐朝建国后将其据点关中分成十二个军管区，建立起由此向全国各地前线供给兵力的体制。但是随着全国状况逐步稳定，"关中十二军"一度废止，至此高祖又复活了这一制度。统帅十二军的将军大多是太原时期就跟随李渊的"太原元从"，而李世民一直以来率领秦王府集团在征讨群雄中立下战功，如今其掌握的军事主导权正逐渐向高祖一方转移。于是，这一点成为高祖和李世民走向对立的契机。

在唐朝内部，围绕对突厥的政策，高祖、皇太子李建成与其弟李元吉、秦王李世民三者之间也存在对立。其中，李世民的政策是利用突厥内部的矛盾进行离间。在玄武门之变中，李世民之所以发动政变，背景之一就是错误的东突厥对策可能引发国内混乱，进而关系到唐朝生死存亡的危机感。因此，他必须将主张不同突厥对策的皇太子李建成和父亲高祖的势力一扫而尽。

"贞观之治"与明君太宗的真相

李世民将玄武门之变中追随自己的功臣安排在政权的中枢位置，基础得以巩固后才继承皇位，庙号太宗（626～649年在位）。他或许还是感到内疚，所以避开宫城正殿的太极殿，选择在东宫的显德殿即位。早在秦王时期，太宗就设置包括后来成为宰相的房玄龄、杜如晦等"秦府十八学士"作为顾问。成为皇帝后，他还遴选南朝系统的文学之士作为弘文馆学士，令他们轮流值宿，在政务闲暇时进入内殿，一同探讨古代圣人的言行以及政务的善恶优劣。通过玄武门之变夺取政权后第二年的正月，太宗改元"贞观"（627～649）。这就是历史上著名的"贞观之治"的开端。

太宗的治世持续了二十三年，而世间所说"贞观之治"是从最后的抵抗势力梁师都被平定，国内重新迎来和平时代算起的（628年）。从那以后，唐朝可以说真正开始统治中国。

关于贞观初年的情况，《新唐书》中有这样的记载："当年（630），一斗米是四到五钱（一枚'开元通宝'是一钱），家家户户不用锁门，牛马数量日益增长，旅客不必自己携带粮食。在这样的太平盛世下，一年间被判处死刑的囚犯只有二十九人。"[1]

在治世的第四年就出现这样的盛况，史料上的记载或许有些夸

---

[1]语出《新唐书·食货志一》，原文为："至（贞观）四年，米斗四五钱，外户不闭者数月，马牛被野，人行数千里不赍粮，民物蕃息，四夷降附者百二十万人。是岁，天下断狱，死罪者二十九人，号称太平。"

张。但太宗的治世中确实存在过这样的情况，这对于形成"贞观之治"印象的作用是无法否定的。

太宗之所以被称为明君，不只是因为他给天下带来太平盛世，也是因为他善于用人，能够听取臣下的劝谏，其间的代表就是魏徵。魏徵原本跟随隋末群雄之一的李密，降唐后又辅佐李建成。当时，魏徵曾向李建成进言"早除秦王（李世民）"。玄武门之变后，太宗召来魏徵问道："你为何要挑拨我们兄弟？"魏徵回答："若皇太子早听我言，必不会有今日之祸。"[1]经过这番问答，太宗开始重视魏徵的才能，不断提拔他。

归附太宗后，魏徵的直谏多达二百余次。对于其他臣下的谏言和意见，太宗也都能虚心听取。拥有坦率进言的臣子，施行光明磊落的政治，这是太宗的特点，也是他成为明君的原因。作为此前中国王朝中从未有过的全新风格的皇帝，太宗经常会与臣下进行政治问答，其间的内容在玄宗时期得到整理，那就是《贞观政要》。

太宗虚心听取臣下意见的态度称为"兼听"，这是贯穿《贞观政要》的主题。"兼听"是作为隋炀帝不听意见，导致国家灭亡的反题（Antithesis）而出现的，可以理解为创造出与"昏君炀帝"截然相反的"明君太宗"的形象。实际上，太宗的兼听也有表演性质的一面。贞观中期，魏徵曾对太宗说："陛下在贞观之初鼓励臣下谏言，并且能高兴地接受。如今却不同了，虽然努力想要听从谏

---

[1] 语出《旧唐书·魏徵传》，原文为："（魏）徵见太宗勋业日隆，每劝建成早为之所。及败，太宗使召之，谓曰：'汝离间我兄弟，何也？'徵曰：'皇太子若从徵言，必无今日之祸。'"

言，但还是会面露不悦。"[1]在唐史学者的概说中，太宗即便如此仍能自我反省，依然称得上是大器，不过也有学者作出辛辣的评价："太宗是带着几分自卑的知识分子型的君主。"（三田村泰助，1963年）

突厥第一帝国

中国北方的蒙古高原上自古生活着游牧民族，他们逐渐掌握操纵马匹的技术，成为骑马游牧民族。有时，游牧民族会建立起庞大的联合体，发展成我们称为游牧国家的巨大势力。匈奴和柔然都不例外，这里要说的突厥也是其中一例。

"突厥"是汉人根据粟特语Türküt读音作的转写，有时也会写成"铁勒"，是东欧亚全部突厥系游牧民族的统称。这些使用突厥语的集团中有一支阿史那氏族，他们在蒙古高原以西的阿尔泰山脉附近从事制铁和锻造，原本从属于柔然。

后来，阿史那氏的族长土门打败柔然，建立起新的游牧政权（552年）。这个政权被称为突厥第一帝国（突厥第一汗国），其首领称为可汗。由于匈奴、鲜卑、柔然等都是使用蒙古语系统的人群，突厥第一帝国可以说是首个称霸蒙古高原的突厥系游牧政权。汉人恐怕是为了和原来的"铁勒"加以区别，所以把以阿史那氏为中心

---

[1] 语出《贞观政要·纳谏》，原文为："（魏）徵曰：'贞观之初，恐人不言，导之使谏。三年已后，见人谏，悦而从之。一二年来，不悦人谏，虽黾勉听受，而意终不平，谅有难色。'"

的这支势力称为"突厥"吧。

突厥第一帝国不断扩张势力，统治着从蒙古高原到中亚的广大区域。然而由于隋朝的离间政策，突厥第一帝国分裂成蒙古高原的东突厥和中亚的西突厥（583年），势力一度衰落。趁此时机，隋文帝成功完成了中国的统一。但是到了炀帝的时候，东突厥逐渐恢复势力，如前文所说，7世纪初期时甚至将炀帝围困在山西北部的雁门关。隋末在中国各地割据的群雄纷纷向东突厥北面称臣，希望获得援助。东突厥的大可汗则将中国各地的群雄视为小可汗，通过建立个别的协助关系搅乱整个中华世界。

唐朝与东突厥

唐朝建国后，东突厥依然强盛。特别是隋炀帝死后，萧皇后和炀帝之孙杨政道逃到东突厥，建立起流亡政权，颉利大可汗以此为借口试图介入中国北方。随着唐朝与突厥关系恶化，应对方案成为当务之急。以此为背景发生玄武门之变，李世民（太宗）领导下的新政权诞生，但是唐朝即将迎来更大的危机。

与李世民即位称帝几乎同时，颉利大可汗与突利可汗率领十余万东突厥军队入侵关中，此时的唐朝内部正因为玄武门之变陷入混乱。东突厥军经由泾州（今甘肃泾川）到达长安以西的武功县，都城进入戒严状态。接着，颉利大可汗来到长安北方渭水便桥的北侧，派出使者前去打探唐朝的动静。

太宗将使者扣押，率领高士廉、房玄龄等心腹六人，出玄武门来到渭水河畔，与颉利大可汗隔河对峙。随后，太宗指责东突厥违背盟约入侵唐朝。顺带一提，这六人中就包含了前文提到的粟特人安元寿。东突厥的使者遭到扣押，太宗亲临前线，这样的表演令颉利大可汗大为震动。当他看到唐军军容严整，随时可以出击迎敌后，终于向唐朝请求和解。

以上都是《资治通鉴》的记载。但是很难想象入侵唐朝的东突厥军会轻易寻求和平，这无疑是为了美化太宗事迹而进行的夸张。事实恐怕是东突厥得知唐朝政权交替，希望与新政权的君主重新订立盟约。《资治通鉴》还记载，太宗于长安城以西刑白马，在便桥上与颉利大可汗立下盟约，然后东突厥就撤军了。也许这一时期唐朝才是谦卑的一方，在确认讲和内容后重新订立了盟约。

东突厥灭亡

然而，在平定梁师都、解决国内问题之后，太宗开始转向以积极的政策应对突厥问题。当时，东突厥的颉利大可汗以蒙古高原南部（戈壁沙漠以南，即漠南）的定襄（今内蒙古和林格尔附近）作为据点，而蒙古高原北部（戈壁沙漠以北，即漠北）由夷男俟斤[1]领导的薛延陀势力日益强大，向东突厥竖起了反旗。对颉利大可汗不满的铁勒各部纷纷呼应，希望拥戴夷男为可汗。于是，唐朝颁布册书，册封夷男为真珠毗伽可汗，准备与其联手夹击东突厥。

另一方面，东突厥因为内乱和冻害遭受重大打击。唐朝以名将

---

[1] 俟斤：对突厥部落首领的称呼。

李靖为定襄道行军总管组织远征军，最终成功灭亡了东突厥（630年）。隋朝遗民萧皇后和杨政道被俘虏后押解长安，不久颉利大可汗也被擒住送往长安。突厥的其他王族来到长安后都被授予官品，这是对他们的怀柔。此后，颉利大可汗也被授予右卫大将军的禁军将军号，在长安定居下来。颉利去世时（634年），太宗下诏准许按照突厥人的葬俗火葬（中国的习惯是土葬），埋葬在流经长安东方的灞水东岸。

前面介绍了《新唐书》中有关"贞观之治"的记载。这一时期是否真的处于天下太平的状态值得怀疑，但《新唐书》特地强调"这一年（630）"恐怕不是毫无道理的。因为就在"这一年"，发生了改变唐朝乃至东欧亚历史的大事，那便是东突厥灭亡。

天可汗

于是，唐朝降服了游牧世界的大可汗，将蒙古高原南部纳入统治，它的威名传遍了整个蒙古高原。蒙古高原的游牧部落纷纷向唐朝派遣使者，后来还给唐太宗李世民献上"腾格里可汗"的称号。古代突厥语的"腾格里可汗"转写成汉字就是"天可汗"，"腾格里"即是"天"的意思。

蒙古高原的游牧民族原本将唐朝称为"桃花石"，也就是"拓跋"。这就意味着把唐朝视作由鲜卑拓跋氏的"可汗"统治的国家（事实并非如此）。7世纪初期的李渊只是臣服于东突厥大可汗的小可汗之一，如今这个"小可汗"却打败了大可汗。换言之，李世民成了作为"天可汗"君临游牧世界的唯一君主，这也成为此前以东突厥大可汗为顶点的游牧世界构造走向崩溃，新的世界秩序逐渐形成的序章。在进入正题之前，让我们先来考察太宗在唐朝国内创建出怎样的全新构造。

第三节 ｜ 太宗的内政与外交

《氏族志》的编纂和"八柱国家"的创设

唐朝诞生之时，中国社会中的门阀势力依然无法忽视。在此之前，隋文帝废止九品官人法，创设通过科举选拔官员的制度，意图对门阀进入政界加以限制。然而，科举制度在隋朝几乎没有发挥作用。隋唐革命后，门阀势力依旧强盛。

唐朝时期主要有三个集团，除了西魏、北周以来的关陇系集团（武川镇集团和关陇地区出身豪族的联合体，以下简称为"关陇集团"）外，还有魏晋南北朝以来在黄河中下游社会扎根的山东门阀，以及旧南朝的江南门阀。其中，全国知名且家世最高的就是山东门阀。

山东门阀的领袖是崔氏（博陵、清河）、李氏（赵郡）、卢氏（范阳）、郑氏（荥阳）四姓（还可以加上太原王氏，称为山东五姓）。尽管唐朝诞生时山东门阀的实际势力已经不如从前，但他们仰仗着显赫的家世，与其他氏族联姻时常常要求高额的礼品，这是当时社会的普遍状况。

面对带有浓厚汉人传统价值观残余的中国社会，太宗试图打破以山东门阀为首的等级体系，建立起以皇帝为顶点的新型统治秩序。此时开始的事业就是编纂《氏族志》，太宗把这项工作交给了北齐王族后裔的高士廉（他的妹妹是太宗长孙皇后的母亲）、关中地区望族出身的韦挺、西魏北周名臣令狐整之孙令狐德棻，以及亲手提拔的南朝系的岑文本等人。他们都是太宗的亲信或关陇集团出身。

然而，在他们首次上奏的《氏族志》中，竟然把山东门阀博陵崔氏出身的崔民干（唐朝建立时的官职是门下省次官黄门侍郎）放在首位。《氏族志》的编纂集团与山东门阀关系淡薄，本应该按照太宗的意向进行编订，但这样的结果说明山东门阀不仅在官场中享有威望，同时也深入渗透到了唐朝的社会内部。

太宗当然对此不满，下令重新编纂。改定工作持续六年，然后颁布了新的《氏族志》。在这次的成果中，皇室李氏占据首位，接着是第二等的外戚家（独孤氏、窦氏、长孙氏），第三等以下按照官职的等级（官品）顺序排列，崔民干排在第三等。不过遗憾的是，贞观时期的《氏族志》别说其中的一部分，连佚文（散佚的部分）都没有保存下来，我们无法亲眼看到其中的内容。

从初奏本《氏族志》到定本《氏族志》完成，其间竟花费了六年时间。太宗在编纂改订版《氏族志》的同时，还着手重新创造唐朝皇室的历史。这一时期，为了回溯过去的历史，从中找出唐朝皇室的正统性，所创作出来的就是"八柱国十二大将军"的序列。

所谓"八柱国十二大将军"，是指相当于西魏时代元勋的八位柱国大将军和十二位大将军。一般认为，"八柱国十二大将军"是西魏政权的核心家族，此后直到北周和隋、唐，其家世一直得以传承。"八柱国之家"是宇文泰、李虎、元欣、李弼、独孤信、赵贵、于谨、侯莫陈崇八人（按照《周书》卷一六《赵贵传》"史臣曰"条中记录的顺序），而在"十二大将军"中，隋文帝（杨坚）的父亲杨忠排在倒数第二位。

不过，"八柱国（家）"的说法在唐朝贞观年间才首次出现，有人推测这也是贞观年间太宗精心创作的结果。具体来说，即便在关陇集团之中，唐朝皇室也是仅次于宇文氏的第二位，而篡夺宇文氏政权（北周）的杨家（隋朝）不仅被排除在"八柱国（家）"之外，"十二大将军"中也只能居于末位，由此主张唐朝的正统性。再加上《贞观氏族志》的编纂，太宗成功建立起自身君临于汉人门阀之上的等级秩序。

通过太宗的努力，唐朝可以说是名副其实地建立起来了。

突厥遗民

东突厥灭亡的时候，突厥遗民中虽有逃往北部薛延陀和天山附近西突厥的部分，但更多的是归顺了唐朝。其数量达到十余万人，如果再加上突厥以外的部落和一度亡命到东突厥的北周和隋朝汉人，据说可以达到一百二十万人。

围绕如何安置大量的遗民集团，唐朝朝廷出现了激烈的争论，最终是在鄂尔多斯东部到山西北部（代北）设立四个州，用于统治移居到唐朝境内的突厥遗民。同时，在东突厥大可汗据点的蒙古高原南部建立定襄都督府（今内蒙古和林格尔）和云中都督府（今内蒙古托克托），下辖六个州，用于统治留在当地的遗民。

但是，移居至鄂尔多斯的突厥遗民逐渐积聚力量，以此为背景发生了暗杀太宗未遂的事件。当时，太宗正在名为九成宫（在今陕西麟游）的离宫巡游，负责太宗宿卫的是突利可汗之弟结社率，他带着同伴渗透到太宗的寝殿附近（639年）。结社率的目的大约是迎奉突利可汗之子北归，实现复兴突厥的梦想。

幸运的是，唐朝成功剿灭结社率等人，但这一事件也给唐朝带来巨大的冲击。唐朝认为，将日益恢复势力的突厥安置在长安北方的鄂尔多斯是极其危险的行为。于是，突厥王族之一阿史那思摩被封为可汗，由他带领鄂尔多斯的突厥人和粟特人返回东突厥故地，即黄河以北的蒙古高原南部。当时，薛延陀在蒙古高原北部不断扩张势力，阿史那思摩同时被赋予牵制薛延陀的使命。

然而，阿史那思摩对所率集团的统制失败了，周围的突厥人纷纷离他而去。尽管思摩无可争议是突厥可汗一族，但他在东突厥时期没有被赋予过军事权力，事实上是遭到了冷遇。1992年发现了阿史那思摩的墓志，相关研究表明，他与东突厥末期的可汗血缘关系疏远。如果真是这样，突厥遗民中可能还存在不愿将阿史那思摩承认为可汗的群体。最终，阿史那思摩带着跟随他的突厥和粟特系突厥人回到鄂尔多斯。尽管太宗原谅了他的做法，但如何重新建立业已崩溃的突厥遗民统治，这个问题将被带到下一任高宗的时代。

西域经营

唐朝和历代统治中国的王朝一样，也对"西域"抱有关心。狭义上的"西域"是指今天新疆维吾尔自治区的南部，也就是塔里木盆地周边的绿洲都市国家群，而广义上的"西域"则包含帕米尔高原西方的中亚。在这一区域内，所谓的"丝绸之路"四通八达。为了把贸易利益掌握在手中，就必须将该区域纳入统治之下，这是中国王朝和游牧国家共同的目标。

出了长安西行就是河西走廊，唐朝建国时此地已经纳入统治区域。如果继续往西，经过河西走廊西端的敦煌就与塔里木盆地相接，敦煌以西最初不在唐朝的统治范围之内。

塔里木盆地北有天山山脉，南有昆仑山脉，西面连接着帕米尔高原。塔里木盆地中有广阔的塔克拉玛干沙漠，盆地周边和天山山脉南侧山脚下有高昌国（今新疆吐鲁番）、焉耆国（今新疆喀喇沙尔）、龟兹国（今新疆库车），昆仑山脉北面有于阗国（今新疆于田），塔里木盆地西侧是疏勒国（今新疆喀什），还有位于塔里木盆地东南部罗布泊地区的鄯善国和且末国等绿洲国家。

这一地区纳入唐朝统治的契机，依然是东突厥的灭亡。当时，东突厥统治下的哈密地区有七个绿洲都市，塔什干出身的粟特人首领石万年率众向唐朝臣服。

南方的罗布泊地区原本由鲜卑系的吐谷浑统治。吐谷浑的根据地在唐朝和吐蕃之间，即今天的青海省。青海是连接蒙古高原、中国北部和西藏地区的空间，自古以来连接这些地区的贸易路线都在此交汇。东突厥灭亡后，唐朝征讨盘踞当地的吐谷浑王国并使其臣服，成功将青海到塔里木盆地东南部纳入统治之下（635年）。吐谷浑王国其后还延续了一段时间，直到高宗时代因为吐蕃帝国的进攻而灭亡（663年）。

根据记载，太宗贞观年间，撒马尔罕出身的粟特人大首领康艳典曾经到达罗布泊的南岸。当地有隋朝时期设立的鄯善镇，但唐初已经荒废了。康艳典在此定居，接连修筑三座都市。石万年和康艳典都是粟特商人，他们恐怕是伴随唐朝灭亡东突厥和降服吐谷浑，意图在进入西域之后建立新的贸易路线。

接着，唐朝攻灭高昌国（640年）。高昌是"丝绸之路"贸易路线上的重要都市，太宗在当地设立与内地州（正州）同等待遇的西州，又在天山北麓作为西突厥据点发挥作用的可汗浮图城设置庭州（今新疆吉木萨尔），同时还在高昌国故地设立安西都护府。所谓都护府，是为了统治和监督归顺的民族集团而配备汉人官僚的高级监察机关。

尽管魏徵和宰相褚遂良都对将旧高昌国纳入直辖和在安西都护府驻扎大军持反对意见，但太宗没有听从，因为他的目标就是西突厥本身。通过设立都护府统治当地，唐朝的统治领域缓慢而又切实地扩大着。太宗时代还征服了天山山脉南麓的龟兹王国（648年）。进入高宗时代后，六大都护府均已齐备，唐朝逐步完成对征服地区的统治。

东欧亚帝国的诞生

太宗时期最后的远征对象是蒙古高原北部的薛延陀和朝鲜半岛北部至中国东北部的高句丽。

薛延陀曾在唐朝讨伐东突厥时与其联手，后来获许对突厥系各部族（铁勒）进行统治。然而，唐朝还是对日益强大的薛延陀心存戒备，于是太宗派遣名将李世勣消灭了薛延陀（646年），然后将从属于薛延陀的突厥系部落编成六个都督府和七个州。为了进行管理，又在蒙古高原南部阴山南侧的包头、五原地区设立燕然都护府。这一时期，唐朝的实际统治还没有到达蒙古高原的北部。

燕然都护府的选址正好是在蒙古高原北部突厥系部落（铁勒）赴长安进贡道路（参天可汗道）的关口上。参天可汗道连接蒙古高原北部和中国本土，其间设有六十八个驿站，驿道都畅通无阻。唐朝向路过此处的使节提供马匹和酒肉，每年貂皮等贡物也由此运往长安。

另一方面，隋朝时期已经开始对高句丽的远征，但都以失败告终。唐朝诞生后，高句丽同新罗、百济一起入朝，接受唐朝的册封，被授予辽东郡王的称号。但是，朝鲜半岛三国的关系持续恶化，各自向唐朝控诉对方入侵，因此唐朝和朝鲜半岛三国的关系很不稳定。最终，由于唐朝和新罗接近，高句丽遂与百济联手，出现了两相对抗的局面。太宗曾两次率军亲征，意图使高句丽臣服，但都以失败告终。这对于太宗而言也是巨大的心结，他一定希望在自己闭眼之前，能够为唐朝除掉高句丽这个最后的强敌。然而，整个太宗时代都没能解决高句丽问题，留作了高宗时代的课题。

不过，太宗不只是通过武力开展对外政策。今天的西藏曾经出现过唐朝人称为"吐蕃"的帝国，7世纪前期作为重要的势力开始崛起。当时吐蕃帝国的赞普（君主）是松赞干布（约600~649）。唐朝与吐蕃之间虽有过数次武力冲突，但唐朝的皇女文成公主嫁给了松赞干布，或者是他的儿子[1]（641年）。这样下嫁外国（外蕃）

---

[1] 日本学者山口瑞凤提出，640年文成公主入藏后并没有嫁给松赞干布，而是嫁给了松赞干布之子、当时在位的赞普共日共赞，两人之间生有芒松芒赞。643年，共日共赞去世，文成公主在服丧三年后遵从当地习俗，嫁给复位赞普的松赞干布。此说在日本学界影响较大，但没有成为国际学界的共识。

谋求和平的唐朝皇室女性称为"和蕃公主"。另一方面，吐蕃通过婚姻与外国结成"舅甥关系"，在外交中加以运用，两国间建立起和平而稳定的关系。但实际上，直到9世纪后期，吐蕃帝国始终是给唐朝带来巨大影响和威胁的存在。

在太宗时期，以唐朝皇帝为顶点、统治着周边部落或是通过婚姻关系间接发挥影响力的东欧亚帝国诞生了。

太宗与玄奘

太宗在位期间，玄奘（602～664）的活动是不可忽视的。这位日后成为《西游记》中三藏法师原型的僧人，因感悟到在中国研究佛教教义的局限性，决意偷渡出国，开始了前往印度的求法之旅。

玄奘从长安出发，沿着河西走廊向西前进，经过高昌国，来到今天吉尔吉斯共和国托克马克附近的碎叶，在那里见到西突厥的可汗。高昌国王为帮助玄奘西行而写给可汗的书信在此发挥了作用，玄奘此后的旅途得到西突厥可汗的保护，最终平安到达戒日王[1]统治下的伐弹那王朝印度。玄奘在那烂陀寺钻研佛法，后将大量佛教典籍带回唐朝（645年）。

在太宗的支持下，玄奘开始对从印度带回的大量佛经进行翻

---

[1] 戒日王（590～647）：本名曷利沙·伐弹那（Harsha Vardhana），又号尸罗逸多，意译戒日，伐弹那王朝（又称普西亚布蒂王朝）的第七位统治者。在位期间统一北印度，迁都曲女城，建立曷利沙帝国（又称戒日帝国），严密行政制度，崇信佛教，数次遣使至唐朝献方物，著有剧本《龙喜记》《珠璎记》《钟情记》，诗篇《八大灵塔梵赞》《晨朝赞》等。

译。玄奘在翻译时采用和以前佛典汉语词汇不同的译语，这些译语的选定具有严密性和革新性，而且首尾一致，与此前的翻译划开了界线。因此，玄奘的翻译被称为"新译"，此前的则称为"旧译"。

玄奘的主要关注点在唯识教义，这一教团与太宗和下一代高宗政权关系密切。在唐朝皇室的保护政策下，唯识教学（法相学）得以大成并走向兴盛，在中国佛教史上留下巨大的足迹。顺带一提，这一教学由师从玄奘的道昭（653年随第二批遣唐使入唐，661年回国）传播到了日本。

现在的佛教学者和佛教史研究家往往强调太宗保护佛教的侧面，比如说太宗厚待玄奘、支持他的庞大翻译事业，是因为经典中有密教相关的部分，期待其发挥镇护国家的作用，或是为了拉拢亲佛派的门阀势力而保护佛教。

但是，这一时期的唐朝皇室其实更重视道教，这一点与隋朝是佛教帝国有很大区别。唐朝皇室之所以关注道教，据说是因为他们与道教奉为始祖的老子（本名李耳）同姓，或者是隋唐革命时，长安西郊楼观（道教初期的宫观，从老子处接受《道德经》的尹喜的旧宅）的道士曾经帮助李渊，做出过重大贡献。玄武门之变时，佛教集团支持李建成等人，而道教集团支持太宗，因此太宗下诏"（今后在所有的礼仪中）道士和女冠都要排在僧尼的前面"[1]（637年）。

除了武则天时期一度重视佛教外，唐朝"先道后佛"的姿态此

---

[1] 语出《唐大诏令集》所载《道士女冠在僧尼之上诏》，原文为："自今已后，斋供行法，至于称谓，道士女冠可在僧尼之前。"

后一直持续。对于否定隋朝而登场的唐朝而言，重视道教的立场也是作为隋文帝将佛教定为统治意识形态的反题，这一层面同样需要考虑在内。

《大唐西域记》

太宗重用玄奘，并不是出于纯粹的宗教信仰。为了消灭称霸中亚的西突厥，玄奘带来的最新中亚情报正是太宗所需要的。因此，玄奘从印度归国之时，太宗曾打算让他还俗担任外交官，这可以说是出于政治和军事上的目的，利用作为佛教僧人的玄奘。但是，玄奘决定将译经作为终身的事业，当然不能接受太宗的邀请。于是，两者得出折中的方案，由玄奘提交关于印度往返旅行的报告书，也就是今天我们看到的《大唐西域记》。

关于《大唐西域记》还有个有趣的故事。现存《大唐西域记》的结构非常奇特，全书总由十二卷构成，但记载中亚各国的只有第一卷（前往印度途中）和第十二卷（从印度返回途中），其中当然也没有记载应有的情报，比如和西突厥可汗见面之事就不见于书中。

有观点认为，我们现在看到的《大唐西域记》和玄奘向太宗提交的原本《大唐西域记》其实是不同的书。由于原本中包含更多的情报，特别是关于西突厥的最新中亚情报是唐朝经营西域的重要军事机密，因此无法在民间流传，只有将中亚部分的情报隐去后重新编集，才能够作为再版流传于世。

能够佐证这种假说的是，实际编集和执笔《大唐西域记》的玄奘弟子辩机被告发与太宗的女儿高阳公主（房玄龄次子之妻）私通，结果被处以腰斩的刑罚。这也许是为了将知晓原版《大唐西域记》内容的辩机封口而胡乱捏造的罪名。当时的高阳公主没有受到处罚，但高宗即位后不久就因谋逆事件遭到连坐而被赐死。

还有一个事实，玄奘去世时是与已经完成的传记合葬的。如果考虑到传记中可能记载着不宜在世间流传的内容，也就是玄奘见闻的中亚最新情报，一切就都说得通了。事实上，西突厥灭亡后，传记又被挖出进行修订，那就是《大慈恩寺三藏法师传》（688年）。这部传记中记载着不见于《大唐西域记》的西突厥情报，因为传记在世间流传时，西突厥已经纳入唐朝统治之下，书中自然也就不再包含机密情报了。

太宗之死

太宗以"贞观之治"给世间带来太平，被后世称赞为"明君"，但他终究没能战胜病魔。由于长期在外作战，他的身体已经被疾病侵蚀，最后在疗养地终南山（长安以南，秦岭山脉的一部分）的翠微宫驾崩（649年），享年五十二岁。巧合的是，吐蕃帝国的松赞干布也于同年去世。两位君主的离世，成为两国历史逐渐进入对抗时代的预兆。

弥留之际，太宗对皇太子李治说道："只要长孙无忌和褚遂良在，天下就不必担心了。"[1]然后留下由长孙无忌和褚遂良辅佐皇

---

[1] 语出《旧唐书·褚遂良传》，原文为："（太宗）又顾谓太子曰：'无忌、遂良在，国家之事，汝无忧矣。'"

太子的遗言。褚遂良的祖先世代仕宦于南朝，本人在秦王时期就深得信任，一直官至宰相。太宗的遗体秘不发丧地运回长安，殡于太极殿后，埋葬在长安西北六十千米处，那里有利用九嵕山营建的昭陵。

太宗驾崩之时，阿史那社尔和契苾何力等游牧部族的首领打算殉死，被第三代皇帝李治阻止。作为代替，臣服于太宗的十四位周边国家首领的石像被竖立在昭陵北方斜坡上的北司马门内，太宗的六匹爱马（六骏）的石像浮雕也被安置在那里。如今，十四"蕃臣像"只剩下若干台座，而"六骏"中除了两幅收藏于美国的宾夕法尼亚大学外，其余四幅都展示在西安的碑林博物馆中。

唐―東ユーラシアの大帝国

第二章

武周革命

七世纪后期到八世纪初期

第一节 | 高宗与武皇后

唐朝的第三代

太宗的继承人是第九子李治（628~683），根据庙号称呼为高宗（649~683年在位）。宫崎市定在讲述清朝雍正帝时曾说："一个王朝的兴衰大体在第三代时就已经决定了。"那么唐朝的第三代表现如何呢？

唐朝第三代皇帝的选拔从一开始就弥漫着不安的气息。太宗一共有十四个儿子，与长孙皇后育有长子李承乾、四子李泰和九子李治三人。太宗即位时，长子李承乾八岁就成了皇太子。李承乾表面上聪明且品行优良，大臣们对他的评价也不错，太宗很喜欢他。

但是他还有另一副面孔，所谓"喜声色及畋猎，所为奢靡"[1]，经常和一群无所事事的家伙混在一起。不仅如此，李承乾还因为后天疾病而腿脚不便，走路非常困难，这也为他招来负面的评价。

另一方面，弟弟李泰爱好学问又敬重文人，评价很高，太宗也逐渐开始宠爱李泰。最终李承乾和李泰各自形成朋党，两者间产生了对立。

---

[1] 语出《资治通鉴·唐纪十二》。

根据史书记载，自从母亲长孙皇后去世后，李承乾就有很多怪异的行为。比如他对突厥文化很感兴趣，喜欢突厥的服装和语言，挑选突厥样貌者从事养羊，自己居住在游牧民的帐篷里，甚至装扮成突厥可汗假装去世，然后举行突厥式葬礼。史书中记录这些"奇行"，是要以此作为他日后被废黜皇太子之位的重要原因，但也有观点认为，这些并不能算是"奇行"，而是反映了唐朝初期的宫廷中还残留着浓厚的游牧风俗。

无论如何，皇太子李承乾最终因为和太宗之弟汉王李元昌勾结谋反而遭到废黜。于是，太宗想要立李泰为皇太子。但长孙皇后的兄长，也是太宗儿时的玩伴长孙无忌等元勋多次进言，希望将李治立为继承人。李泰眼见形势不妙，悄悄对弟弟李治说："你向来和元昌叔叔走得近，现在他谋反失败了，想必很担心吧?"[1]李治原本生性懦弱，听完之后不禁瑟瑟发抖。太宗见李治脸色不好，于是询问缘由。李治把事情一五一十地告诉太宗，太宗开始后悔立李泰为皇太子。最后，长孙无忌等人竭力推荐的李治成了皇太子（643年）。据说，这是长孙无忌为了在太宗死后维持自己权力的策略。

太宗临终之际，对资质平庸的皇太子深感担忧。对于李治来说，长孙无忌是自己的舅舅，应该没有问题，但作为太宗后期的名将而得到宰相待遇的李世勣与李治关系淡薄。于是，太宗姑且将李世勣左迁到了地方上，嘱托李治即位之后再重新把他召回中央。太宗认为，这样一来新皇帝和李世勣之间就结成了牢固的关系。然

---

[1]语出《资治通鉴·唐纪十三》，原文为："魏王（李）泰恐上立晋王（李）治，谓之曰:'汝与元昌善，元昌今败，得无忧乎?'"

而，此事却让李世勣心生疑虑，日后给唐朝皇室带来危机，这是太宗和李治都始料未及的。

贞观遗风

高宗治世初期，文臣有长孙无忌和褚遂良，武将有李勣（为避太宗的名讳世民，从李世勣改成李勣）。他们都是太宗朝的老臣，继承了太宗时期的事业，颇有贞观遗风。

高宗即位两年后颁布永徽律令（651年）。两年以后，长孙无忌完成永徽律的注释书《律疏》。现在能够看到的《唐律疏议》虽然是稍晚玄宗开元时期的，但依据的就是高宗时期的《律疏》。与此同时，太宗时代下令编纂的《五经正义》宣告完成，自魏晋南北朝以来有着多种解释的儒家经典文本得以统一。

另一方面，唐朝对前来归顺的周边民族加强统治，继承了太宗朝的对外扩展路线，唐朝的疆域空前膨胀。

比如因为阿史那思摩统率失败而变得不安定的蒙古高原南部到鄂尔多斯的突厥遗民，这一时期重新编成十一个州，分别隶属于定襄和云中两个都督府（649年）。当时，唐朝任命阿史德氏的族长为定襄都督，舍利氏的族长为云中都督，可汗一族的阿史那氏不再担任都督，而是处于云中都督的管辖之下，这大概是唐朝防范突厥复兴吧。定襄都督府和云中都督府受到燕然都护府的监视，此后唐朝对突厥的统治持续了三十年。

7世纪中期以后，蒙古高原北部发生铁勒叛乱。唐朝用时两年平定叛乱，并把燕然都护府转移到蒙古高原北部的鄂尔浑河流域

（663年），改名瀚海都护府。这可以说是唐朝在东欧亚统治中划时代的事件，因为这恐怕是首次在蒙古高原北部建设城郭都市（Toγo-balïq[1]），用于统率铁勒的各个部族。另一方面，对于蒙古高原南部的突厥遗民则设立了云中都护府。后来，云中都护府改名单于都护府（664年），瀚海都护府改名安北都护府（669年）。

在西方，太宗时期归顺的西突厥阿史那贺鲁在太宗去世后立刻发动叛乱，唐朝用时七年将其镇压，确立了对西域地区的统治。接着，此前撤退到西州的安西都护府转移到了龟兹。除了龟兹之外，唐朝还在于阗、疏勒、焉耆等原绿洲国家建立军镇（史称"安西四镇"），加强在西域的经营（658年）。唐朝的西进势头仍在继续，它跨越帕米尔高原，从索格底亚那（乌兹别克斯坦东部）到吐火罗（阿富汗北部），进而波及锡斯坦（阿富汗西南部与伊朗东部交界处）。唐朝在那里建立西域十六都督府，影响力扩大到了当地（661年）。

意味深长的是，唐朝还打算设置"波斯都督府"，地点在锡斯坦地区的扎兰吉（也有说法是在梅尔夫附近的吉兰迪）。那是为了将萨珊王朝末代皇帝耶兹底格德三世[2]之子卑路斯任命为都督，同时安置萨珊王朝的遗民。当时，萨珊王朝被7世纪前期兴起的伊斯兰人击溃，其后裔向唐朝寻求庇护，建立起流亡政权。但是倭马亚

---

[1] 即瀚海都护府（安北都护府）见于突厥文中的名称。

[2] 耶兹底格德三世（Yazdegerd Ⅲ，624～651）：《新唐书》中称为伊嗣俟，波斯萨珊王朝末代君主，霍斯劳二世之孙。632年即位。636年，波斯军队在卡迪西亚会战中惨败；次年，阿拉伯人攻陷波斯首都泰西封，被迫逃亡东方。651年在中亚木鹿城遇刺身亡，萨珊王朝灭亡。其子卑路斯逃往唐朝。

王朝[1]建立后，当地立刻被伊斯兰势力吞并，"波斯都督府"的设置只停留于设想。复兴波斯帝国的梦想破灭了，卑路斯回到长安后在失意中去世（根据前嶋信次[2]的研究是在677~678年左右）。

在中国东北到朝鲜半岛，唐朝首先消灭了百济（660年），自隋朝以来成为最大心病的高句丽，也在唐朝和新罗的联合进攻下走向灭亡。唐朝在平壤设立安东都护府，确立起对这一地区的统治。

对高宗的评价

高宗的治世持续了三十四年半，仅次于唐玄宗的四十四年，在唐朝历史上排名第二。高宗体弱多病，无法独立处理政务，其搭档就是他的皇后、后来成为中国历史上唯一女皇帝的武氏（武则天）。

根据记载，高宗即位十一年后"风眩"（癫痫，或是眩晕症的一种）发作，以此为契机，皇后武氏开始代理政事。于是，武氏逐渐掌握政治的实权，在高宗去世后篡夺了唐朝。如此看来，高宗虽是繁荣唐朝的第三代，却似乎并不符合本节开头宫崎的论断。不过，如果把发动异姓革命、建立周朝的武则天与高宗组合起来视为"第三代"，那么这个阶段正可以说是确立唐朝二百九十年命脉的时期。既然如此，武则天的时代究竟是怎样的时代呢？

---

[1] 倭马亚王朝（661~750）：又译伍麦叶王朝、奥美亚王朝，是阿拉伯帝国的第一个世袭制王朝。前叙利亚总督穆阿维叶建立，哈里发由倭马亚家族世袭而得名，中国史书中称之为"白衣大食"，750年被阿拔斯王朝取代。

[2] 前嶋信次（1903~1983）：日本伊斯兰史、东方史学者，曾任庆应义塾大学教授。有《前嶋信次著作选》四卷出版。

武则天进入后宫

让我们稍作回溯，看看高宗之妻武则天是如何登上政治舞台的。

武则天是中国历史上少有的知名女性，她的名字是"曌"。这个字是她在登基前年（689）创造的文字，也就是则天文字之一，对应"照"字。因为这样，有些书介绍武则天的本名叫作"武照"，但史料中从来没有过"武照"这个名字。在《旧唐书》《新唐书》《资治通鉴》等正式记载中都写着"讳曌"，以此作为名字是在她称帝前不久，也就是制定则天文字的时候。因此，她的本名不得而知，现在我们姑且把她称为武氏。在前近代的中国，女性的名字没有流传下来是非常普遍的，所以常常用姓氏称呼女性。本书根据她地位的变化，称呼也会随之改变。

武氏本籍并州文水（今山西文水），父亲武士彟是唐朝建国之际跟从李渊太原起兵的"元从"之一，母亲则是隋朝皇族观德王杨雄的侄女。杨雄一族为本籍弘农的名族，但更重要的是，他是与隋朝皇室相连的关陇集团一员，在唐朝也算不错的家世。不过，"武氏"的母亲杨氏是武士彟二婚的对象，据说结婚时已经四十多岁了。或许因为武士彟自身家世低下，所以才娶了出身名门的杨氏（图5）。

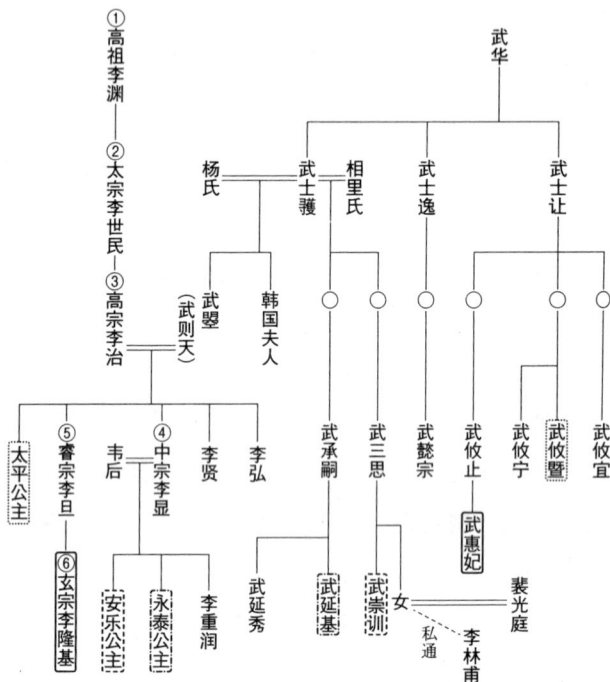

图5　武则天一族谱系

* 加框的四对组合表示婚姻关系

　　高宗的正妻是皇太子时期迎娶的王氏，即位不久就把她立为皇后。王皇后是闻名全国的门阀太原王氏出身，也有着和宇文泰一同西迁关中的家世。不仅如此，王皇后父亲的堂弟娶了高祖李渊的妹妹，与皇室有姻亲关系。母亲柳氏本籍河东（今山西）解县，也是名门出身。然而高宗和王皇后之间没有孩子，因此高宗的宠爱逐渐转向了萧淑妃。心怀危机感的王皇后想起高宗曾经中意武氏，于是计划把她召进后宫牵制萧淑妃。萧淑妃的家世不太清楚，从姓氏来推测，可能是南朝梁皇室一族。

武氏原本是太宗后宫的才人，才人是女官名。在唐朝的后宫中，皇后之下有四位称为夫人的"妃"，下面是"昭仪""昭容"等九嫔，再往下还有"婕妤""美人""才人"等。她们和外朝官员一样拥有官名和官品，并且领有俸禄。

太宗死后，武才人作为尼姑进入感业寺（太宗的菩提寺[1]）。太宗忌日时，王皇后建议高宗到感业寺进香，成功策划了高宗和武氏的重逢。以此为契机，武氏还俗进入后宫。这是正史和《资治通鉴》中记录的情况，《资治通鉴》认为武氏入宫是在永徽五年（654）。

但是，上述通说和《资治通鉴》记载的入宫年份存在矛盾之处。高宗和武氏的第一个孩子李弘生于永徽三年（652），这样一来他的出生就在武氏入宫之前了。还有，感业寺的位置并不清楚，如果真是太宗的菩提寺，会无法确定它的位置吗？也有观点认为就是安业坊的安业寺，但此说并不准确。即便感业寺是安业寺的讹误，唐朝皇帝本应在太庙享受祭祀，他们会有菩提寺这种东西吗？疑问还不止于此。再如皇帝驾崩之时，后宫的女官真的需要全体出家遁入空门吗？

基于上述疑问，出现了这样一种假说：高宗和武氏的恋爱关系早在太宗临终之际就已经开始了。太宗死后，两人在休祥坊内武氏外祖父的宅邸里幽会。休祥坊中有一座小型尼姑庵，于是把隋炀帝敕建的名刹道德寺的寺额移到此处，名义上让包括武氏在内的太宗

---

[1]菩提寺：在日文语境中，菩提寺通常是指埋葬祖先遗骨，为其祈祷冥福的家族寺院。作者在此应是借用这一概念，强调感业寺是祭祀太宗的皇家寺院。

女官们在道德寺"出家"。就这样，高宗和武氏以休祥坊的道德寺作为掩护，实际利用杨家旧宅频频相会。后来，武则天怀上高宗的孩子，借此契机进入后宫。不过，这一事实在武氏当上皇帝后进行了隐瞒，所以创造出现在史书中所见的"感业寺传说"。

从昭仪到皇后

武氏进入后宫，被封为昭仪。高宗再次"迎娶"太宗的妻子，此事在史书中通常会批判为败坏道德，但这不过是儒家价值观的一种偏见。在游牧民族的习俗中，儿子迎娶亡父的妻子是常见的现象。高宗将武氏纳入后宫，也许正反映出当时的宫廷里残留着游牧民族的氛围。这一点和李承乾的"奇行"也是相通的。

另一方面，外朝官僚中也有人基于儒家道德观，对这种游牧习俗无法理解。武氏的立后和称帝之路，就在两者的冲突中展开。

武昭仪进入后宫后充分发挥自身的交际能力，凭借建立起的人脉关系掌握了王皇后和萧淑妃的动向。接着，她杀害亲生女儿，并把罪名嫁祸到王皇后头上，意图煽动高宗废黜王皇后。这是关系到武昭仪成为皇后的国家大事，在长孙无忌的坚决反对下，计划一度受挫。

然而，形势还是对王皇后越发不利，而武昭仪成为皇后的野心也在与日俱增。此时对宫廷氛围做出敏锐反应的，正是那些通过文章才能进入政府核心，但不属于北周、隋、唐建国以来统治集团的新兴官僚群体。

比如当时的礼部尚书许敬宗，他的五世祖曾出仕刘宋，其家族一直侍奉南朝。许敬宗自己则在隋朝时以秀才科及第，在隋末混乱中投奔群雄之一的李密，唐朝建国后得到太宗的提拔。他曾向长孙无忌建言应该立武昭仪为皇后，但遭到断然拒绝。

中书舍人（中书省三等官）李义府是河北中部出身，以文章之才著称，在高宗还是晋王时就侍奉左右。李义府一度遭到长孙无忌的忌恨，差点儿将要左迁到地方上。于是他决心向高宗献策，提议将武昭仪立为皇后。高宗和武昭仪对此十分满意，不仅左迁得以取消，还提拔他做了中书侍郎（中书省次官）。武昭仪身边的拥立集团和支持王皇后的集团日益对立，而宠爱武昭仪的高宗自然是支持武氏立后一派的。

高宗曾带着武昭仪拜访太宗以来元老长孙无忌的私宅，试图说服他立武昭仪为皇后，但长孙无忌完全不听。后来，高宗把宰相们召集到内殿，提出立武昭仪为后之事。第一天李勣缺席，长孙无忌和褚遂良觐见，最终没能得出结论。第二天再次召集宰相，由于褚遂良的强烈反对，武氏立后之事依然无果。但在那之后，只有李勣一人觐见，高宗向他咨询把武昭仪立为皇后之事，李勣回答道："这是陛下的家事，没必要去问家外的人。"[1]李勣的回答让高宗下定了决心，终于下诏立武氏为皇后（655年）。

李勣的言行或许来源于长孙无忌等太宗以来亲信集团的疏远，以及太宗死前曾将其贬官的不信任感和怨恨。还有一种看法，李勣作为武将的身份也使他的言行不同于其他宰相，比如在太宗朝以来成为悬案的高句丽征伐问题上，谨慎派的褚遂良和主战派的李勣之

---

[1] 语出《资治通鉴·唐纪十五》，原文为："（李勣）对曰：'此陛下家事，何必更问外人！'"

间就有很大的隔阂。

掌握权力

为了进一步巩固自己的地位，武氏成为皇后之后将阻碍者陆续除去。虽然遭到废黜的王皇后和萧淑妃都被幽禁，但高宗生性优柔寡断，想起两人后，来到幽禁的地方想把她们救出来，这使得武皇后暴跳如雷。于是，王氏和萧氏各杖责一百，砍去手脚后装进酒瓮，据说这是武皇后诅咒"让她们醉到骨头里"。几天后，两人就去世了。武皇后仍嫌不够，将王氏改为蟒氏，萧氏改为枭氏（蟒即蟒蛇，也就是一种大蛇；枭是指猫头鹰），对她们进行彻底的侮辱。

正史和《资治通鉴》中记载的这则故事体现了武皇后刚烈而残忍的性格，但另一方面，武皇后又在宫里看到惨死的王氏和萧氏的幽灵。为此，她从长安城的宫城转移到蓬莱宫（大明宫），然而幽灵依然不肯散去，所以武皇后时常停留在洛阳。这虽然反映出武皇后也有害怕幽灵这样人性化的一面，但另有意见认为，其中还包含着转换男性中心价值观的意图（后文详述）。

在武氏成为皇后之前，高宗的长子李忠已经在王皇后和长孙无忌等人的支持下成为皇太子。武皇后和高宗之间生有李弘，武皇后想让李弘替代李忠成为皇太子，不仅进一步巩固自身的地位，同时以此动摇长孙无忌等人的势力。

武皇后计划给政界成员来个大换血，以长孙无忌为首的反武皇后派宰相陆续遭到驱逐。强烈反对武氏立后的褚遂良此前已经因触怒高宗而被贬为地方官，此时又和其他阻碍武氏立后的宰相一起被加上谋反的罪名，再一次左迁为边境的地方官员。于是，中央只剩下长孙无忌一人，空缺的宰相职位则由支持武皇后的许敬宗和李义府担任。

长孙无忌在中央陷入孤立，后来也以谋反的嫌疑被贬到地方上，在当地被迫自尽（659年）。就这样，唐朝朝廷中枢里北周、隋朝以来的关陇集团和唐朝建国的核心成员都被彻底排除，新的势力开始抬头。

对于武皇后而言，高宗的健康状况也是她的幸运。长孙无忌失势的第二年，高宗"风眩"发作，武皇后由此开始代行政务。

新秩序

对权力中枢的人事进行大幅变更的同时，武皇后也在建立新的统治秩序。前面已经介绍，太宗为了打破在中国根深蒂固的以山东门阀为首的等级秩序，建立起以唐朝皇室为顶点的新型统治秩序，下令编纂《氏族志》。武皇后效仿太宗，意图以自己的家族作为顶点，再次创造出全新的秩序。在形式上，许敬宗以《贞观氏族志》中没有记录武皇后的家族为由上奏请求修订——这实际上应该是武皇后指使的。武皇后还授意另一名心腹李义府，以要求将自己的家族写入《氏族志》为名而奏请删定。于是，《姓氏录》一书得以完成（659年）。

此书的目的就是瓦解此前基于家世的秩序，不仅五品以上的官员，一般人若以军功获得五品以上的勋官，也可以被记入书中。勋官原本授予在战争中立有重大战功之人，但随着时代的推移不断贬值，甚至连普通士兵都能够得到相当于正二品的"上柱国"。武皇后的时代，正是这样官爵泛滥时代的开端。于是，地位低下的人可以通过《姓氏录》迅速获得很高的家世，不难想象会给自古以来家世显赫的门阀带来巨大冲击。《资治通鉴》记载，门阀之人将根据勋官的家世排名蔑称为"勋格"。

然而，《姓氏录》的编纂不只是为了讨好武皇后和破坏既有的秩序，书中还包含通过官品重建秩序体制的目标。首先，皇室和皇族为特等，第一等是外戚的皇后四家（独孤氏、窦氏、长孙氏、武氏）和一品官辈出的家族，第二等是出过二品官和三品宰相（知政事）的家族，第三等以下依据官品顺序排列，最后是第八等的从五品。《贞观氏族志》也试图以皇帝为顶点，依据官品建立秩序体系，但第三等中还是放置了不属于三品官的崔民干，可见当时山东门阀的势力依然无法忽视。相比之下，《姓氏录》则更进一步完成了基于官品而又整齐划一的等级秩序。

不过，全国著名门阀的影响力依然很强，新兴阶层的人们希望和他们联姻。门阀也顺势利用了这一点，在联姻之际要求高额财富的习俗长期存在。

垂帘听政

武皇后的政治野心日益膨胀，有人认为她能感觉到文字的灵力。确实，高宗时代就有十三次改元；高宗去世后，武氏作为皇太后掌握实权时有六次改元；武后称帝时改元天授，此后又有十二次改元。在这些年号中，长的持续四年，短的只用了几个月（表1）。武皇后在高宗在世时（662年）和即位称帝后（684年），两次对官厅和官职的名称进行了变更，这或许也是基于"文字的灵力"。

表1　高宗、武则天时期的改元

执政者	年号	时间	执政者	年号	时间
高宗	永徽	650～656(一)	武则天	天授	690(九)～692(三)
	显庆	656(一)～661(二)		如意	692(四)～(九)
	龙朔	661(二)～663		长寿	692(九)～694(五)
	麟德	664～666(一)		延载	694(五)～(十)
	乾封	666(一)～668(三)		证圣	694(正)～695(九)
	总章	668(三)～670(二)		天册万岁	695(九)～(十)
	咸亨	670(三)～674(八)		万岁登封	695(腊)～696(三)
	上元	674(八)～676(十一)		万岁通天	696(三)～697(九)
	仪凤	676(十一)～679(六)		神功	697(九)～697(闰十)
	调露	679(六)～680(八)		圣历	697(正)～700(五)
	永隆	680(八)～681(九)		久视	700(五)～701(正)
	开耀	681(九)～682(二)		大足	701(正)～701(九)
	永淳	682(二)～683(十二)		长安	701(十)～704
	弘道	683(十二)			
武皇太后	嗣圣	684(一)～(二)			
	文明	684(二)～(九)			
	光宅	684(九)～(十二)			
	垂拱	685～688			
	永昌	689～689(十一)			
	载初	689(十一)～690(九)			

＊括号中表示唐（武周）历的月份

更改官名大约两年以后，某个宦官悄悄对高宗说："有道士出入皇后住所，正在进行厌胜。"[1]"厌胜"是一种诅咒杀人的方术，高宗害怕自己会被皇后杀害，找来宰相上官仪商量废黜皇后。但这个计划被武皇后得知而失败，此后在高宗处理政务的公开场合，武皇后都坐在他的身后。两人之间隔着帘子，武皇后在别人看不见的情况下插手政治，这就叫作"垂帘听政"。高宗对此束手无策，世间将此揶揄为"二圣"，即有两位皇帝。不过学界的观点认为，武皇后实际上的执政从长孙无忌失势之后就已经开始了，因为当时高宗"风眩"发作，自身无法处理政务。

那么，武皇后为即位称帝做准备是从什么时候开始的呢？前面提到的官名变动可以视作其中一环，但更明显的表露出来是在自称天后、将高宗称为天皇的时期（674年）。此时，武氏立后的功臣李义府已经失势，许敬宗也去世了。高宗的"风眩"痼疾持续恶化，虽然一度提出由武天后代行国政，但还是在宰相的劝谏下作罢。

外朝的宰相成了障碍，他们是自己掌握政治实权的绊脚石（皇帝居住的宫城称为内朝、内廷，处理国事的皇城称为外朝、外廷。见第40页图4），武天后恐怕就是这样想的。于是她把文学之士聚集到自己身边，称为"北门学士"——因为他们不从宫城的南门进入，可以直接由北门进入宫城。北门学士编纂了《列女传》《臣轨》《百僚新戒》《乐书》等一千多卷的图书，但他们真正的作用还在别处，那就是负责起草诏书，参与朝廷政务，将外朝宰相们的职权抢

---

[1] 语出《资治通鉴·唐纪十七》，原文为："有道士郭行真，出入禁中，尝为厌胜之术，宦者王伏胜发之。"

夺过来。北门学士中也有北魏皇室的后裔，但总体上不是门阀出身，而是以文章之才得到提拔的新兴势力。

当时，武天后和高宗间的皇太子李弘二十四岁就去世了（675年），世间流传是被武天后毒杀的，因为李弘曾经违抗过武天后。武皇后陷害的萧淑妃有两个女儿，她们年过三十依然单身并遭到幽禁。李弘知道后，进言让自己的异母妹妹嫁人，这被武则天视为反对自己的决定。

李弘之后成为皇太子的是李贤（654～684），他是文人气质的皇子，所著《后汉书》注释至今作为"章怀太子注"广受好评。但有风闻说，李贤不是武天后的儿子，而是她的姐姐韩国夫人和高宗的孩子。李贤听说后行为开始放荡，最终因谋反的罪名被废黜皇太子，流放到地方上。接着，高宗和武天后的第三子李显成为皇太子。

高宗驾崩

高宗在泰山（东岳，在今山东泰安）举行了封禅（666年），那是自东汉光武帝以来长期未曾进行的仪式。所谓封禅，是指接受天命的天子在圣山泰山祭祀上天（封祀），在附近的山岳祭祀地神（降禅），报告天下太平和祈祷王朝安泰的仪式。唐朝在太宗的时候曾有封禅之议，但最终还是取消了。进入高宗时代后，在武皇后的推动下终于得以实现。

完成泰山封禅后，高宗还计划在五岳（东岳泰山、西岳华山、北岳恒山、南岳衡山、中岳嵩山）都举行封禅仪式。首先是位于洛阳东南的嵩山（在今河南登封）。然而高宗到达嵩山脚下时病情恶化，继而不仅头痛剧烈，连眼睛也失明了。太医称，如果用金针在头上刺出血来或许可以治好，于是刺了两处，高宗的视野似乎变得明亮起来。然而，病情依然没有明显的改善。

封禅仪式取消了，回到洛阳后决定改元。高宗强撑着病体，想要在洛阳宫城的正门宣布大赦，但是他虚弱的身体已经难以做到，只能把民众召集到宫殿前完成了宣告。当天夜晚，高宗在洛阳的宫殿驾崩（683年），享年五十六岁。此时正是突厥独立风暴漫天卷地的时候。

第二节 ｜ 武周建国

布局

高宗死后，其子李显（后改名李哲）立刻即位，当时只有二十八岁，根据庙号称为中宗（683年十二月至684年二月在位）。但是他在位仅有两个月，看来中宗并不知道自己的母亲是怎样的人。

中宗的皇后是韦氏。中宗即位后想把丈人韦玄贞提拔为门下侍中（门下省长官），乳母之子授予五品官。然而宰相反对这样的人事安排，中宗竟然口出狂言道："朕的国家都可以让给韦玄贞，侍中之位有何足惜？"这话传到武皇太后的耳里，她立即动员北衙禁军的羽林军抓捕中宗。中宗问："我何罪之有？"武皇太后回答：

"你不是说要把国家让给韦玄贞吗，这还不是罪吗？"[1]于是将中宗废为庐陵王，从京城驱逐到房州（今湖北房县）幽禁。

接着，中宗的弟弟、二十四岁的李旦成为皇帝（睿宗，684～690年在位）。但这只是徒有虚名，实权都掌握在武皇太后手中。同年，武皇太后以东都洛阳为神都，进行了第二次官名变更。当时的官名改制都与《周礼》有很大关系，这一点从六部的官名改为天、地、春、夏、秋、冬六官（《周礼》中记载的官名）就可见一斑。

以洛阳作为神都，事实上就是迁都。前面提到，武皇太后之所以从长安城宫城转移到大明宫，又从大明宫转移到洛阳城，是为了避开被她逼死的王皇后和萧淑妃的幽灵，这是史书上记载的故事。但也有观点认为，武皇太后真正的目的是打破以男性中心观营造的王都长安，铺开以女性为中心的全新价值观。这到底是什么意思呢？

唐代的长安和洛阳

唐朝长安城的原型是隋文帝时根据宫廷设计师鲜卑人宇文恺的平面设计而建造的大兴城。在《周礼》所反映的古代儒家学者的心目中，理想的王都应该是王宫位于都城中央，南侧是朝廷，用于商

---

[1]语出《旧唐书·裴炎传》，原文为："中宗既立，欲以后父韦玄贞为侍中，又欲与乳母子五品，（裴）炎固争以为不可。中宗不悦，谓左右曰：'我让国与玄贞岂不得，何为惜侍中耶？'炎惧，乃与则天定策废立。炎与中书侍郎刘祎之、羽林将军程务挺、张虔勖等勒兵入内，宣太后令，扶帝下殿。帝曰：'我有何罪？'太后报曰：'汝欲将天下与韦玄贞，何得无罪？'"

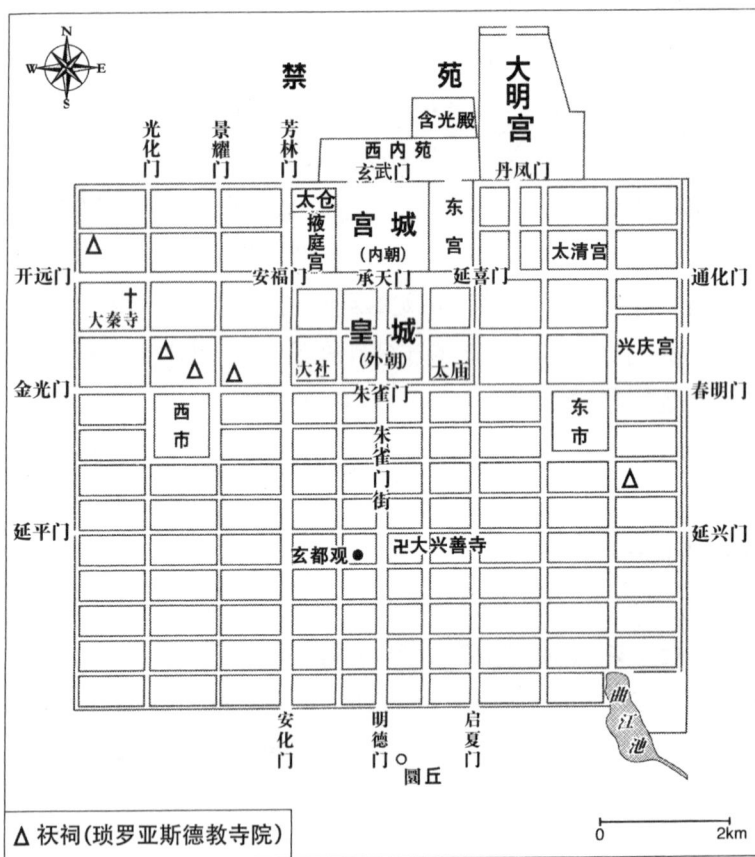

图6　长安城

业的市集在王宫北侧，东边是王室的祠堂（太庙），西侧是祭祀大地和谷物神灵的太社。但宇文恺的设计具有不受这些束缚的独创性。

首先，他根据北魏以来的都城形制，将宫城和皇城等统治机构区域都放置在都城北侧。接着，除去统治机构区域的城内空间通过南北十一条、东西十四条的街路切割成名为"坊"的方块。然后，皇城正门的朱雀门与长安城外郭正门的明德门相连，形成的主干道就是朱雀门街——既是都城南北的中轴线，也是世界的中轴线。坊和作为经济区域的东西市、作为宗教区域的大兴善寺和玄都观等，分别对称地配置在朱雀门街左右（东西）（图6）。

能够超越主干道原则的就是皇帝。皇帝位于中轴线上方的太极宫（宫城），在太极殿处理政务。从最北侧的宫殿沿着中轴线向南来到长安城南郊，那里就是进行祭天等华丽王朝礼仪（郊祀）的地方。这些都是儒家王权论的视觉化，反映出男性的价值观。之所以在都城最北部设置统治机构区域，是为了创造出让王朝礼仪极度视觉化的舞台，这是大兴城最大的特征所在。

武皇后将政务的据点从长安城中轴线上的宫城转移到东北城外的大明宫，其目的正在于打破这种对称的构造。至于迁都洛阳，洛阳虽然和长安一样由宇文恺设计，但因为地形的限制，并不是长安那样对称型的都城（图7），这一点或许正合武则天之意。

此外，唐朝前期的皇帝前往洛阳还有其他意义，那就是粮食补给的问题。都城长安的谷仓地区位于渭水北岸一带，但由于气候变化的影响，出现了粮食短缺问题。当时的朝廷整体搬迁至洛阳，从洛阳获得粮食。洛阳有名为含嘉仓的巨型谷仓，聚集了江淮（淮河道与长江下游之间，主要是今河南南部、江苏、安徽）和河北等地

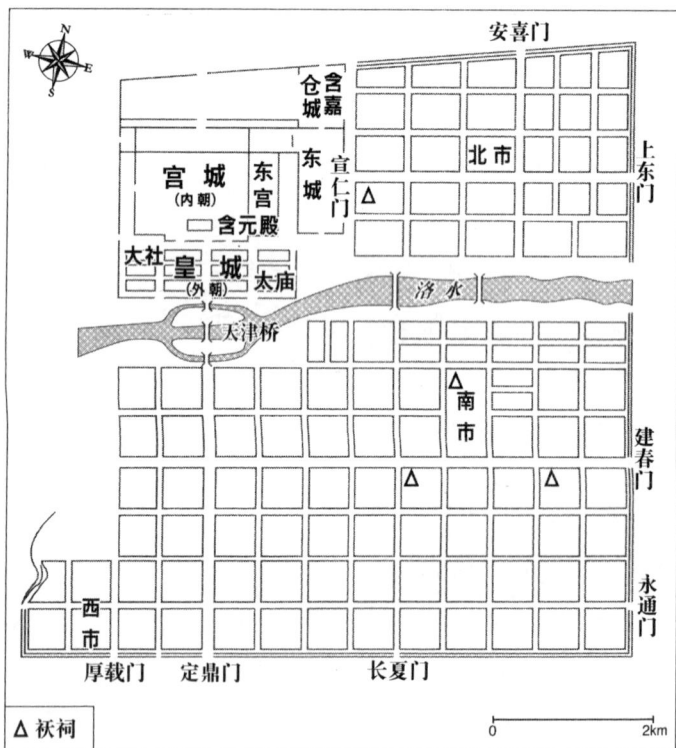

图7 洛阳城

的租粮。后来，武则天称帝后几乎没有回过长安，其间最大的理由是政治性的，但物流问题也是背景之一。

动乱与告密

武皇太后一方面为展示掌握权力的正统性做着准备，另一方面也开始甄别谁在反对自己。她首先授意同族的武承嗣，请愿建造祭祀武氏祖先的宗庙，也就是武氏七庙。宗庙是摆放祖先牌位（神主）的祠堂，根据身份不同，可以祭祀的牌位数量也有区别。可以祭祀七名祖先的就是七庙，那是天子的特权。换言之，武氏建造七庙就意味着要否定唐朝，宣告由武氏掌握天下。与此同时，她也准备以此找出自己的敌人。结果，朝野上下都有反对武皇太后的动向，这一点正如她所预料。

朝廷中宰相裴炎表示反对。裴炎在废黜中宗时曾充当武皇太后的同党，但武氏七庙的建立是关乎唐朝存亡的根本性问题，所以转向了反对立场。也因为这样，他日后以谋反的罪名遭到处刑。

江南也升起了动乱的烽火。首倡者是李敬业，他是在武氏立后中可谓幕后功臣的李勣之孙。李敬业从现在的四川左迁为广西的地方长官，途中在扬州与同伴会合，他们以帮助被幽禁的庐陵王（被废黜的中宗）重返皇位作为旗帜，向武皇太后竖起反旗。李敬业的同伴中有一位同样遭到左迁的人，他就是骆宾王。骆宾王是被称为"初唐四杰"之一的文学家，武皇太后阅览他起草的檄文时，起初还在发笑，可当读到最后"一抔之土未干，六尺之孤安在？……试看今日之域中，竟是谁家之天下！（先帝高宗陵墓上的土还没有干，离他的死还没过去多久，父亲死后即位的年轻君主中宗现在去了哪里？……好好看看吧，今天的唐朝究竟是谁在统治的世界？）"部分时，便问这是谁写的。得知是骆宾王的作品后，她感叹道："让这样的人才左迁到地方，是宰相的过错啊。"[1]

动乱本身只经过两个月就被平定了，因为武皇太后事先察觉到会有这样的动静，所以做了充足的准备。接着，她为了找出反抗自己的微小势力，开始奖励人们告密。她铸造一口铜匦，放在一般人也可以进入的洛阳皇城内的朝堂上，任何人都可以前来投告。无论身份如何，所有来洛阳告密的人都会供给马匹和食物，即便告密内容不实也不会受到惩罚。于是，出身可疑之人都聚集在一起，从中诞生了日后被称为"酷吏"的人物。他们的调查缜密而又彻底，一旦被其盯上就不可能逃脱，无数人被接连安上了罪名。

妖僧薛怀义

聚集在武皇太后周围的可疑之人还不止酷吏，妖僧薛怀义也是其中之一。此人原名冯小宝，是洛阳市井卖药的商人。他常常出入高祖李渊之女千金公主的府邸，由此被推荐给武皇太后。然而，冯小宝体格健壮、气力过人，与武皇太后之间有着不寻常的关系。如此一来，药贩身份的冯小宝就很难办，于是假冒可以随意出入宫中的僧人，改名怀义。为了掩盖低微的身份，他又冒称武皇太后的女

---

[1] 语出《资治通鉴·唐纪十九》，原文为："太后见檄，问曰：'谁所为？'或对曰：'骆宾王。'太后曰：'宰相之过也。人有如此才，而使之流落不偶乎！'"

儿太平公主的丈夫薛绍一族。倚仗着武皇太后的宠爱，薛怀义骑马出入宫中，在洛阳市集游玩时带着十几名宦官，市民对此战战兢兢。不仅如此，连武皇太后一族的武承嗣和武三思也像仆从一般追随着薛怀义。

武皇太后为即位称帝一步步做着准备，薛怀义也深度参与其中。作为女性，而且不是李氏一族，武皇太后想要称帝必须具备理论武装，才能为即将到来的"革命"做好准备。因此，儒、佛、道都是可以拿来利用的。

革命前的准备

武皇太后首先让薛怀义建造明堂。所谓明堂，传说是周天子处理政务和接受诸侯朝见的建筑。但它只在《周礼》《大戴礼》等儒家经典中略有记载，至于建造地点和具体的建筑设计则并不清楚。过去隋文帝曾下令宇文恺建造明堂，宇文恺虽然造出了精巧的模型，但最后还是没能实现。这是因为儒者之间议论纷纷，所以明堂只能停留于计划。有鉴于此，武皇太后不允许儒者参加，而是交由北门学士设计（图8）。

于是，作为儒家理想的、古时处理政务的神圣明堂，就在洛阳宫城乾元殿的废墟上建立起来了。这也意味着象征唐朝统治的宫殿遭到破坏，即将出现武皇太后主导的新型政治。1986年曾进行明堂的发掘，得知其基座为八角形，东西、南北各86米，是五层台的建筑。在文献记录中，其上方还有高294尺（约91.5米）的三层建筑，最高层为穹窿顶。用现代建筑作比的话，大概是二十层或二十

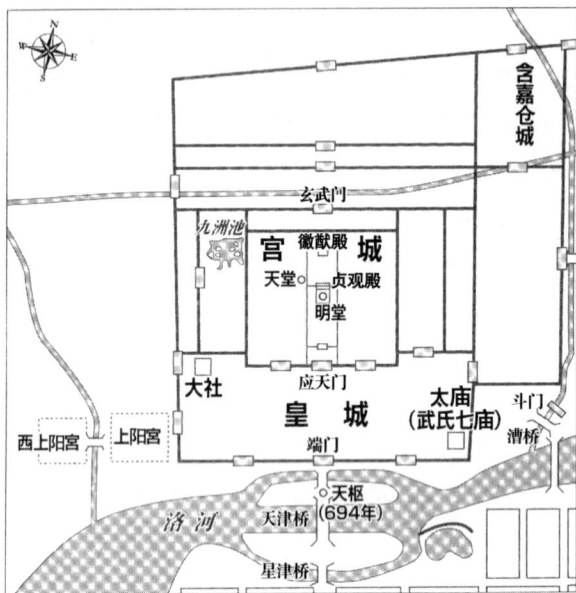

图8 洛阳的宫城、皇城

一层。武皇太后将这座宫殿取名为"万象神宫"。据说不仅是群臣，普通百姓也能进入其中举行宴会。

薛怀义还在北侧建造天堂，安置巨大的佛像。那是与洛阳南方龙门石窟相连的新型佛教都市的中轴线，可以说为武皇太后称帝时利用佛教王权论，自诩转轮圣王（佛教中理想的王）做好了准备。就这样，洛阳作为转轮圣王武皇太后君临的佛教都市而繁荣起来。那么，佛教又是怎样被利用的呢？

首先是女皇帝登场这一空前事件的理论准备。薛怀义和法明等九位高僧一起，利用5世纪初北凉昙无谶翻译的《大方等无想大云经》，从佛教立场进行了理论准备。在《大云经》的经文中，释迦曾对名为净光天女的女弟子预言道："入灭七百年后，你将在南天竺作为王女出生，继承王位后施展威力，让四方诸国纷纷来朝。"[1]薛怀义等人利用这一部分加以注释，将净光天女和弥勒菩萨相混淆，创造出弥勒降世代替唐朝统治的新《大云经》。毋庸赘言，武皇太后就被暗示为这名女子和弥勒菩萨。

儒佛两界的理论武装都已齐全，最后就是中国固有的传统思想，甚至可以说接近于迷信。这部分是由武承嗣完成的，他在白石上刻下"圣母临人，永昌帝业（圣母降临人世，帝业永保昌盛）"，将八个文字雕琢得宛如浮在石上一般，并指使民间宣称"洛水出石"前来献宝。武皇太后将这块白石起名为"宝图"，在洛阳南郊举行祭天仪式，下令全国地方官员、皇室和外戚都到洛阳的明堂集合。这既是革命的压台大戏，也是处置皇室李氏的计划。后来，"宝图"改名"天授圣图"，洛水之神封为显圣侯并建立庙宇。此外，洛水北岸中桥的左侧还建起了"拜洛受图坛"。

面对这样的动向，李氏诸王当然要做最后的反抗。诸王认为洛阳集合的命令是要诛灭李氏，于是暗中联络准备起兵。然而，因为联络不足和无法统一行动，这些动向都被武皇太后一一粉碎。

---

[1]语出《大方等无想大云经》，原文为："尔时众中，有一天女，名曰净光。……佛即赞言：'……天女！时王夫人即汝身是，汝于彼佛暂得一闻《大涅盘经》。以是因缘，今得天身。值我出世，复闻深义，舍是天形，即以女身，当王国土，得转轮王所统领处四分之一。……尔时诸臣即奉此女以继王嗣。女既承正，威服天下。阎浮提中所有国土，悉来承奉，无拒违者。'"

武周革命

就这样，武皇太后消除了最后的顾虑，她将与"宝图"所刻文字相关的年号永昌元年（689）十一月改为载初元年正月。以前的王朝都采用夏王朝的历法，此时结合周王朝的历法，原本的十二月改为腊月，正月改为一月，然后是二月、三月，到了十月就是一年。武皇太后将"曌"作为自己的名字，也是从这时候开始的。

当年（690）九月九日，武皇太后在群臣的请求下即位成为皇帝。她登上洛阳城宫城正门上的则天楼，宣布大赦天下，改元天授。由于武氏属于姬姓，是周武王的后代，所以改国号为"周"，尊号圣神皇帝。中国历史上独一无二的女皇帝诞生，史称"武周革命"。下面就可以称呼她为武则天了，日本一般把她称作"则天武后"。这反映出对她身为女性却成为皇帝，暗中不予认可的史观，而武则天这个称呼则是对她灭亡唐朝、建立周朝给予了积极的评价。

"则天"这个名字，其实来源于她去世前将皇位让给儿子李显时，李显给母亲献上的尊号"则天大圣皇帝"。不过此后李显称帝重建唐朝，"皇帝"一词就被削去，谥号"则天大圣皇后"。中宗的弟弟睿宗即位后，又改成"则天皇太后"。从这一意义上，如果我们对武周革命给予积极评价，承认她当过皇帝的事实，那么也许"则天皇帝"的称呼才是最正确的。这一点就交给后世去评判吧。

武则天与法藏

与即位之前相比，武则天的政策似乎不那么引人注目。毕竟她是年过六十才即位的，比起篡夺皇位前的行动，可以说是力有不逮了。即便如此，即位后她的动向依然不可小觑。

武则天即位后，立刻下令全国各州建造大云寺，并在各寺供奉自己称帝的理论依据《大云经》，通过讲说新的佛典，宣扬女帝即位的必然性。更重要的是，大云寺的费用是由朝廷拨给的，可以说是隶属于国家的寺院（官寺）。有观点认为，这一制度是后来日本设置国分寺[1]［日本天平十三年（741）］的原型。

不过，作为武则天称帝依据的《大云经》是薛怀义为首的集团胡乱杜撰的产物，武则天也对此心知肚明。因此，或许是觉得没有利用价值了，武则天将薛怀义逮捕后杀害（695年）。但武则天并不是要否定佛教本身，她依然保护佛教，并且要为支持周王朝寻找新的佛教理论。

当时在长安佛教界最有势力的是太宗、高宗时代受到庇护的玄奘唯识教学，但对于否定唐朝的武则天而言，唯识教学是不能依靠的。她找到的新依据是华严教学，其集大成者就是僧人法藏（643～712）。

法藏俗姓康，其祖先出自索格底亚那的撒马尔罕，他显然是粟

---

[1] 国分寺：日本天平十三年（741），圣武天皇为了以佛教镇护国家，下令在各国（律令制国）建立寺院，具体分为国分寺和国分尼寺，并以大和国的东大寺、法华寺作为总国分寺和总国分尼寺。此后随着律令体制日益松弛，因缺乏财政支持，大多走向荒废。

特人的后裔，在祖父一代时来到长安。法藏师从华严宗的第二代祖智俨，后来帮助于阗出身的实叉难陀重新翻译《华严经》，成为华严教学的集大成者。听过他的讲义后，武则天开始庇护华严教学，将其利用为支持自身的意识形态。因为法藏讲说的华严教义不仅具有世界性，而且还包含着能将玄奘的唯识教义统摄其中的强大佛教思想。法藏几乎一生都侍奉武则天，作为她的智囊发挥着作用。

支持武则天的"胡人"们

武则天支援众多译经僧的工作，可见其对佛教持保护政策。不仅武则天即位后作为其智囊的法藏是粟特人，这一时期参加佛典翻译事业的译经僧都是来自于阗或吐火罗等中亚地区的"胡人"，这一点非常值得重视。武则天与外国人的联系还不止于此，建造天枢的成员也是以"胡人"为中心的。

"天枢"的正式名称是"大周万国颂德天枢"，是武则天向"天下"庄严宣告武周王朝成立而建造的纪念性建筑，位于洛阳皇城的正门之前。建造之时，武三思率领"四夷酋长"进行请愿（694年），其庞大的建设费用均由"诸胡"负责筹措。

建造天枢的协助者中还有"波斯国（吐火罗）大酋长"阿罗憾。他在高宗时期曾担任拂林国诸蕃招慰大使，在吐火罗都市巴尔赫以东的"拂林"[1]与唐朝的边境上建立起边界碑，同时宣扬"圣教"。

---

[1]拂林：一般认为是中国史书中对东罗马帝国（拜占庭帝国）的称呼，但近年来日本中亚史学界提出一种有力的新说，主张"拂林"是吐火罗地名"忽懔（khulm）"的音译，作者此处也是将"拂林"理解为地名。

关于这里的"圣教"有两种观点，分别是高宗皇帝的圣德和基督教。

后来8世纪时，长安建立了著名的"大秦景教流行中国碑"[1]，其中提到武则天和玄宗皇帝时期曾经排斥基督教，而"僧首罗含"和"大德及烈"守护了基督教义。有观点认为，这里的"罗含"和阿罗憾是同一人。如果此种假说成立，并且阿罗憾所推广的"圣教"就是基督教的话，那么基督教徒在建造天枢过程中也发挥了重要作用。支持武则天的"胡人"集团不只是佛教徒，很可能还包含了基督教徒。

张易之、张昌宗兄弟

武则天对年轻男子的宠爱也见于正史记载，因此某种程度上是有事实依据的。但另一方面，其中也包含着对于女性成为皇帝、篡夺唐朝统治的非难，有经过加工的部分。

即便如此，武则天的嗜好直到晚年也未曾改变，代替薛怀义受到宠爱的就是张易之和张昌宗这对美少年兄弟。为了这对兄弟，武则天甚至在内朝设立控鹤府（后改称奉宸府），把宠爱之人和文学之士都汇集其中。

当时，武则天挑选了大量美少年，作为奉宸内供奉在身边侍候。当然也有人对此提出劝谏，武则天一方面对这些谏言给予褒

---

[1] 大秦景教流行中国碑：景教传教士伊斯出资、景净撰述、吕秀岩书刻，唐建中二年（781）在长安大秦寺落成。碑高279厘米、宽99厘米，除1780个楷书汉字外，还有叙利亚文，碑额刻有十字架。碑文记述了景教的教义、景教传入中国的过程与发展，以及对伊斯本人的歌颂。原碑现藏于西安碑林博物馆。

奖，另一方面在奉宸府中进行文化事业，主持编写了名为《三教珠英》的类书。虽然整体情况不太清楚，但这里的三教是指儒、佛、道，所以可能是三教教义的集大成作。顺带一提，北宋编纂的小说集《太平广记》中收录有已经散佚的《三教珠英》的部分佚文。

张易之和张昌宗当然不具备这样的才能，实际的编纂工作是由科举出身的宫廷诗人和善于文学的宋之问、李峤、张说等人承担的。他们和之前的北门学士可以视为同一源流，那就是武则天针对外朝的宰相，在内朝安排自己的心腹主导政务的构造。

武则天与道教

武则天和佛教的联系是概说书中经常提及的内容，但其实即位称帝以后，武则天的信仰逐渐向道教倾斜。这一点从建立"升仙太子之碑"中也可以看到，其间的经过是这样的：

武则天即位称帝的第五年，她在嵩山和少室山举行封禅（695年），向上天报告周王朝的建立。仪式结束后，嵩山和少室山的神灵被奉上皇帝、皇后等尊号。接着，武则天又来到洛阳东南、与嵩山相连的缑氏山，修复了古代周灵王太子姬晋的庙宇，并将姬晋尊奉为"升仙太子"。传说太子姬晋成仙时驾着仙鹤从缑氏山离去，在民间也有很多信徒。

嵩山封禅四年后，武则天再次来到嵩山，当时顺道造访缑氏山的升仙太子庙，作为纪念建立了"升仙太子之碑"。不过，立碑并不只是出于道教上的兴趣，同时也是武则天对自己祖先之一的西周王子表示谢意。

在"升仙太子之碑"的背后，当时的十名宰相中随从武则天的八人都刻下了名字。武则天再访嵩山时，都城中只留下两名宰相，由此也可以看出这是晚年武则天宣示权力的行动。碑额上的"升仙太子之碑"六个字由武则天亲笔题写，使用了如同以毛刷书写的干枯字体"飞白"。

还有一则与此相关的荒诞故事。某天，有人奏称张昌宗乃是古代周朝姬晋太子的后裔，然而张昌宗不可能骑着真鹤飞翔，于是就在音乐声中穿着羽衣，骑着木制的仙鹤在庭院里漫步，聚集而来的宫廷诗人就此吟诗作赋。

终结

对于武则天而言，最大的问题就是继承人。她的侄子武承嗣和武三思争先恐后地想当皇太子，但武则天难以决断。当时的宰相趁机提出反对，提议将流放房州的庐陵王李显迎回洛阳。令人意外的是，武则天宠爱的张易之、张昌宗兄弟也这样建议。这大概是为了在武则天去世后保全自己。于是，庐陵王回到洛阳成为皇太子（698年）。

以此为契机，重建唐朝的动向再起。当然武则天也不是立刻让出皇位的，她宠爱张氏兄弟，将内朝作为处理政务的据点。然而岁月不饶人，武则天还是病倒了。张氏兄弟对失去后盾深感恐惧，对于他们的批判和告发如潮水般涌来。张氏兄弟或是私下扣押，或是拼死抵赖保全自身，最终引发宰相张柬之与科举出身官员策划的政变。

张柬之拉拢右羽林将军、靺鞨人（东北亚的通古斯系种族）李多祚等人，控制了羽林军和"千骑"这一精锐部队的士兵。他们簇拥着皇太子，从洛阳宫城的玄武门突入武则天所在的内宫，在走道上诛杀了张易之、张昌宗兄弟，最终迫使武则天退位，中宗成功复辟（705年）。

当时发挥巨大作用的羽林军是北衙禁军（皇帝的禁卫军）。在唐朝，宫城南方的皇城地区有拱卫官厅的帝国中央军（南衙禁军），宫城北门玄武门则有守护皇帝的禁卫军（北衙禁军）（见第84页图6、第86页图7）。太宗时期首创北衙七营，后来又重新设立左右屯营，这就是北衙禁军的开端。隶属于北衙禁军的士兵称为"飞骑"，从中遴选出善于骑射技艺者编成"百骑"，在皇帝外出时护卫左右。

此后，武皇后掌握政治实权时改为左羽林军和右羽林军，"百骑"改为"千骑"，北衙禁军得到扩充。如前文所说，武皇太后在废黜中宗时也出动了羽林军，但当时统率羽林军的是南衙禁军的将军。武则天即位后，第二年改羽林军为羽林卫，并设立大将军之职，第一代大将军起用了武氏一族的武攸宁。羽林卫的整备和强化，与政治上设立北门学士和奉宸府对抗外朝宰相是并行的，军事上则是通过整编北衙禁军与南衙禁军对抗，并将其置于武则天的控制之下。然而，亲手建立的禁卫军却在自己退位时发挥了重要作用，这只能说是历史的讽刺。

退位后的武则天移居洛阳城西郊的上阳宫，当年十一月去世。《旧唐书》记载其享年八十三岁，《资治通鉴》中则是八十一岁。根据1995年在四川广元发现的石碑，还有享年七十七或七十八岁的说法。

至此，武则天的时代宣告终结。从高宗的治世到武则天的时代，正是唐朝既有体制逐渐发生动摇的时期。让我们把目光转向对外关系吧。

第三节 | **唐朝统治的动摇**

粟特系突厥的出现

让我们稍作回溯，就在高宗驾崩前不久，某个民族集团开始在记录中出现，它不仅给唐朝的历史，甚至给五代到宋初的政治史都带来了重大的影响。

7世纪前期以来唐朝对东欧亚世界的统治开始出现阴影，其契机就是突厥的独立运动。此时距离东突厥灭亡大约过去了五十年，但突厥人依然没有忘记要从唐朝的统治下独立。最初的动向来自单于都护府下的突厥人阿史德氏族，他们拥立阿史那的后裔为可汗，掀起独立运动（679年）。不过，运动在第二年就被唐朝征讨军扑灭。当时侥幸逃脱的集团继续独立运动，但也被唐朝镇压。

面对突厥的独立动向，唐朝再次强化统治，在鄂尔多斯南部边缘重新设置六州，称为六胡州，六胡州的居民就是"六州胡"。此处的"胡"是指粟特人，突厥碑文中将"六州胡"用古代突厥语记作"altïčub soγdaq（六个州的粟特人）"就可以证明这一点。所谓"六州胡"，一直可以追溯到原本东突厥统治下的"胡部"集团。

被称为"胡部"的粟特人很早就在突厥人中生活，受到突厥的影响，大概也骑马游牧民化了。但他们并没有在突厥中被湮没，而是在粟特人之间保持着婚姻关系。他们进入中国世界后，开始自称康、安、史、石、何等姓氏。这些姓氏都是粟特人在汉字文化圈中特有的，学界将其称为"粟特姓"。换言之，六州胡保持着作为粟特人的团结和意识，我们可以把这部分半突厥化的粟特人称作"粟特系突厥"。"粟特系突厥"将在此后的唐朝历史中屡屡登场，并且发挥重要的作用。

突厥第二帝国

唐朝的统治强化并没有发挥作用，突厥掀起了第三次独立运动。阿史德元珍（暾欲谷）拥立阿史那骨咄禄，倚靠阴山山脉纠集突厥遗族。独立运动成功击退了唐朝的讨伐军，阿史那骨咄禄得以自立（682年），史称突厥第二帝国。帝国中既有留在鄂尔多斯六胡州的粟特系突厥，也有重新回到突厥第二帝国的粟特系突厥，安禄山就诞生于他们之中，这是后话。

在复兴突厥的动向中，阿史德的作用非常重要。能够成为突厥可汗的只有作为"黄金家族"的阿史那氏族后裔，可汗的妻子称为可敦，能出可敦的氏族就是阿史德一族。

如前文所说，7世纪后期唐朝统治下的突厥遗民大体分为两支，分别由阿史德氏族和舍利氏族作为都督加以统辖。东突厥灭亡时，以颉利大可汗为首的众多突厥王族来到长安并接受唐朝的官品。如此看来，突厥独立运动时阿史德所拥立的阿史那氏，与其说是可汗的直系，不如说旁系的可能性更高。进一步而言，突厥独立的实际主导者应该是阿史德氏族。可见在唐朝统治时期，突厥遗民中阿史德的地位得到提高，这一事实也对日后继承阿史德血脉的安禄山产生了巨大影响。

突厥在蒙古高原南部实现独立后，向北扩张势力，据点转移到蒙古高原上游牧民族的圣地——于都斤山[1]。阿史那骨咄禄将蒙古高原北部的突厥系游牧民族纳入统治，自称"颉跌利施可汗"，意为"统合国家的可汗"。

阿史那骨咄禄病死后（691年），其弟默啜自立为阿波干可汗，[2]这与武周革命几乎是同时发生的。阿波干可汗一面对武周发动军事攻势，向武则天展现其威势，一面又在后述的契丹叛乱中充当武周的盟友，与武周进行有利的交易。比如让留在武周统治下的突厥遗民返回草原世界，交出单于都护府之地，还向武周要求在那里进行农业耕种的器具和种子。武则天虽然十分恼怒，但还是同意交还突厥遗民，并提供了农耕的器具及种子。

阿波干可汗还提出要当武则天的儿子，进而请求让自己的女儿与适合的皇族联姻。武则天派去使者，想让他和同族的武延秀结婚，结果阿波干可汗放出话来："我家女儿理应嫁给李家天子的儿子，为何却给我送来武家的孩子，这家伙也算得上天子的儿子吗？我突厥世代臣服于李家，如今听说李家天子的血脉几乎断绝，只剩

---

[1] 于都斤山：也作都斤山、郁督军山、乌德鞬山，即今天蒙古国西南的杭爱山。

[2] 默啜可汗名阿史那环，天册万岁元年（695）向武周遣使后册授左卫大将军，封归国公，翌年加授迁善可汗，"阿波干可汗（Qapɣan qaɣan）"是其见于鄂尔浑突厥文碑铭上的称号。

下两个儿子。不如由我等率军，帮助他们立个天子吧！"[1]于是入侵中国北方。这个故事也反映出，突厥第二帝国在阿波干时代是占据优势的。

顺带一提，当时有许多汉人农民被突厥掳走，安置在蒙古高原南部阴山南麓的农耕地上，突厥的目的是让他们作为农业劳动者在此耕作。

契丹的"叛乱"与渤海国的诞生

唐朝对东欧亚世界的统治不断崩溃，第二幕是东北边疆契丹的独立。契丹原是在西拉木伦河过着游牧生活、使用蒙古语系语言的民族，最早以"契丹"两个汉字记录下来是在北魏时代。

7世纪初，契丹各种规模的集团仍处在四分五裂的状态，尚未得到统合。因此唐朝建立后，这些部落和氏族纷纷前来臣服，唐朝建立营州都督府（今辽宁朝阳）进行统治。7世纪中期太宗远征高句丽时，契丹中最大的集团终于归顺唐朝。太宗为这一契丹集团设立松漠都督府，将大首领窟哥任命为长官。至此，唐朝确立了对契丹的统治（648年）。

在目前为止的解说中，唐朝对民族集团的统治通常都是在臣服的集团中设置州县，其首领授予州县长官的职务，对其下的部族

---

[1] 语出《资治通鉴·唐纪二十二》，原文为："突厥默啜谓阎知微等曰：'我欲以女嫁李氏，安用武氏儿邪！此岂天子之子乎！我突厥世受李氏恩，闻李氏尽灭，唯两儿在，我今将兵辅立之。'"

（或氏族）进行间接统治。这种方式称为"羁縻"。"羁"是牵马用的缰绳，"縻"是拉牛的绳索，所以"羁縻"就是"笼络控制"的意思。这样说确实可以解释一部分，但实际上的"羁縻统治"更为多样化，比如营州都督府下契丹州县的官吏中，也有中央派来的汉人官僚，这一点通过新发现的墓志得到了证实。唐朝对于周边各种族、部族、氏族的"羁縻统治"，如今也到了重新解释的阶段。

言归正传，唐朝对契丹统治的瓦解是从7世纪末开始的，松漠都督李尽忠及妻兄孙万荣对武则天的周朝举起了反旗（696年）。据史料记载，统治契丹的营州都督府长官在契丹饥馑时非但没有救助，还把契丹人视作奴隶，由此引发了不满。也可能是契丹人认为，自己没有必要追随武则天建立的周朝。

武则天立刻任命一族的武攸宜为讨伐军元帅，结果大败而归，后来又派出以武懿宗为统帅的讨伐军，结果也是不战而逃。其间，武则天向突厥的阿波干可汗寻求援助，突厥在约定巨额报酬后开始进攻营州。契丹在首领之一李尽忠去世后势头依然不减，进而入侵河北中部的冀州（今河北衡水市冀州区）。不料，在此期间根据地营州却被突厥攻陷，军心动摇的契丹趁着内乱杀害孙万荣，"叛乱"得以平定。不过营州地区也成了突厥的统治范围，再次进入唐朝的统治下要到玄宗皇帝的时代。

这一事件不仅仅是契丹的"叛乱"，还成为动摇整个东北地区的契机。让我们把话题回到高句丽灭亡之前。

高句丽抵挡住隋炀帝和唐太宗接二连三的进攻，一度保持着独立，然而到了高宗时代，终于在李勣率领的唐军和新罗军的联合打击下走向灭亡。

但是，旧高句丽势力的抵抗仍在持续，设置在平壤的安东都护府也不得不向辽东撤退。作为应对，唐朝又将高句丽的遗民转移到内地。当时，一部分高句丽遗民没有到达内地，而是在营州附近停留下来。其中有一人名为大祚荣，他大概是甘于受到唐朝统治的，也可能是通过契丹进行间接统治。

大祚荣趁着契丹李尽忠等人举起反旗的时机，率领靺鞨人和高句丽遗民逃离唐朝的统治。他们朝着东北方向进军，在牡丹江上游的敦化（今吉林延边）附近建立据点，大祚荣自称振国王（震国王）。这就是渤海国的诞生（698年）。

西域攻防

在高宗朝的前十年中，唐朝以间接性、名义性的方式将西突厥纳入统治。但是，这一体制也出现了威胁的势力，那就是西突厥遗民和吐蕃帝国。

镇压阿史那贺鲁叛乱后，唐朝将西突厥一分为二，分别由阿史那一族统领。但到了7世纪后期，他们彼此争斗，唐朝调停失败后，天山以北的形势变得不安定起来。当时，吐蕃帝国正进入塔里木盆地一带，在建立统一国家体制的松赞干布去世后（649年），吐蕃帝国的政治实权由宰相噶尔一族掌握，开始和唐朝展开对决。在噶尔的指挥下，吐蕃帝国与西突厥遗民联手，进攻唐朝经营西域的军事据点安西四镇。唐朝被迫放弃安西四镇，安西都护府也退往西州。

此后，唐朝任命裴行俭为安抚大食使，以护送卑路斯三世之子泥涅师（纳尔希耶）[1]返回故乡为名进入西突厥的势力范围，抓捕了与吐蕃帝国勾结的叛乱分子（679年）。裴行俭在碎叶与泥涅师分别后回国，泥涅师则孤身一人返回故乡，却遭到伊斯兰势力的阻挠，在吐火罗生活二十多年后回到唐朝，708年客死于长安。

当时，唐朝在碎叶筑城（679年），设立军镇，此前的安西四镇中焉耆改成了碎叶（后来睿宗年间，再次从碎叶镇转移到焉耆镇）。碎叶城是汉人在天山山脉以西建造的最早也是最后的城郭都市。

7世纪末，唐军终于击败吐蕃军，安西四镇得以复活，安西都护府在龟兹成功建立（692年）。周朝打算在当地驻扎三万大军，为此需要从内地征兵赶赴西域。由于负担过重，朝廷中也有反对意见。但武则天没有听从，由此可以看出周朝阻止吐蕃入侵塔里木盆地的坚决态度。

在吐蕃帝国，以这次战败为契机，噶尔一族走向没落，政治实权重新回到赞普（都松芒波杰王，676~704年在位）手中。吐蕃一方面围绕旧吐谷浑的控制权与周朝陷入对立，另一方面又向周朝寻求和亲。最终，武则天同意送去公主进行联姻，但由于都松芒波杰王已经战死，这个约定就被带到了下一代的中宗时期。

转折期的序章

高宗和武则天两人的治世从7世纪中期延续到8世纪初，长达

---

[1]泥涅师：也作泥涅师，准确的译名是纳尔希耶（Narsie），波斯萨珊王朝末代皇帝耶兹底格德三世之孙，卑路斯之子。返回唐朝后被授予左威卫将军，不久病死于长安。

半个世纪。相当于日本经过乙巳之变[1]，开始一般称作"大化改新"[2]的大型改革，逐渐建成日本型律令体制的时期。然而在作为其范本的唐王朝，这却是律令制度猛烈动摇的时代，同时也是唐朝的性质缓慢发生变化的时代。

首先可以举出的是统治阶层的变化。唐朝的统治阶层继承北朝和南朝两种因素，其中包括鲜卑系军人的武川镇军团、以关陇地区豪族为基础的关陇集团、山东门阀，以及旧南朝系的江南门阀等自古以来的势力。但这个时代出现了新的势力，他们不是关陇集团或门阀出身，而是作为中坚或下层的地方权贵通过科举进入中央政界。

唐朝在太宗时代末期到高宗时代初期形成的东欧亚帝国，此时也开始出现动摇。在朝鲜半岛，对于旧高句丽、百济领土的统治由于新罗的兴起和进攻而失败，安东都护府被迫从平壤撤退到辽东。不仅如此，东北方同也出现了契丹独立的动向，唐朝的统治走向瓦解。北方也不例外，伴随突厥的独立，蒙古高原北部的安北都护府撤退到了阴山以南的中受降城（今内蒙古包头）。

就这样，从北方到东北方的周边部族统治体制完全陷入崩溃。

---

[1] 乙巳之变：日本飞鸟时代，中大兄皇子、中臣镰足等人暗杀权臣苏我入鹿，并消灭苏我氏宗家的一场宫廷政变（645年）。政变之后，孝德天皇即位，由中大兄皇子主导日本的政治体制改革，即"大化改新"。

[2] 大化改新：指日本在乙巳之变后进行的政治变革。大化二年（646）正月，孝德天皇颁布《改新之诏》，正式开始改革。主要内容包括：废除大贵族垄断政权的体制，实行班田收授法和租庸调制度，建立古代中央集权国家等。关于《改新之诏》的真伪，学界仍存在争议，而广义上的大化改新可以包括8世纪初日本建成律令制国家前的一系列改革措施。

为此，唐朝需要构筑新的防线。

同时，意图独立的契丹凭借余威入侵河北地区，唐朝向当地农民征兵备战。像这样通过征兵形成的地区防卫军团称作"团练兵"（民兵），律令制度之外的士兵们开始登上历史舞台。

这种新型士兵的出现，无疑是强加给农民的兵役负担。武则天时期，买卖官职的风潮开始出现，产生了定员以外的官僚。这就意味着原本承担租税的人员在不断减少，这一部分被转嫁到了本不富裕的农民头上，无法忍受负担的农民开始以逃离本籍地的方式进行反抗。

如果从历史的角度看待武则天时代，它可以说是破坏了既有的唐朝体制，也开辟了一个崭新的时代。但另一方面，当世人眼中的"混乱"以及律令统治体系的崩溃也是不可回避的问题。

那么，唐朝将会经历怎样的重组呢？

唐──東ユーラシアの大帝国

第三章

转换期

八世纪前期到中叶

第一节 ｜ **武韦之祸**

中宗复辟

从武则天退位到玄宗即位的七年间，朝廷陷入两大集团的权力斗争中：一个是旨在皇帝亲政的集团，另一个是依仗皇帝权力谋求自身利益的集团（皇室一族、外戚、宠臣等）。我们来看其中的经过。

武则天从历史舞台退下来后，五十岁的李显立刻即位称帝（705～710年在位），是为中宗。他把国号恢复为唐，制度也改回到高宗时代。

但是，中宗是个平庸而优柔寡断的君主。此前他被母亲武则天废黜帝位并幽禁在房州时，每次有洛阳来的敕使都会害怕被杀，甚至还想过要自尽。

另一方面，妻子韦氏却是个颇有胆识的人，她鼓励悲观的丈夫道："现在这样的状况不会长期持续，你可千万不能死啊！"李显对韦氏说："如果有一天重获新生，我一切都听你的。"[1]于是中宗复位后，成为皇后的韦氏就开始效仿武则天插手政治。

---

[1] 语出《旧唐书·中宗韦庶人传》，原文为："（韦）后劝（庐陵）王曰：'祸福倚伏，何常之有，岂失一死，何遽如是也！'……帝在房州时，常谓后曰：'一朝见天日，誓不相禁忌。'"

武三思和韦后

宰相张柬之发动政变，迫使武则天退位后，却没有排除其他的武氏一族。政变之后，有个洛阳的官人进言诛灭武氏一族："现在虽然成功诛杀张易之、张昌宗兄弟，但是武三思（武则天侄子）还活着。斩草若不除根，春来必会再生。"然而张柬之却说："如今大局已定，武氏一族不过是俎上鱼肉，还能做什么呢？丧命之人已经够多，就不要徒增杀戮了。"[1]最终没有采纳劝谏。于是，走运的武三思等人在武则天退位后依然在政界活动（见第72页图5）。

武三思的儿子武崇训与中宗和韦后的爱女安乐公主结婚，本应和皇室十分亲近，但他还要寻找更牢固的靠山，此时充当中介的就是上官婉儿。

读者们是否还记得，高宗一度打算废黜武皇后时，曾经找来上官仪商议。计划失败后，上官仪在狱中丧命，其子也被杀害，而上官仪的孙女婉儿当时还在襁褓之中。

婉儿进入后宫成了宫廷奴隶，但她也许是继承了祖父的才学，长大后就展现出诗词文章的天赋。武则天很看重她，就让她参与政务。

中宗复位后让婉儿负责起草诏书，后来还授予婕妤之位以示恩

---

[1] 语出《资治通鉴·唐纪二十四》，原文为："二张之诛也，洛州长史薛季昶谓张柬之、敬晖曰：'二凶虽除，产、禄犹在，去草不去根，终当复生。'二人曰：'大事已定，彼犹机上肉耳，夫何能为！所诛已多，不可复益也。'"

宠。谁知，武三思竟然凭借与上官婉儿的男女关系混进后宫，成功得到韦后的赏识。武三思还开始和中宗讨论政务，以致于宰相张柬之得到的命令都是出自武三思之口。最后，武三思和韦后也有了肉体关系，武氏一族的势力东山再起。

另一方面，韦后等人将帮助中宗复位的张柬之等视作障碍，陆续把他们逐出中央政界。公主（皇女）可以自行开府，她们滥发未经正式手续的辞令，还将官职以"钱三十万"进行出售，豢养了大批支持自己的官僚。当时人将他们称为"斜封官"。由于是定员以外的官僚（员外官），冗官的增加也给唐朝财政造成沉重负担。

政变失败

当时的皇太子是中宗的第三子李重俊，但他不是韦后的儿子。因此，韦后憎恶皇太子，武三思也讨厌皇太子。安乐公主和丈夫武崇训等人把皇太子视为奴仆，想要废黜他，由安乐公主当皇太女。

李重俊逐渐被逼上绝境，终于联合左羽林军大将军李多祚等人发动政变。他们率领羽林军和三百"千骑"，杀死长安城内的武三思父子后夺回宫城，准备搜查韦后一派的住处。然而，中宗和韦后、安乐公主、上官婕妤（婉儿）一同逃往宫城以北，登上玄武门的门楼避难。接着，中宗命令右羽林军大将军刘景仁率领羽林本队的飞骑兵前来救驾。

于是两军陷入对峙，跟随中宗的宦官杨思勖一刀斩杀了李多祚的女婿，皇太子军士气大挫。中宗对着千骑兵喊道："尔等是朕的禁卫队，为什么跟着李多祚谋反？若能诛杀叛乱分子，财富名誉应有尽有！"[1]千骑兵应声倒戈，皇太子军的主要将领都成了牺牲品。李重俊虽然逃到长安城外，但最终被部下所害，政变宣告失败（707年）。此次政变以后，"千骑"也因其活跃而扩充为"左万骑"和"右万骑"。

暗杀中宗

通过这次事件，虽然武三思被杀，但韦后和公主们仍在，她们勾结外朝的部分官员，在政界的势力日益壮大。这时有人对中宗劝谏道："皇后秽乱宫闱，插手国政，韦氏一族的势力不断强大；还有安乐公主等人将国家置于危险的境地。"[2]意图从皇后派手中夺回政权。中宗听完这些话后，也开始觉得不安起来。

韦后将精通医术的马秦客和善于料理的杨均招到后宫偷情，但又害怕被人发现。另一方面，女儿安乐公主想让母亲当皇帝，自己成为皇太女。在各种情况和思绪的交织下，她们决定用下毒的糕点谋害中宗。中宗中毒身亡，享年五十五岁（710年）。

太平公主与睿宗

此时，挡在韦后和安乐公主面前的是武则天的女儿太平公主。

---

[1] 语出《旧唐书·节愍太子重俊传》，原文为："帝据槛呼多祚等所将千骑，谓曰：'汝并是我爪牙，何故作逆？若能归顺，斩多祚等，与汝富贵。'"

[2] 语出《资治通鉴·唐纪二十五》，原文为："许州司兵参军偃师燕钦融复上言：'皇后淫乱，干预国政，宗族强盛；安乐公主、武延秀、宗楚客图危宗社。'"

她和上官婕妤一同起草了中宗的遗诏，拥立十六岁的中宗第四子李重茂为皇太子。接着，她们让中宗的弟弟相王李旦参与政务，从而牵制韦后的行动。

但是，韦后一派撇开李旦，拥立李重茂（谥号殇帝）为皇帝，韦后以皇太后身份君临朝政。韦后的目标是排除太平公主和以李旦为首的皇室李氏一族，进而发动革命。这时，李旦之子李隆基站了出来，与太平公主联手策划政变。李隆基首先控制了羽林军的"万骑"，又迅速命令士兵前往宫城的太极殿。韦后和安乐公主被杀，李隆基的政变成功了。

此后在太平公主的主导下，四十九岁的李旦即位称帝，根据庙号称为睿宗（710～712 年在位）。李隆基成为皇太子，但他又与想要专权的太平公主陷入对立。太平公主一步步为夺取政权做着准备，听命于她的官僚都身居要职。另一方面，认清自己只是傀儡皇帝的睿宗在位两年后就让位于李隆基，是为玄宗（712～756 年在位）。

但是，太平公主不会善罢甘休。她要求退位的睿宗保留三品以上高级官员（宰相级别）的任命权和自称"朕"等皇帝权力，从而削弱玄宗的权限。当时的七名宰相中，有五人都是公主派的官员。不仅如此，公主派还控制了北衙禁军和南衙禁军，准备发动政变。然而，计划事先泄露，玄宗亲自控制羽林军后，陆续诛杀公主派的主要成员，将政权掌握在手中。太平公主从都城逃到终南山，三天之后返回都城，在自己宅中被赐死（713 年）。

第二节 ｜ 开元之治

玄宗的时代

击败太平公主一派后，玄宗将年号由"先天"改成"开元"，亲政的日子终于到来了。玄宗的治世延续四十四年，在整个唐朝也是最长的。年号改了三个，即先天（712年八月至713年十一月）、开元（713年十二月至741年）、天宝（742年至756年七月）。乍看之下，那是一个天下太平、人口增长、国力充实的时代，特别是治世开端三分之二的时期都被称为"开元之治"。

从某种意义来说，玄宗登场的时期是非常适合政治革新的。因为随着武则天时期宫廷斗争的激化，唐朝建国以来统治集团的主要成员相继没落。有些时候，他们就是为了私欲而阻碍政治改革的存在。

与此相反，为玄宗亲政提供帮助的正是武则天时代进入政界的科举官僚。不过，新兴势力的科举官僚在玄宗时代也成了既得利益者。为了与其对抗，古老的门阀，特别是与关陇集团相关的人物重新抬头，再加上凭借皇帝个人的宠信，非门阀出身者和非汉人也得到提拔。此外，内廷中的宦官也在积攒力量。这些都是玄宗时代的特征。

阿倍仲麻吕与井真成

日本多次向唐朝派遣使节，这在日本称为遣唐使。其中也有计划后未能成行，或是出发后没有到达唐朝的，实际来到唐朝的使节团总共有十五批。玄宗即位后首次到来的遣唐使，于开元五年（717）十月到达长安，这也是第八批到达长安的使节团。

使节团中有一位留学生（长期留学）名叫阿倍仲麻吕，他进入唐朝国立学校（太学，四品、五品官僚的子弟可以入学）钻研学问，后来成功通过了科举（进士科）。他把名字改成中国式的朝衡（晁衡），作为唐朝官僚侍奉玄宗皇帝，与盛唐诗人中著名的李白、王维等人都有交往。阿倍仲麻吕五十三岁时获准回国，登上遣唐使船，当时他歌咏的诗句就是"仰首望东天，神驰奈良边。三笠山顶上，想又皎月圆"。[1]然而，阿倍仲麻吕乘坐的船只因为季风漂到了越南北部，虽然得以回到长安，但他再也没有踏上日本的故土，七十岁时在长安去世。

以上是关于阿倍仲麻吕的通说，不过也有学者对他通过科举，特别是通过进士科心存怀疑，毕竟进士科是连唐朝人都很难合格的考试科目（第五章）。再者，关于阿倍仲麻吕应试科举的史料都出自宋代以后，科举合格的说法很难成立。有观点认为，即便他真的通过了科举，那也不是进士科，而是像后来穆宗时期开设的宾贡科

---

[1] 即阿倍仲麻吕所作的《望乡诗》，日语原文为："天の原、ふりさけ見れば、春日なる、三笠の山に、出でし月かも。"

那样面向外国人的特殊考试科目。

　　还有一名可能和阿倍仲麻吕一起来到唐朝的留学生，我们也来做些介绍。他的名字叫作井真成，其实这个人物不见于文献史料的记载，而是通过2004年在陕西西安发现的墓志才首次知晓的。根据志文记载，井真成于开元二十二年（734）正月去世，享年三十六岁。从去世的年份推测，他也许是和阿倍仲麻吕一起来到唐朝，原定跟随去世那年到来的遣唐使一同归国的。志文中还写有"强学不倦，问道未终"，可以想象井真成曾经作为长期留学生努力吸收唐朝的文物制度，但在归国之前英年早逝了。

　　井真成墓志的标题是"尚衣奉御井公墓志文并序"，可知他死后被追赠为尚衣奉御。尚衣奉御是隶属于殿中省的尚衣局长官，从五品上。这究竟是唐朝廷对远道而来的外国留学生葬身异国的哀悯，还是出自玄宗个人的感情，现在还不太清楚。目前我们所能知道姓名的遣唐使大多是活着回到故土的人物，但也有很多未能留名后世，在异国他乡或者航行途中失去生命的人。

政治革新

　　玄宗亲政初期的课题是，重新恢复武则天时期改变的唐朝形态，除去其负面遗产，而为这一时期添彩的就是姚崇和宋璟两人。姚崇以特殊科举（下笔成章科）合格而进入官场，宋璟晚于姚崇两年通过进士科。姚崇是武则天到睿宗时期的宰相，宋璟则在睿宗时期成为宰相，他们都因触怒太平公主而被贬到地方上。

　　玄宗亲政后，立即将姚崇召回担任宰相。为了解决武则天末期积累的各种问题，姚崇接二连三地革新政治。首先，他废止了中宗、睿宗时期产生的斜封官和员外官，强令擅自出家的僧尼立即还俗。官僚和僧尼拥有不交租税的特权，这也是财政窘迫的原因之一。接着，姚崇下令禁止新设寺院，因为寺院的建造费是由国库提供的。还有限制皇族和外戚的活动，比如为亲友求取官位等行为，贿赂也得到禁止。

宋璟稍后回归宰相之位。宋代编著《资治通鉴》的司马光曾这样评价两人："姚崇随机应变处理事务，宋璟执法严明保持公正。两人虽然方向不同，但都缓和租税及力役，坚持刑罚公平，民众得以富足。"[1]在政治紧缩之下，财政也逐渐充实起来。从唐朝掌握的户数来看，太宗时期还不到三百万户，开元初期已经突破七百万户，人口达到四千万人以上。

天下太平

"天下太平"的春风也吹到唐朝领域之外。武则天时期持续威胁唐朝的阿波干可汗，在讨伐叛乱的拔野古部族时战死（716年），继位的是毗伽可汗（默棘连，颉跌利施可汗之子）。从阿波干到毗伽的世代交替引发了突厥内部的对立，旧阿波干派的突厥人和粟特系突厥人向唐朝"亡命"，其中就包括后来动摇唐帝国统治的安禄山。

---

[1] 语出《资治通鉴·唐纪二十七》，原文为："姚、宋相继为相，崇善应变成务，璟善守法持正；二人志操不同，然协心辅佐，使赋役宽平，刑罚清省，百姓富庶。"

在毗伽可汗的带领下，突厥迎来了新的时代。即位不久，突厥与唐朝间虽有小规模冲突，但不再相互对立，逐步建立起宽容的关系。其背景在于，当时的突厥不再具备与唐朝争斗对抗的国力，加上突厥也重视与唐朝的贸易。

阿波干可汗之死也影响到臣服突厥的奚和契丹，唐人称为"两蕃"的这两大骑马游牧势力再次归顺唐朝。唐朝复活了7世纪末被契丹攻陷的东北地区要冲营州，并招揽粟特商人振兴商业。营州在此后也是重要的军事据点，那里的长官兼任平卢军使配备军队。于是唐朝在玄宗时代前期，包括蒙古高原、东北地区在内的广阔空间都迎来了和平。

即位十四年后，玄宗见国内外安定，遂至泰山举行封禅仪式（725年）。在传统的理解中，每个王朝只能有一次封禅，不可以重复进行。但玄宗的封禅确有其必要性，因为要向上天报告被武则天篡夺的天命重新回到唐朝，太平之世已经到来。

主导仪式的是继姚崇、宋璟后科举出身的宰相张说。不过，玄宗对于凭借诗文才能发迹的科举官僚也并非盲目信任。早在开元前期，制度上的各种矛盾已经喷涌而出。其中之一就是武则天时代已经出现的农民逃离本籍地（原住地）问题，这一问题在玄宗即位不到十年间变得十分严峻。能够应对这一现实的，就是那些被称作"财务官僚"的实务之人。

唐朝前期的给田制与赋役

一般来说，唐代的土地制度以颁给农民土地的"均田制"最为著名。但在记录这一制度的《唐六典》和"唐令（田令）"中，并没有"均田"这个词语，而是使用了"给田"。其实，"均田"的"均"并不是一切都公平普及的意思，而是"相应、对应"之意。如果从这层意义上解释"均田"，就是按照从上往下的身份等级，规定拥有土地的多少。那么，唐代的土地制度究竟是怎样的呢？

　　百姓中不仅是成年男性，宗教教徒、工商业者以及官人都会给田（表2、表3），他们都拥有"良人（良民）"的身份。与此相对，还有从属于特定官衙和家族服劳役的"贱人（贱民）"。"贱人"中官贱人是给田的，私贱人则不给田。官人除了永业田外，还有官人职分田（仅在职期间所有），地方的官衙有诸州公廨田（从中收取的佃租充当衙门的经费）。给田数额根据地位和等级设有多个差额。从这一意义上，唐代的给田制可以称为"均田制"，至今只将颁给百姓中成年男子田地的制度切割出来称作"均田制"的观点需要修正。这也是最新的理解。

表2　唐代前期的给田规定

身份		口分田	永业田
良	丁男(21~59岁)、中男(18~20岁)	80亩	20亩
	老男、残障者	40亩	—
	寡妻妾	30亩	—
	丁男、中男以外的户主	30亩	20亩
	工商业者	40亩	10亩
	道士、僧人	30亩	—
	女冠、尼姑	20亩	—

	身份	口分田	永业田
贱	太常音声人、杂户（户籍在州县）	80亩	20亩
	官户（州县无户籍，属于特定官衙）	40亩	—
	在牧官户、官奴［无家（户）者］	10亩	—

注1：80亩约为4.6公顷（1亩约为5.8公亩），20亩约为1.2公顷。

注2：口分田带有返还义务，永业田种植桑、榆、枣，没有返还义务。

表3 官人永业田的规定

爵位	官品	给田额
亲王		100顷
	正一品	60顷
郡王	从一品	50顷
国公	正二品	40顷
郡公	从二品	35顷
县公	正三品	25顷
	从三品	20顷
侯	正四品	14顷
伯	从四品	11顷
子	正五品	8顷
男	从五品	5顷
	六品、七品	2.5顷
	八品、九品	2顷

同时，得到田地的丁男需要负担以下赋役（赋役令的规定）：

租：谷物2石（约119升）。

调：绢织物2丈（约6.2米）、绵3两（约112克）。江南诸州为麻布2丈5尺（约7.7米）、麻丝3斤（约2千克）。

正役（岁役）：中央政府征发的重体力劳动20天，主要是离开本籍地州，输送租税财务的劳动。

杂徭：地方政府征发的轻体力劳动40天，包括州内的运输，修筑和修理堤坝、桥梁等。

这些称为租调役制。玄宗的一段时间中，"正役"可以通过作为"庸"以织物代缴，又称租庸调制。劳役还有以下两种：

兵役：都城的警备（卫士）和唐朝与周边势力边境的警备（防人）。

色役：参与基层行政事务的特殊劳役。

但是，给田体制并不像田令记载的那样，是以完备的形态运营的。有学者认为，唐初只在中国北部的小部分地区实行了百姓给田制，从这一刻开始就已经属于虚构了。也有学者指出，在长安附近这样人口集中、土地不足的地区，早从太宗贞观年间开始就不够给田了。还有观点认为，在以稻作为中心的旧南朝领域，这套制度就没有实行过。

现在从出土的文书资料来看，从7世纪末到8世纪中期，在唐朝领土西陲的沙州（今甘肃敦煌）和西州确实进行过田地的授给和返还。但是，沙州口分田的面积很小，西州连永业田也要返还，总之有和规定不一样的地方。

由此看来，尽管唐代的大多数农民或许无法像给田制规定的那样获得耕种土地，但他们却要承担沉重的赋役和兵役。因此，农民也想出了对策。唐朝所掌握的户籍源于农民（户主）提交的家庭构成申报书（手实），每年都会制作相应的数据库（计账），在此基础上每三年进行更新。于是，农民在提交申报的时候会有意减少丁男（成年男子）的数量，或是直接申报没有丁男，从而减免赋役和兵役。更进一步的形式就是丢下土地逃亡，定居到与本籍地无关的土地上，这叫作"逃户"。如此一来，基于户籍的租税征收和劳役征发日益减少，给唐朝的财政造成了巨大影响。

括户政策

正面应对这一问题的是宰相源乾曜提拔的宇文融。源乾曜虽然是进士科出身的科举官僚，但他的家族是鲜卑拓跋氏的后裔。从姓氏也可以推测，宇文融应该是北周皇室的子孙，与新兴的科举官僚有着不同的出身，可以说是关陇集团的子孙。

宇文融首先上奏请求对逃户的实情进行调查（721年）。根据调查的结果，玄宗同意赦免百日之内自首的逃户，令其自愿选择在逃亡地落户或者返回故乡。一旦超过期限没有自首，就会下令给予处罚。

宇文融最初从重新掌握的农民手中征收租和地税（原来是义仓米，玄宗时代成为以此名目征收的税），后来这一方针发生变化。重新登录的农民六年间可以减免租调，只需缴纳少量的赋税。结果，唐朝全境都有揭发的逃户，重新登录的户籍达到八十万之多（农民所在地重新登录的户籍，称为客户）。

如后文所述，上述情况之所以成为可能，是因为随着负责都城警备的南衙禁军逐渐募兵化，农民不再被征发兵役，作为卫士前往都城值守，逃户们可以安心在逃亡地再次登录。八十万户这个数字相当于当时唐朝所掌握户籍总数的十分之一，与之相应的田地也被纳入王朝的掌控之下，这就叫作括户政策。

不过，这个政策只能应对一时。它没有对户籍进行正确的重新管理，也无法阻止农民所承担的租调役制和兵役走向崩溃。

律令军制

唐朝前期的军制以"府兵制"闻名。府兵指折冲府的士兵。所谓折冲府，就是设置在唐朝内地州的军事基地（兼作维持治安的驻屯地），隶属于长安的十二南衙禁军。农闲期间，设置折冲府的州召集所辖农民前往折冲府集中训练，作为士兵（府兵）行动。折冲府共有600处左右，但并不是全国平均分布。根据《新唐书·地理志》，关内道（包含都城长安城在内的京兆府及十八州，今陕西、宁夏、内蒙古中部）有273府，接着是河东道（今山西）142府，包含东都洛阳的河南府（今河南）39府，全国折冲府的大约百分之七十都集中在上述地区。

以前的观点认为，府兵需要轮番前往都城作为禁军士兵负责长安的警备（卫士），或是前往边境地区设置的镇（一百到五百人左右）戍（几十人到五十人）等驻屯地点负责防卫（防人）。

然而根据最新的理解，虽然警备都城的卫士来自府兵，但负责边境防卫的防人则是从全国各州（包括没有设置折冲府的州）征召的士兵。防人与折冲府没有关系，而是接受要冲之地的地方官衙都督府的统辖。防人征兵在法令上以全国各州作为对象，但大部分是从河北道和河南道（唐代的"山东"）选拔而来。

除卫士和防人之外，还有在宫城北门值宿、负责守卫皇帝的北衙禁军。以上就是唐代平常时期的军制。一旦进入非常时期即战争状态，就会采用不同的体制。

从武则天的时代开始，农民逃离本籍地的现象变得显著起来。这也给一直支撑唐朝的军制带来影响，通过折冲府征发、负责保卫都城的南衙禁军逐渐人员不足。于是科举出身的宰相张说建议，借由募兵方式重建南衙禁军。此时重组的就是"彍骑制"，那是以京兆府及周边各州的八等户、九等户等下层农民作为对象募得的十二万士兵。他们被每两万人一组分为六组，各组每年两次，每次执勤时间为一个月。由于原本的卫士制是十万人体制，彍骑制只有其五分之一，这意味着南衙禁军的缩小。警备国都的卫士采用律令规定以外的募兵方式，通过折冲府征发农民的体制不再发挥机能，进而折冲府也完全停止了运转（749年）。

另一方面，这一时期得到扩充的是北衙禁军。回顾此前的唐朝历史，无论武皇太后抓捕中宗，张柬之和李多祚暗杀张易之、张昌宗兄弟，还是李重俊政变未遂，李隆基二次政变，都动用了北衙禁军的力量。也就是说，宫廷政变的成败都取决于北衙禁军。北衙禁军分为两支，一支驻守在宫城北门，守护皇宫的北方，另一支在皇帝巡幸时保护其安全。如前文所说，前者称为羽林军，后者是从羽林军中选拔的"百骑"。"百骑"后来改名为"千骑""万骑"。进入玄宗时代后，从高等家族（二等户，另一种说法是六等户以上）中招募士兵，其规模也不断扩大，最终成为龙武军（738年）。

节度使的诞生

除了常备军之外，还有对外远征时编成的"行军"。行军有时也会动员卫士、防人、蕃兵等，但主力还是各州临时征召的士兵（兵募，资装由州负担）。原则上，行军有明确的目标和期限，远征任务完成即宣告解散，士兵们也可以返回故乡。但正如前一章所说，从7世纪后期到末期，蒙古高原上的突厥和东北地区的契丹陆续独立，唐朝与西方的吐蕃帝国也依然处于紧张的状态。于是，唐朝统治周边民族集团的体制逐渐走向崩溃。

如此一来，行军在征讨完毕后依然要驻守当地，负责边境地区的警备。驻屯地有"军""守捉""城"等，这些都可以称为军镇。在唐朝边疆，原有的镇、戍和新设的军镇相互组合，形成新的防线，那就是唐朝国防的最前线。

无论如何，配置在这里的是根据户籍征发的农民，其负担必然十分沉重。为此，农民们开始逃离本籍地，通过旧有征兵制度维持国防军队变得困难起来。不仅如此，从7世纪末到8世纪，东欧亚的势力版图也发生巨大变化，唐朝需要借助全新体制的军事力量加以应对。

从国防兵力增加的武则天时期到玄宗治世初期，士兵的种类和性质都发生了改变。太宗时期有一千多处镇和戍，在玄宗开元时期大约减少一半，因为能够动员的防人越来越少。于是，各州重新征发名为"防丁"（资装由个人负担，也有观点认为是募兵）的士兵补充镇戍。另一方面，组成外征行军的兵募、蕃兵、防人、府兵开始常驻于军镇。

他们最初的任期是一年，继而不断延长，后来出现前三年兵役、后三年支付报酬的六年制"健儿"。但从军镇逃脱的士兵仍不间断，玄宗决定引入"长征健儿"（737年）。所谓长征健儿，是指从现任军镇士兵和客户的年轻人中招募志愿者，允许其携带家属，在军镇给予房屋和土地，并且支付报酬，但无限期把服务军镇作为终身职业的士兵。

开元末期的军镇数大约是六十个，配置了六十万以上的职业士兵。为了指挥这些律令制度外产生的军镇士兵，又出现了"节度使"。"某某使"这样的名称是律令规定之外的，因此称为使职。日本学界常常借用日本史的用语，将其称作"令外官"。关于节度使的名称，一般会联系任命时皇帝赐予的"旌节"加以说明，但也有解释认为，"节用度（节制日常用度）"才是原本的含义。后文会提到，牛仙客从地方节度使调任中央宰相的理由，就是完成了节度使应有的职责。

职业士兵的登场，意味着唐朝的军制从依靠劳役（兵役）变为财物雇佣，出现了重大的转折。为了雇佣士兵，唐朝需要筹措大量资金，因此租税征收体制也随之变化，最终唐朝的性质也由律令国家转变成为"财政国家"。

漕运改革与和籴

都城长安的问题之一是关中谷物不足，有时需要将整个朝廷迁往洛阳。前面提到武则天时改洛阳为神都，着手都城功能的转移，其间的理由之一就是粮食供给问题。

这个问题到玄宗治世前期依然没有得到解决。在太宗和高宗时期，官员的数量还没有那么多，每年只需将十万至二十万石租米运往长安，大体能够充当俸禄和粮食。开元年间尽管运输量已经加倍，但为了供养庞大的官僚和职业士兵，谷物开始出现不足。试图解决这一问题的，就是裴耀卿。

裴耀卿本籍绛州（今山西新绛），祖先在南朝时期移居北魏，其谱系从隋代以后才比较清楚，因此其家族很难说是关陇集团的一员。童子举（特殊科举的一种）出身的裴耀卿是玄宗时期最重要的财政改革家，他得到宇文融的庇护，与科举官僚们存在对立。

为了增加运往关中的租米，裴耀卿提议改革漕运（733年）。在旧有漕运体系中，从江淮到洛阳的漕运是由江淮民众承担的，但因为不习惯驾船等导致往往迁延时月，有时还会出现租米被盗等问题。不仅如此，最大的问题是从洛阳到长安的运输。洛阳和陕州（今河南三门峡）之间有黄河的险滩（三门峡），其间法令规定执行陆运，因而运输的数量存在限制。

裴耀卿的改革就是增大陆运区间的运输量。他在黄河险滩的东西分别设立粮仓，其间黄河北岸开辟约九十千米的陆路用于运输。裴耀卿在任的三年间，运输量成功增加到七百万石，而陆上运输的费用节省三十万贯。裴耀卿的漕运方案只维持两三年就一度废止，但他的接班人在位时，有一百万石粮食运到都城，结果导致关中的谷物价格暴跌。

不可忽视的是，这样的漕运方法成为唐朝后期物流体系的范本。唐代的国内物流圈原本分成东西两大部分：一个是以都城长安作为中心，覆盖今天陕西、山西、四川、甘肃、宁夏的物流圈；另一个是以洛阳作为物流终点，涵盖现在河南、河北、江苏、湖北、湖南、江西、广东的物流圈。这两个物流圈基本是分离的，从洛阳到长安的物流通过陆路和河流勉强得以维持。裴耀卿的漕运改革，可以说就是对这种连接的强化和扩大。

还有一点值得留意，此次改革变更了运输的主力。开元年间，唐朝掌握的全国成年男子大约是八百万人，其中约一半是"正役"，在帝国各地参与物资输送（称为输丁），从洛阳到陕州的陆运也动员了输丁。然而随着逃户现象的出现，很难再次聚集大量的劳动力。于是裴耀卿提出，每人上交一百五十文代替"正役"，其中五十文用于设置谷仓等事务，一百文用于雇佣运输人员。开元时期，作为体力劳动的"正役"逐渐使用织物"庸"代纳。裴耀卿的漕运改革正是改变原有的"正役"，借助"庸"等代替财源，奠定了雇佣运输体制的基础。

随着江淮租米大量运往关中，虽然粮食不足问题得到消解，但又出现关中谷物价格暴跌的情况。当时的宰相牛仙客献策，由国家在关中和洛阳周边地区进行谷物收购（和籴）（737年）。如此一来，江淮的谷物不必运到长安就能够完成粮食筹措，唐朝朝廷也不必再为就食而赶赴洛阳。换言之，只靠都城圈就实现了财政的独立。不过，和籴只在丰收之年有效，不适用于灾荒时期。此后，唐朝将江淮漕运与关中和籴组合运用，以此谋划财政和军粮的调集。

弹压佛教

前面已经提到中宗时期卖官的情况，其实僧侣的度牒也有买卖，价格是官职的十分之一，也就是"钱三万"。他们的目的是逃避赋役负担，这也是王朝财政窘迫的原因之一。玄宗听从姚崇的意见，强令非正式的一万两千余僧尼（一说三万余）还俗，其间也包含了应对租税不足的侧面。

玄宗的佛教政策还不止于此，新建寺院、僧尼出入官员宅邸、民间买卖佛像经典，以及民间的传教行为全部遭到禁止，修复古旧的寺院需要得到官府的认可，同时对寺院拥有的庄园加以限制。在中国历史上，王朝弹压佛教的事件称作"三武一宗法难"，指的是北魏太武帝、北周武帝、唐武宗和五代后周世宗四人的毁佛行为。然而，玄宗的政策在规模和内容上都不逊色，称为弹压是完全合适的。

不过有趣的是，玄宗的佛教政策并非单纯的弹压，而是把佛教置于王朝的控制之下。玄宗亲自给儒家、道教、佛教的代表性经典添加注释，由此掌握宗教的主导权。佛教方面，玄宗对民间广泛流传的《金刚般若经》进行注释，后来这些御注被刻在全国各地的石碑上。

不仅如此，玄宗还在各州设立开元寺，将地方佛教集团置于监督之下，建立起全国范围的情报网络。过去武则天曾在全国诸州建大云寺，中宗复兴唐朝后又建中兴寺（后改为龙兴寺），玄宗对此加以效仿，六年后还制作了玄宗的等身金铜像安置在开元寺中。这些都反映出，玄宗的佛教政策并非弹压民众信仰本身，而是要利用这种信仰维护自己的统治。

玄宗利用佛教的姿态还不只是为了国内统治，他意识到曾祖父太宗曾经收集中亚和印度的情报，以图发扬国威。就在肃清佛教集团的过程中，玄宗将名为戌婆揭罗僧诃的印度僧人迎为国师，即将密教传入唐朝的善无畏[1]。玄宗想要的恐怕不只是善无畏手中的最新佛典，还有印度方面的各种情报。

善无畏传播的是7世纪后期印度西南地区形成的正纯密教，曾在洛阳翻译《大日经》，但他的密教中没有进行灌顶仪式和祭祀的迹象。善无畏之后，印度僧人跋日罗菩提通过海路来到唐朝传播密教，汉名是金刚智[2]。他在长安翻译密教经典，除了译出《金刚顶经》外，还进行了灌顶的仪式和密教的咒术。金刚智的弟子就是不空，他在师父去世后前往斯里兰卡和印度，带回许多密教典籍。于是密教得以更新，但据说不空的密教结合唐人的信仰进行了加工。总之，密教逐渐在唐朝社会中推广开来，而不空的密教集团也被纳入了唐朝政权之中。

---

[1] 善无畏（Śubhakara-simha，637~735）：出生于东印度乌荼国，刹帝利种姓。十三岁继承乌荼国王位，后出家向达磨掬多学习密法。开元四年（716）来到长安，传授以胎藏界为主的密法，是中国密教正式传授之始，故被称为"汉地密教初祖"。

[2] 金刚智（Vajrabodhi，669~741）：南印度摩赖耶人，国王伊舍那靺摩第三子。自幼出家，受戒于那烂陀寺，师从龙智上人。开元七年（719）进入洛阳，从事译经工作的同时广收门徒，与善无畏、弟子不空并称为"开元三大士"。

第三节 | 绚烂的天宝时代

李林甫登场

随着年号从开元改为天宝，玄宗对于政治的热情也逐渐消退。统治时间即将超过三十年，二十八岁即位的玄宗如今也已年近花甲。此时执中央政界之牛耳的是李林甫。

李林甫的曾祖父是高祖李渊的堂弟，虽然与唐朝皇室有关，但也只是旁系。李林甫凭借恩荫［父亲是五品以上官员时，其子给予九品以上（称为流内官）官员的资格］和关陇系宇文融的提拔在中央政界发迹，后来成为礼部尚书，被授予同中书门下三品而位列宰相（734年）。

关于李林甫能够爬上宰相的高位，后来流传过各种各样的谣言。比如，李林甫与宰相裴光庭的遗孀私通，依靠她的地位成为宰相。而裴光庭的遗孀是武三思的女儿，这正是唐代历史的有趣之处。也有人说，李林甫投靠玄宗宠爱的武惠妃，武惠妃强烈要求将自己所生的寿王李瑁立为太子，李林甫对此表示支持，于是得到了武惠妃的帮助。武惠妃和武则天是同族，《资治通鉴》的编著者司马光也认为，李林甫通过宦官和武则天一族的女性，特别是与武惠妃结成亲密关系，从而掌握了政界的权力。

不过，他能够成为宰相的理由不止于此。从李林甫的履历来看，他就任宰相本身就是妥当的，加上他的行政能力以及和关陇系的渊源，这些才是主要原因。李林甫担任宰相时，在任的宰相还有张九龄和裴耀卿，李林甫将与他们展开对决。

与张九龄对决

关陇系恩荫出身的李林甫厌恶科举出身的官僚，特别是与同为宰相的张九龄势同水火。早在玄宗打算让李林甫出任宰相时，张九龄就曾反对道："此人若为宰相，早晚是国家大患。"[1]

两者在人事上也陷入对立，比如朔方节度使牛仙客即将成为宰相的时候。此前，牛仙客担任河西节度使时，因其善于"节用度"，军需充实，武备精锐而功勋卓著，因此被玄宗提拔兼任尚书（六部长官）。

但是，张九龄对此坚决反对。牛仙客原本是县级的事务员（胥吏），凭借业务能力发迹。进士出身的张九龄说："我在朝廷的中枢机关长年负责起草诏敕，牛仙客不过是地方官衙的小吏，哪里懂得什么文字？"[2]断言牛仙客无法胜任宰相之位。当时支持牛仙客的就是李林甫。

无论是没有家庭背景的科举出身官僚，还是与唐朝皇室同等出身的关陇系伙伴，玄宗都可以平衡地任命为宰相，交由他们处理政务。但是，自恃诗文才华的科举官僚对此感到不满，其间决定性的事件就是皇太子的废立。

---

[1]语出《资治通鉴·唐纪三十》，原文为："（张）九龄对曰：'宰相系国安危，陛下相林甫，臣恐异日为庙社之忧。'"

[2]语出《新唐书·张九龄传》，原文为："（张）九龄顿首曰：'臣荒陬孤生，陛下过听，以文学用臣。仙客擢胥史，目不知书。'"

得到玄宗宠爱的武惠妃无论如何都想把自己的孩子立为皇太子，而当时的皇太子是张丽妃所生的李瑛。有一次，李瑛曾表达不满，不想被武惠妃抓住话柄，添油加醋地告到玄宗那里，结果发展到了废太子的地步。玄宗找来宰相们商量，张九龄援引故事表示反对，玄宗不悦。另一方面，武惠妃悄悄派宦官前往张九龄处，企图拉拢张九龄支持自己。张九龄赶走使者后立刻向玄宗报告，玄宗也动摇了心意，于是废太子之事就此作罢。然而，李林甫日夜向玄宗谗害张九龄，玄宗也对张九龄陈腐的谏言感到厌烦。

这样的事情日积月累，张九龄终于和裴耀卿一起被罢免了宰相之位。此后，玄宗一朝再没有科举出身者位列宰相，朝廷官员也选择明哲保身，不再向玄宗直言进谏。

张九龄离开后，李林甫对于才能和声望高于自己的人、皇帝器重的人、势力威胁到自己的人，都会用尽手段加以排挤，从而维持自身的权势。表面上待人友善，背地里却想尽办法陷害，世人评价李林甫是"口有蜜，腹有剑"[1]。

高力士暗中活跃

不过并非所有事情都像李林甫计划的那样，拥立新皇太子就是其中之一。张九龄离开朝廷后的第二年，李林甫指使心腹上奏皇太子李瑛有"异谋"。这完全没有根据，但玄宗还是将李瑛贬为庶人后赐死。借此机会，早与武惠妃串通的李林甫推荐寿王李瑁为皇太

---

[1] 语出《资治通鉴·唐纪三十一》。

子，但玄宗迟迟不给答复。在玄宗看来，第三子忠王李玙（后来的肃宗）更为年长，学问也好，想要立他为皇太子。玄宗难以决断，甚至因为忧虑过度而到了日不能食、夜不能寐的地步。

身边侍奉的宦官高力士向玄宗询问缘由，玄宗说道："你是我家的老奴（一直跟随身边的仆人）了，不如猜猜我的想法。"高力士回答："恐怕是郎君的人选迟迟没有定下来吧？"玄宗点头道："正是这样。"高力士接着说："何至于如此忧劳圣心呢，只要立长子不就好了吗？"玄宗说："没错，正是啊！"当即决定立忠王为皇太子。[1]李绍（李玙改名）成为皇太子后，将高力士称为"二兄"，其他王和公主则称高力士为"阿翁"。顺带一提，李绍的母亲是杨氏，和武则天之母同族。武惠妃也好，杨氏也好，玄宗时期的皇室依然与武则天一族保持婚姻关系，这一点意味深长。

根据墓志（1995年发现）记载，高力士比玄宗小五岁（《新唐书·高力士传》中则是大一岁），是唐朝南陲的潘州出身（今广东高州）。高力士本姓冯，武则天时期从岭南作为宦官献给中央，后来成为宦官高延福的养子，所以改姓高氏。他身高两米以上，性格谨慎稳重，精通有关政治的各种事务。因此，尽管一度因为小错遭到驱逐，但很快得到武则天的重用。此后，从玄宗还是临淄王的时候开始，高力士就一直追随左右，后来在推翻太平公主的政变中立功，不仅担任统辖内侍省的职务，还被授予右监门将军。这个军职

---

[1] 语出《资治通鉴·唐纪三十》，原文为："高力士乘间请其故，上曰：'汝，我家老奴，岂不能揣我意！'力士曰：'得非以郎君未定邪？'上曰：'然。'对曰：'大家何必如此虚劳圣心，但推长而立，谁敢复争！'上曰：'汝言是也！汝言是也！'由是遂定。"

为从三品官，在唐代宦官历史上可谓划时代的事件。

宦官是失去男性生殖功能之人，他们没有性欲，却对权力和金钱等有着强烈的执念。他们日夜在皇帝身边侍奉，起到将王朝的最高机密口头传达给宰相的作用。因此，宦官有时会作为皇帝的亲信占据重要的地位。

比如汉和唐，还有后来的明代，都是宦官活跃的时代。不过在唐代，除了李重俊政变未遂之际活跃的杨思勖外，玄宗以前的历史中宦官并没有突出的表现。唐朝最初限制宦官插手政治，故而其部门内侍省的长官（内侍）为从四品上。唐朝的宰相是三品官，内侍的品阶低于宰相。

然而，高力士事实上获得了三品官的待遇，可以说唐代宦官的活跃就是由此刻开始的。天宝末年新设作为内侍省长官的内侍监（正三品），宦官的顶点成了名副其实的三品官。就这样，唐朝后期宦官成为宰相的道路打开了。

任用"蕃将"

虽然没有了科举出身的宰相，但这回成为宰相的是与李林甫同为皇室后裔的李适之。李适之是太宗长子、以"奇行"著称的李承乾之孙，血缘上比李林甫更加接近玄宗。对于希望独掌权势的李林甫而言，这是不可接受的。于是，他首先给李适之设下圈套，让他失去玄宗的信任；然后给李适之的同伴罗织罪名，以连坐的方式将李适之贬为地方官。李适之害怕贬官后还会遭到李林甫的陷害，在当地服毒自尽了。

李适之在担任宰相前曾是幽州节度使。从开元到天宝初年，不单是李适之，文官的晋升道路之一就是经过地方节度使进入中央政界，然后成为宰相。玄宗在位期间共有二十五名宰相，其中十人都曾担任过节度使。李林甫为了排挤李适之，将权力掌握在自己一人手中，试图关闭这条文官经由节度使晋升宰相的道路。于是他向玄宗上奏，任用"寒族（不是门阀出身者）"和"蕃人"更为妥当。

上奏的同一年（747年），粟特系武将安思顺（安禄山的堂弟）就任河西节度使，突厥系突骑施[1]人哥舒翰成为陇右节度使，高句丽人高仙芝成为安西节度使。安禄山在七年前已经是平卢节度使，三年前兼任范阳节度使（范阳是幽州的郡名）。这一时期的唐朝从东北到西域，最重要军区的节度使都被"蕃将"占据。此后虽有职位调动和兼任，但总体状态一直延续到"安史之乱"。

国防的重组

节度使从文官变为武将，特别是任用"蕃将"，这与当时西方吐蕃帝国势力扩张、蒙古高原上回鹘帝国诞生、东北地区奚和契丹横行等状况是相对应的。如前文所说，8世纪初期，唐朝在边境地带镇和戍的基础上新设了军镇，这些军镇都有各自的指挥官，指挥系统是分散的。唐朝将这些军镇分成几个地区，指挥系统加以统

---

[1] 突骑施：古代西北地区的游牧民族，隋唐之际属西突厥汗国。唐朝平定西突厥后，突骑施部在碎叶城一带游牧。唐中宗时逐渐兴起，多次向唐朝遣使并接受册封，奠定了突骑施汗国的基础。

一，创造出新的军区，而这些军区的最高指挥官就是节度使。

在通说中，最早是睿宗时期在河西走廊设立河西节度使［会府在凉州（今甘肃武威），包含节度使等所建厅舍（使府）的州称为会府］（710年）。其后，在连接唐朝与吐蕃的道路上设置了陇右节度使［会府在鄯州（今青海海东市乐都区）］。这两名节度使构成一个军事指挥系统，用以牵制吐蕃帝国。

唐朝东北方面最大的威胁是奚和契丹，因此在唐朝与蒙古高原、东北地区的交界处设立了范阳节度使［会府在幽州（今北京）］，配备九万人以上的兵力、六千头以上的军马，是十大节度使中规模最大的。还有以控制室韦和靺鞨为名设立的平卢节度使［会府在营州（今辽宁朝阳）］，其实和范阳节度使属于同一军事指挥系统，用于扼制奚和契丹。

以上东西两大军区之间是朔方节度使［会府在灵州（今宁夏吴忠）］和河东节度使［会府在并州（今山西太原）］。这两处节度使设置在突厥入侵的道路上，本应互相配合抵御突厥。然而阿波干可汗死后，唐朝和突厥的关系变得比较和睦，于是原本的防御作用无法充分发挥，不如说是要选择加入西方的河西节度使系统，还是东方的范阳节度使系统。"安史之乱"时，范阳、平卢、河东构成安禄山的军团，河西、陇右、朔方是唐朝的军队，两者的对立就是其反映。

除此之外，唐朝与西方多条贸易道路通过的"西域"塔里木盆地有安西节度使（会府在龟兹，后来在西州），天山北麓有北庭节度使（会府在庭州），西南有剑南节度使［会府在益州（今四川成都）］，南方有岭南五府经略使［会府在广州（今广东广州）］。

杨贵妃与杨国忠

封禁对手的李林甫在宰相位子上待了十九年，最终死于任上。这样漫长的任期是非常特殊的，一直保有宰相之位也值得大书特书。然而就在去世之后，他的官爵遭到褫夺，尚未埋葬的灵柩被重新打开，剥去衣服后才作为庶民得以下葬。

接下来担任宰相的是杨国忠。他能够进入政界，与同族的杨贵妃有着密不可分的关系。杨贵妃作为玄宗晚年的伴侣而著名，她原本是玄宗宠爱的武惠妃之子寿王李瑁的妃子，有人将她的美貌告诉了失去武惠妃后悲叹度日的玄宗，玄宗召来看后，果然十分中意。但她终究是儿子的妃子，于是先作为女冠（女道士）进入道观，赐名杨太真，等议论平息后再正式封为贵妃（745年）。

高宗也好，玄宗也好，在后世掌握儒学教养的知识分子看来，他们的做法自然是值得非难的，但当时的宫廷中却有着容许这类事情的氛围。

因为唐朝原本就是游牧民出身者建立的王朝，这样的指摘不仅见于内亚史学者，中国史学者中也并不少见。在游牧民族里，自己的亲兄弟去世后，迎娶遗孀是一种相互扶助的习俗（利未婚[1]）。事实还不止是这样。从武三思和李林甫的例子可以看到，他们甚至能对别人的妻子乃至后宫女性下手，对于性的态度似乎过于开放。

---

[1] 利未婚（levirate marriage）：也称收继婚、转房婚，指女性在丈夫去世后嫁给其兄弟的行为、习俗或法律，广义上也包括改嫁给夫家的其他男性。

这究竟是当时风俗，还是受到游牧世界的影响，抑或是宫廷政治风波中的一种求生手段，目前还没有定论。但可以确定的是，这种人性的欲望正是唐朝前期历史的有趣之处。

闲话少提，天宝年间的玄宗给人以沉迷于杨贵妃的印象，玄宗巡幸华清宫（今陕西西安市临潼区）的时长也证明了这一点。华清宫是长安都城东方的离宫，那里有温泉涌出，原本称为"温汤"，太宗、高宗、中宗都曾经前往疗养。高宗时期成为温泉宫，玄宗天宝时期成为华清宫。20世纪后期经过十五次发掘，离宫的遗迹和唐朝皇帝沐浴的石制浴池都已发现。

玄宗从即位之初就几乎每年造访此地，例外的只有待在洛阳的那几年。开元时期一般是冬天在此停留一到两周的程度，但从开元末年到天宝时期，时间一下子变长了，停留期间达到一至三个月，这与认识杨贵妃的时间刚好吻合。

利用玄宗对杨贵妃的宠爱，同族的杨国忠开始崛起。杨国忠本名杨钊，他的舅舅就是武则天宠爱的张易之。年轻时候的杨国忠是个酒色财气之徒，令同族之人嗤之以鼻。他曾在四川服兵役，充当县里的小吏，后来因为意想不到的机遇得到剑南节度使的知遇，负责四川与长安之间的联络。他充分发挥赌博的才能，加上精于算计，逐渐做到了户部的度支郎中，那是总领国家财政会计部门的长官。同时，他还兼任着十五个使职，因为让国库中的货币堆积如山而获得玄宗的赏识。

杨国忠原本在李林甫之下，后来两人对立。李林甫死后，杨国忠作为宰相掌控政界。不过，杨国忠和安禄山关系恶劣，一有机会就向玄宗诋毁安禄山。在传统的史观中，两者的恩怨也是"安史之乱"的原因之一。

道教信仰

玄宗逃避政治的原因不只是沉迷于杨贵妃，他的道教兴趣也是其中之一。道教又称"玄教"，道教的学问称为"玄学"。玄宗这个庙号也说明他是一位热心的道教信徒。

如第一章中所说，唐朝是优待道教的。唐朝皇室姓"李"，作为道教祖师的老子本名"李耳"，不仅如此，隋唐革命时道教（茅山派）为李渊做出了重要贡献。太宗曾经下诏"道先佛后"，高宗亲自前往亳州真源县（今河南鹿邑）的老君庙，给老子追号太上玄元皇帝。可以说，唐朝将道教利用为帝国统治的原理。发动武周革命的武则天曾经优待佛教，而意图抹去周王朝色彩的玄宗从开元中期开始逐渐热衷于道教。

玄宗首先在五岳设置老君庙（真君祠），然后下令每家供奉《老子》，在科举科目中追加"老子策"。接着，他下令在长安、洛阳以至全国各州建立祭祀老子的玄元皇帝庙，甚至亲自为《老子》（《道德经》）作注，继而颁发全国。各地设立的玄元皇帝庙，后来成了玄元皇帝宫。长安的玄元皇帝宫称为太清宫，位于长安城内西北的大宁坊中。这样的道教优待政策，也给长安的都市构造和王朝礼仪带来了变化。

如第二章所说，王朝礼仪是将儒家的王权论可视化。在隋朝至唐初整备的王朝礼仪中，最重要的就是在长安城南郊祭祀儒家的最高神。当时利用的是贯通长安南北的中心轴线，也就是连接最北位置（太极殿）和长安外郭城南方正门（明德门）的朱雀大街。但到了玄宗时期，政治舞台已经不在宫城（西内），而是转移到了大明宫（东内），以及玄宗即位前居住地改建的兴庆宫（南内）。

大明宫位于长安外郭城东北外的高台上，原本是太宗为退位后的高祖而建，但高祖在竣工前就去世了。此后，宫城的太极殿因为地势低洼而湿气弥漫，病弱的高宗无法居住，于是转移到大明宫（高宗时期称为蓬莱宫）。玄宗时期，大明宫成为政治中枢，也是南郊祭天仪式的出发点。礼仪的路线更改为，经过大明宫以南大宁坊中祭祀老子的太清宫，然后前往南郊的圜丘。

于是，原本以多元价值观彰显帝国统治正当性的王朝礼仪中加入了道教的因素，开始强调唐朝皇室这一私属的层面。此前沿着子午线在地面上的投影（即南北轴线），依据都城对称设计而进行的王朝礼仪走向崩溃。随着唐朝皇室对道教崇尚程度的不断上升，王朝礼仪的意义也在发生变化。

第四节 | 暴风雨前夜

粟特系突厥的"叛乱"

让我们把话题回溯到玄宗即位后的第九年，长安北方鄂尔多斯南部边缘的兰池州（兰池都督府，原六胡州）发生了事件。当地民众苦于赋役，终于发起"叛乱"。首倡者名叫康待宾，他的同伴有安慕容、何黑奴、石神奴、康铁头等，都带有粟特的姓氏。另一方面，康待宾自称"叶护"，那是突厥的称号。由此可见，他不是普通的粟特人，而是受到突厥影响的突厥系粟特人。

兰池州（六胡州）之地盛行养马，唐朝在当地建有官营牧场（兰池监）。第一章介绍固原史氏时已经提到，通常给人商贾印象的粟特人也与牧马有关。不仅如此，玄武门之变时跟随李世民的武威安元寿一族也从事军马饲养和贸易，六胡州的居民大概也从事着同样的生业。不过固原史氏和武威安氏也有不同之处，前者是站在受唐朝驱使的立场上，后者则在突厥的影响下半骑马游牧民化了，令他们感到困苦的赋役大概也与牧马有关。

根据《资治通鉴》记载，当时的叛民多达七万人，而且康待宾还与鄂尔多斯上吐蕃系的党项族联手，将叛乱规模进一步扩大。唐朝派遣张说前往镇压，康待宾三个月后被捕，在长安西市被处死。

但是，残余的火苗并没有熄灭，自称"可汗"的康愿子继续"叛乱"，第二年也遭到镇压。作为后续处理，超过五万六州胡被迫从鄂尔多斯移居到今天河南的南部。这是非常大胆的徙民政策，它也许意味着长安北方治安的强化，但结果却是在河南南部注入了骑马游牧民的因素，其影响在唐朝后期逐渐显现出来。迁往河南的六州胡后来又重新回到鄂尔多斯，但此后的他们变得更具流动性，其一部分被安禄山吸收。

回鹘帝国的诞生

正当玄宗的政治热情消退时，蒙古草原上发生了一件大事，准确地说是一场革命。那就是突厥第二帝国的灭亡和回鹘帝国的诞生。

在突厥，侍奉毗伽可汗的顾命大臣暾欲谷和毗伽可汗之弟去世，三年后，毗伽可汗被大臣毒杀。此后突厥陷入混乱，围绕可汗之位纷争不断。其间，突厥系的回鹘部落、拔悉密部族、葛逻禄部族联军击败突厥可汗（742年），拔悉密的族长被拥立为新可汗，突厥也另立可汗与之斗争。

结果，突厥的新汗被杀害，拔悉密也被回鹘和葛逻禄联军打败，最终由回鹘的族长骨力裴罗即位，号称阙毗伽可汗。这就是回鹘帝国的诞生（744年）。

蒙古高原上的这场革命引发了大规模的人员流动，突厥的阿史那氏一族与跟从他们的突厥将军一起向唐朝"亡命"。在唐朝史料中，玄宗曾在长安的宫殿里为突厥亡命者举办宴会。突厥亡命集团由突厥权贵和跟随他们的骑马游牧集团构成，具有很强的骑马军事力量。

比如其中有位突厥系将军名叫康阿义屈达干，范阳节度使安禄山想把他和麾下的粟特系突厥集团整个收入囊中，从而加强军备实力。顺带一说，康阿义屈达干的事迹是通过唐代政治家、著名书法家颜真卿撰写的《康阿义屈达干神道碑》流传后世的。

还有突厥系同罗部的首领，也是突厥第二帝国西叶护的阿布思将军，唐朝授予他李献忠的名字，封为朔方节度副使，将同罗集团间接纳入统治之下。唐朝每年优待这些军团大量的绢织物，利用他们的军事力量与吐蕃作战。安禄山也盯上了阿布思的军事力量，上奏请求将阿布思纳入自己的帐下，厌恶安禄山的阿布思逃回蒙古高原北部。最终，阿布思被捕处刑，他的同罗集团被安禄山吸收。史书记载，"安禄山的精兵天下无人可敌"[1]。

与阿拔斯王朝的冲突

"安史之乱"爆发前夕，帝国的西陲也发生了大事，君临东欧亚的唐朝和兴起于西亚的伊斯兰帝国阿拔斯王朝[2]发生冲突。两者冲突的地点在怛罗斯河（今哈萨克斯坦与乌兹别克斯坦边界）附近，以前是西突厥的根据地。玄宗初年，突厥系的突骑施接替西突厥发展势力，在苏禄在位时达到鼎盛。

8世纪前期苏禄被杀后，突骑施分成两个集团纷争不断。唐朝趁此时机试图重新建立统治，此时出来阻挠的就是索格底亚那绿洲国家石国（赭时）。唐朝支持的集团与石国援助的集团相敌对，于是唐朝出兵讨伐石国。当时作为唐朝军队最高指挥官出场的就是高句丽人、安西节度使高仙芝。

---

[1] 语出《资治通鉴·唐纪三十二》，原文为："由是，禄山精兵，天下莫及。"

[2] 阿拔斯王朝（750～1258）：阿拉伯帝国的第二个世袭制王朝，古代中国史籍中称之为黑衣大食。由哈希姆家族的首领艾布·阿拔斯在击溃倭马亚王朝军队后建立，定都巴格达，后于1258年被蒙古旭烈兀西征军所灭。在该王朝统治时期，中世纪的伊斯兰教世界达到极盛。

　　高仙芝的祖先何时来到唐朝，这一点并不清楚，不过他的父亲已经作为军人就职于唐朝。高仙芝善于骑射，作为军人活跃于西域。8世纪前期，吐蕃帝国屡次进犯帕米尔地区，臣属唐朝的小勃律国（今巴基斯坦吉尔吉特）也被吐蕃纳入统治之下。高仙芝讨伐吐蕃，成功使小勃律国重新臣服于唐朝，唐朝在帕米尔地区的统治得以安定。凭借这一功绩，高仙芝晋升安西节度使。

　　高仙芝讨伐石国，俘虏其国王并押往长安。按照惯例，背叛唐朝的国王或首长还是会被大赦，但石国王却遭到斩首。于是，索格底亚那的绿洲国家一起反叛，并向刚推翻倭马亚王朝的阿拔斯王朝求助，与唐朝摆出决战的架势。高仙芝再次率领大军，进攻石国势力盘踞的怛罗斯河西岸（怛罗斯城），继而与前来救援的阿拔斯王朝军交战。由于突厥系葛逻禄部族阵前倒戈，唐朝军队大败。

　　唐朝的战后处理令人费解。高仙芝不仅没有因为战败而受到处罚，返回长安后还成了南衙禁军的将军。在我们今天看来，怛罗斯之战是8世纪中期君临欧亚大陆东西两大势力的正面碰撞，也是世界历史上的重大事件。然而唐朝也好，阿拔斯王朝也好，似乎都没有彼此视若仇雠，把此次冲突看作争夺欧亚霸权的一次决战。

　　此次战争中被阿拔斯军俘虏的唐朝士兵里，有人掌握造纸术。据说以此为契机，造纸术传播到撒马尔罕，进而向西方传播。当然也有不同说法，认为在此之前造纸术就已经传到了撒马尔罕。

　　阿拔斯军的俘虏中还有个叫杜环的人，十多年后乘船回到广州。他曾把其间的经历记录下来，可惜如今已经散佚，只有一部分留在族叔杜佑编纂的《通典》（记录唐朝天宝年间以前中国历代王朝政治制度的沿革）中。不过，8世纪后期玄宗的曾孙德宗年间，宦官杨良瑶从海路前往阿拔斯王朝时，据说杜环的记录起到重要的参考作用。

阿拔斯王朝和唐朝的冲突告一段落，但阿拔斯王朝的建立带来了人员的流动。此后以"安史之乱"爆发为契机，他们向东翻越帕米尔高原，朝着唐朝境内涌来。

唐─東ユーラシアの大帝国

第四章

帝国的变迁

八世纪后期到九世纪前期

第一节 ｜ "安史之乱"

安禄山

中国历史上发生过多次"叛乱","安史之乱"可以说是最著名的事件之一。玄宗皇帝和杨贵妃的爱情故事以悲剧收场，罪魁祸首就是安禄山。白乐天咏叹这一事件的《长恨歌》早在平安时代[1]就已经被日本知识阶层熟知，近代以后的历史学家也以此作为分水岭，着眼于中国社会结构与当时整个东欧亚"国际关系"的演变。

据说安禄山是"营州柳城杂种胡人"（《旧唐书·安禄山传》），有人因此主张安禄山是营州出身，但这是不对的。当时的汉人往往自称本籍地和姓氏，由此展示自己的认同。安禄山虽然不是汉人，但在唐朝活动后效仿这一习俗，将与自己相关的营州假托为本籍地。实际上，安禄山生于阿波干时代的突厥第二帝国，出生地恐怕在蒙古高原南部。

安禄山的母亲是突厥名族阿史德氏族出身，也是一名萨满女巫。阿史德氏族是可敦辈出的权贵氏族，与阿史那氏族共同构成

---

[1] 平安时代：从日本桓武天皇迁都平安京（京都）开始，到源赖朝建立镰仓幕府为止，即794～1192年。

突厥的核心。如第二章中所说，突厥第二帝国形成以前，突厥人发动过三次独立运动，这些可以说都是由阿史德氏族主导的。也就是说，阿史德氏族的力量在突厥第二帝国中起到了非常重要的作用。

另一方面，作为游牧民的突厥人信仰萨满教，安禄山是萨满女巫之子，可以说继承了母亲的宗教性权威。换言之，作为阿史德后裔的安禄山在突厥中是兼具"俗"权力和"圣"权威的特殊存在。这一点在他日后纠集突厥遗民、对唐朝发起"独立运动"时，发挥了很大作用。

安禄山十四岁时从突厥亡命唐朝，可能是卷入了阿波干可汗死后围绕汗位的突厥内部纷争。亡命后的二十年间他做了什么，这一点并不清楚，可能到过河西一带。他还精通"六蕃语"或"九蕃语"，在外国商人和唐朝商人间充当中介（互市牙郎）。这和安禄山继承了粟特人的血统有很大关系。安禄山的父亲是粟特人康某（名字不详），安这个姓氏来自母亲的再婚对象，他们都是突厥第二帝国中的粟特系突厥人。正因为继承了粟特人的血统，拥有语言和商业上的才干，安禄山得以作为互市牙郎而活跃。

开元年间（713~741）后期，安禄山在营州作为军人开始崭露头角，此后他的经历才逐渐清晰起来。安禄山投奔幽州节度使张守珪，作为平卢军（营州军镇）军人在讨伐契丹和奚时立下战功。除了军功之外，安禄山还把朝廷的动向纳入视野从中周旋。

比如天子的使者前来营州视察，安禄山殷勤招待，送出巨额的贿赂。使者回到长安后，对安禄山赞不绝口，玄宗也开始注意到安禄山。这样的周旋终于起到效果，安禄山被任命为平卢节度使，掌

握了唐朝东北地区的军政（742年）。当时年号刚改为天宝，安禄山
四十岁。

恩宠与发迹

成为平卢节度使第二年，安禄山入朝谒见玄宗，两年后又兼任
范阳节度使。在起兵之前，安禄山曾多次入朝觐见，借机取悦
玄宗。

有一次，玄宗见安禄山的肚子一直垂到膝盖上，于是问道：
"你的肚子为什么这么大？"玄宗或许是怀疑安禄山"肚子里有二
心"，结果安禄山回答道："唯有一颗对陛下的忠心。"玄宗疑心顿
消，这是反映安禄山头脑灵活的故事。[1]安禄山的体重达到300斤
（约198千克）或330斤（约218千克），但他却擅长名为"胡旋舞"
的粟特舞蹈。这种舞蹈需要单脚站在很小的垫子上，以飞快的速度
从右向左旋转。

安禄山也掌握后宫的情报，开始接近玄宗宠爱的杨贵妃。他利
用玄宗对自己的宠信，提出想当杨贵妃的养子。得到允许后，安禄
山在谒见之时就撇开玄宗，直接拜见杨贵妃。面对玄宗的质疑，安
禄山回答道："蕃人都是先拜见母亲，再拜见父亲的。"[2]带有这样

---

[1]语出《开天传信记》，原文为："（安）禄山丰肥大腹，上尝问曰：'此胡腹中何物，
其大如是？'禄山寻声应曰：'腹中更无他物，唯赤心尔。'上以言诚而益亲善之。"

[2]语出《开天传信记》：原文为："（安）禄山每就坐，不拜上而拜妃。上顾问：'此胡
不拜我而拜妃子，意何在也？'禄山奏曰：'胡家即知有母，不知有父故也。'上笑而
舍之。"此处文意上略有出入。

诙谐一面的安禄山越发得到玄宗的宠信，凭借这样的宠信维持着自己的地位。

玄宗的宠信越是深厚，安禄山一旦失宠就会丧失全部的地位。朝廷中支持安禄山的宰相李林甫去世后，杨国忠就任宰相，形势变得越发不利起来。杨国忠非常厌恶安禄山，利用一切机会向玄宗进谗，说安禄山迟早都会谋反。安禄山担心被剥夺节度使的地位，决心自己成为皇帝，于是发动了叛乱。这就是一直以来的观点。

背景

将"安史之乱"事件称为"叛乱"，这是站在胜利者唐朝的立场上。为了不让读者受到胜利者价值观的影响，本书加上了引号。那么从安禄山的角度来看，这又是怎样的事件呢？我认为，该事件的本质之一就是安禄山和他周边的各种集团都试图从唐朝独立出来。

安禄山以包括幽州在内的河北地区作为据点，在南北朝时代到唐代的中国史中，这里都是特别的地区。唐朝建国约八十年前，北魏分裂成东魏和西魏时，河北属于东魏，后来在北齐的统治之下。随后的历史是北周灭亡北齐，然后北周变成隋，隋又变成了唐。换言之，河北是被北周、隋、唐这些兴起于关中的势力统治和歧视的地区。

因此，河北地区有时会出现大规模的反关中运动。比如隋末的窦建德在河北南部建立独立王国，武则天依靠山东（包括河北）势力完成革命。安禄山也利用了河北民众的反关中情绪，进而发动叛乱。关于这一点，有观点认为是河北民众利用安禄山引导了"叛乱"，但是"安史之乱"中河北也有抵抗安禄山军的集团，所以这种观点不能说完全正确。

也有学者从种族和文化对立来理解河北与关中的地域对立。8世纪前期有众多非汉民族移居河北，东汉以来作为中国古典文化中心地区之一的河北逐渐"胡化（非中国化）"。相反，一直处于中国古典文化圈边缘的关中长安，逐渐成了传统中国汉字、儒家文化的中心地。在这样情况下发生的"安史之乱"，实际是"胡"和"汉"之间种族和文化的对立。

安禄山的军队确实包含了许多游牧系和狩猎系的民族集团，但如果把他们统称为"胡"的话，就会忽视安禄山军队的多样性。聚集在安禄山周围的人们，既有来自中亚的粟特系和突厥系佣兵，被回鹘灭亡后的突厥王族、将军和部族民，也有粟特的突厥武将，奚和契丹的首领及其部族民，还有粟特商人。

这些出身各异的人群都聚集到东欧亚东端的幽州，这与8世纪中期的国际形势有着深刻关联。伊斯兰势力进入中亚，促使粟特人向东方移动；蒙古高原上突厥第二帝国灭亡，大量突厥遗民流入唐朝的北方。不仅如此，突厥统治下蒙古高原东部的奚和契丹也是流动性的，投奔幽州安禄山者不在少数。

但是，他们不是漫无目的地聚集在安禄山周围的。以粟特商人为例，具体包括居住在幽州的商人和为了交易远道而来的商人，他们也许是想要摆脱唐朝的统制自由贸易，并把这样的希望寄托在了同为粟特后裔的安禄山身上。

突厥的王族和将军矢志复兴被回鹘灭亡的故国，于是投靠了具有实力又是阿史德后人的安禄山。长期处在唐朝统治下的奚和契丹首领，与安禄山结成婚姻关系或养父子关系，把这看作希望彻底脱离唐朝的统治，恐怕不是过度想象吧？总之，安禄山发动的"叛乱"是一场"独立运动"，这不单是他个人的想法，与周边的环境也有着深刻的关联。以上观点在探索动乱本质时是一种重要的视角。

安禄山起兵

安禄山通过长安的进奏院这一派出机关获得情报，他感到自己与杨国忠的对立日益尖锐。终于，安禄山以讨伐杨国忠为名，在幽州起兵了（755年）。

安禄山一口气南下河北平原，攻陷了洛阳。他在此自称皇帝，改元圣武。这就是"大燕帝国"的诞生。唐朝起用安西节度使高仙芝出战，但没有取得战果，接着河西、陇右节度使哥舒翰进入长安以东的潼关。哥舒翰麾下的突厥系蕃兵也被动员起来，意图阻挡安禄山军前进，然而安禄山军势不可挡，很快就攻下了潼关（图9）。

两天后，军报传来，长安陷入混乱，朝廷百官只剩下十之一二。玄宗下达亲征的旨意，但是谁也不相信。事实上，玄宗和杨贵妃早已逃离长安。然而，离开都城守卫玄宗一行的禁军士兵们忍饥挨饿、疲惫不堪，不满的情绪也在不断积累。到达长安以西的马嵬驿（今陕西兴平）时，不满终于爆发了。他们先杀死杨国忠，继而把矛头指向杨贵妃。玄宗想要安抚士兵的情绪，但又束手无策，只

图9 "安史之乱"

能把一切交托给高力士。高力士把杨贵妃骗到附近的佛堂，在那里
将她缢死。杨贵妃当年三十八岁，尸体被埋葬在马嵬驿西侧的驿道
边。玄宗在悲伤之中逃到了四川。

另一方面，皇太子（李绍，改名为李亨）与玄宗分别后赶往灵
武〔灵州的郡名，玄宗天宝元年（742）改州为郡，肃宗乾元元年
（758）又重新改回〕，在此建立了朔方节度使，交由名将郭子仪指
挥。因为职务关系，皇太子曾经和他有过一些交集。接着，皇太子
未经玄宗许可在当地即位称帝，遥尊玄宗为上皇天帝，改元至德
（756~758），根据庙号称为肃宗（756~762年在位）。于是，唐朝
开始着手镇压"叛乱"军。

唐朝的反击

当时，安禄山起兵的消息也很快传到国外。8世纪中期，粟特人在东欧亚织起了一张情报网络。通过这张网，各种信息以现代人难以想象的速度迅速传播着。第二年八月，获得这一情报的吐蕃帝国和回鹘帝国陆续向唐朝派出使者，申请参与救援。顺带一提，安禄山起兵的消息传入日本是在"叛乱"爆发的三年以后，也就是遣渤海使和渤海使者一同回国的时候。[1]

肃宗认为，仅凭唐朝能够动员的军队很难镇压"叛乱"，但吐蕃帝国从玄宗时代就多次想要染指唐朝的领地，因而不可信。于是，他选择向回鹘帝国寻求援助，派遣皇族的敦煌王李承宷（高宗曾孙，章怀太子李贤之孙）和突厥系武将仆固怀恩作为使者。同时，肃宗还呼吁西域方面加入唐军。唐朝军队中加入回鹘和"南蛮""大食"的士兵，形成号称蕃汉十五万乃至二十万的势力。肃宗任命长子广平王李俶（后来的代宗）为讨伐军总司令员（天下兵马大元帅），与郭子仪一起开始反击。

参加者中还有代表阿拉伯的"大食"，这点意味深长。这一时期阿拔斯王朝已经形成，乍看之下似乎是阿拔斯王朝的哈里发送来了援军。如果是这样，尽管曾在怛罗斯河畔的战斗中兵戎相见，但当东方大帝国面临危机的时候，西方大帝国还是会伸出援手，这真是世界史上值得记录的事件。然而事实并非如此，这里的"大食"

---

[1] 出自《续日本纪》天平宝字二年（758）十二月戊申（十日）条。

是指呼罗珊（今伊朗东北部到阿富汗西北部）的阿拉伯士兵。这些阿拉伯士兵是被称为古拉特（过激派）的反阿拔斯势力，遭到阿拔斯王朝的镇压，从呼罗珊进入到索格底亚那。这支势力响应唐肃宗的呼吁，向东翻越帕米尔高原前来加入唐朝军队。

不只是阿拉伯士兵，中亚的粟特人和吐火罗人也参加了唐朝军。其中还有西利亚教会（此前称为聂斯托利派）的基督教信徒，其数量不在少数。肃宗在灵武等五个郡建立大秦寺（基督教会），也是为了讨好基督教士兵。郭子仪的麾下有一位朔方节度副使名叫伊斯（Yazdbozid），他也是基督徒。后来在德宗时代，长安的大秦寺内建立起"大秦景教流行中国碑"（781年），伊斯就是大施主。

借助不空的密教教团网络，以肃宗为首的唐朝朝廷得知了安禄山军占领长安的情报。如前文所说，不空的密教是结合唐朝国情进行过加工的，其中之一就是强调咒术的力量。不空与皇太子时代的肃宗有过交往，"安史之乱"中唐朝皇室逃出长安后，不空一直待在都城，通过咒术祈祷镇护国家。不空派遣他的弟子跟随肃宗前往灵武，从事镇护祈祷，自己则从长安传递出安禄山军的情报。事件平息后，密教得以兴盛，其背景中还有这样的故事。

与"大燕帝国"的攻防

正当唐朝做好反击的态势时，"大燕帝国"中安禄山被他的儿子安庆绪暗杀了。以此为契机，安禄山的盟友、在建立"大燕帝国"时做出重要贡献的史思明脱离安庆绪独立。史思明也是继承粟特人和突厥人血脉的粟特系突厥，但他的来历比安禄山更加模糊。

"叛乱"军并非铁板一块，这对于唐朝非常有利。唐朝与回鹘援军一起击败安庆绪军夺回长安，又一鼓作气成功收复了洛阳（757年）。当时，唐朝除了给回鹘赠送礼品外，还约定每年提供两万匹（一匹长11.792米、宽0.53米，两万匹就是长235.84千米）丝绢。第二年，肃宗在回鹘的请求下，将亲生女儿作为宁国公主，嫁给回鹘帝国第二代的磨延啜可汗。肃宗将女儿送到长安北郊，宁国公主哭着说："国家之事重大，女儿虽死无怨。"[1]肃宗也闻之落泪。

这个故事还有后续：公主下嫁的第二年磨延啜可汗就去世了，宁国公主被逼殉葬。但她以唐朝没有这样的风俗为由拒绝，用劙面（骑马游牧民的风俗，以划破面容来表示伤痛）的方式对可汗去世表示悲痛。另一种说法认为，她号称是作为幼女嫁到回鹘的，但其实在唐朝已经两次结婚、两次离婚，嫁过去时可能是成人了，而且性情非常刚烈。

言归正传，唐朝和回鹘联军击败安庆绪后，史思明一度归顺唐朝。现在，北京法源寺中还留有史思明供奉的"无垢净光宝塔颂（悯忠寺宝塔颂）"石碑，碑上镌刻着"至德二载（757）"这个肃宗的年号，反映出史思明曾经归顺唐朝的事实。

长安和洛阳收复，史思明前来归顺，肃宗的喜悦之情可想而知。他把年号改为乾元（758~760），免除了农民的租和庸。然而就在须臾之间，史思明又向唐朝摆出决战的态势。史思明帮助安庆绪驱逐唐朝军队后，反手杀害安庆绪，自称"大燕皇帝"，继承了

---

[1] 语出《旧唐书·回纥传》，原文为："公主泣而言曰：'国家事重，死且无恨。'上流涕而还。"

安禄山的"大燕帝国"（759年）。史思明经过与唐朝军队的反复攻防，再次成功占领洛阳。

史思明看似东山再起，但因为继承人问题风向再度改变。史思明的长子史朝义是继承人，但晚年的史思明更喜欢小儿子史朝清，想把他立为继承人。史朝义知道后杀害了史思明，以及身在范阳（幽州，今北京）的史朝清及其同党（761年）。由于安禄山时期以来的武将都与史朝义划清界线，其势力迅速衰弱。唐朝方面，成为太上皇的玄宗在一年后去世，享年七十八岁；十一天后，肃宗也驾崩了，享年五十二岁。

史朝义得知玄宗和肃宗去世后，向回鹘派去使者说道："如今唐朝皇室的太上皇和皇帝相继去世，国乱无主，不如一起出兵占领唐朝的府库（放置财物的国库）。"[1]当时的回鹘帝国正是第三代牟羽可汗（移地健）的时代，他在史朝义的邀约下出兵南进。

另一方面，唐朝也向回鹘派遣使者，请求协助攻打史朝义。使者正好遇到南下的回鹘军，结果劝说失败。但幸运的是，此前嫁给移地健的是仆固怀恩的女儿，此时作为可敦与丈夫牟羽可汗一起出行。她请求利用这次机会见父母一面，于是唐朝派遣仆固怀恩前往回鹘，成功说服牟羽可汗。就这样，回鹘又重新站到了唐朝一边。

仆固怀恩与回鹘军夺回洛阳，史朝义逃往幽州。最终，史朝义的主要将领陆续向唐朝投降，史朝义自杀后传首长安，前后延续八年的"安史之乱"至此终于落幕（763年）。

---

[1] 语出《新唐书·回鹘传上》，原文为："比使者至，回纥已为（史）朝义所诱，曰：'唐荐有丧，国无主，且乱，请回纥入收府库，其富不赀。'"

第二节 | **唐朝的混沌**

代宗与宦官

"安史之乱"终结的九个月前，玄宗和肃宗相继离世，长子、皇太子李豫（本名李俶，立太子时改名）继承皇位，是为代宗（762～779年在位）。深度参与代宗即位的是宦官李辅国。以此为契机，宦官开始登上政治舞台。

说起宦官，第三章中已经提到深受玄宗宠信的高力士。不过，他没有干预外朝的国政，可以说仍是影子般的存在。但李辅国却不是这样，他表面装作沉默寡言、谨慎稳重，实际上非常狡猾。肃宗还是皇太子时李辅国就跟随身边，肃宗在灵武即位后，李辅国也逐渐开始扩张势力。肃宗任命广平王李俶为天下兵马元帅时，李辅国是讨伐军司令部的长官（判元帅行军司马），掌握着军队的实权。肃宗回到长安后，他掌握了禁军，制敕（皇帝的命令）皆出自李辅国之手。李辅国还和肃宗宠爱的张氏联手，和她共同干预朝政。甚至在把回到长安的太上皇玄宗幽禁在西内（太极宫）的计划中，李辅国也出了很大力气。

李辅国和皇后张氏的关系逐渐不和。张皇后想要除去李辅国，于是找来皇太子李豫谈话，结果皇太子放声大哭，完全没有起到作用。张皇后又向别的皇族求助，安排了精干宦官二百多人，想要打倒李辅国一派。李辅国从部下程元振那里得到消息，反过来控制皇太子并幽禁了张皇后，皇后派被屠戮殆尽。不久肃宗驾崩，李辅国将皇太子立为皇帝，那就是代宗。

李辅国时常栖身宫中，专横霸道，他甚至对代宗说："大家（陛下）只需要待在宫里，外面的事全听老奴判断即可。"[1]代宗虽然内心不悦，但面对拥立自己的功臣也只好照做了。后来，代宗不再直呼李辅国的名字，而是称为"尚父"，把他比作父亲一样尊重。最终，李辅国担任中书令，得到了垂涎已久的宰相之位。这也是中国历史上第一位宦官宰相。

然而，代宗的不满日益增加。即位两个月后，宦官程元振密奏收回李辅国的权力，代宗与他联手剥夺了李辅国的职位，将其驱逐出宫。不过，李辅国曾经杀害张皇后、拥立自己成为皇帝，此时无法公开处理。四个月后的某个夜晚，李辅国的家中进了贼，贼人杀害李辅国后，砍下他的头和手臂带走了。代宗下令追捕犯人，同时用木头制作头像，为李辅国举办了葬礼。一种说法认为，刺客就是代宗派出的。

李辅国不在后，程元振开始专横跋扈起来。他和李辅国一样成为判元帅行军司马，还掌握着禁军，作为内侍监位居宦官的顶点。据说，程元振的权力还在李辅国之上。于是在"安史之乱"以后的政界，宦官活跃的道路已经敞开了。

---

[1] 语出《旧唐书·李辅国传》，原文为："（李辅国）私奏曰：'大家但内里坐，外事听老奴处置。'"

长安陷落

"安史之乱"结束当年的十月发生了大事，唐朝都城长安突然被吐蕃帝国的军队占领。这既是象征世界帝国唐朝衰退的事件，也是"安史之乱"留下的遗产。不过，事件的渊源一直可以追溯到 8 世纪初期。

当时，吐蕃帝国围绕赞普的继承问题陷入纷争，于是从唐朝迎娶金城公主（章怀太子李贤的孙女）（710年），借助与唐朝的友好关系稳固了赞普之位。

政局稳定后，吐蕃帝国又开始向帕米尔地区和河西走廊（今甘肃东部）扩张，与唐朝进入全面对决的状态（参见第146页）。但是，吐蕃军的入侵被玄宗时期的唐军击退，而且就在"安史之乱"爆发前夕，赞普遭到暗杀（754年或755年），吐蕃帝国转入劣势。

给这样的形势带来转机的，就是安禄山"叛乱"。唐朝为了镇压"叛乱"，动员河西、陇右节度使将军队运往东方。因此，这些地区的防卫处于空白状态。当时，吐蕃帝国的赤松德赞（756～797年在位）重新即位，他是后来将佛教作为国教，又以武力占领长安的著名人物。

赤松德赞即位后，吐蕃内政逐步稳定，开始朝着河西和陇右（今甘肃东部）进军，并陆续将这些地区纳入统治。为了遏止吐蕃的扩张势头，"安史之乱"结束前，唐朝与吐蕃帝国订立盟约（762年），约定每年提供五万匹绢。但是唐朝并没有余力提供这份岁赐，反而成了违背盟约的口实，于是吐蕃帝国开始入侵唐朝。

正当吐蕃军进逼唐朝都城时，程元振却将告急的文书扣留，代宗对此毫不知情。直到吐蕃军通过长安西北150千米的邠州（今陕西彬州），代宗才得到消息。惊慌失措的代宗任命雍王（后来的德宗）为关内元帅，与副元帅郭子仪共同负责防卫，然后就离开都城向东逃去。此时，恰好在陕州统领神策军的宦官鱼朝恩负责护卫代宗。

因为这一功绩，神策军成为天子直属的禁军。鱼朝恩以神策军作为后盾，升任内侍监，掌握巨大的权力。这当然也有反作用，后来鱼朝恩遭人暗杀（一说是自杀）。

言归正传，吐蕃军势如破竹，击败唐军后占领长安（763年）。吐蕃军"剽掠府库、市里，焚闾舍"，长安街道"萧然一空"[1]。不仅如此，吐蕃还建立起傀儡政权，把广武王李承宏拥立为皇帝。李承宏是"安史之乱"时作为使者前往回鹘的李承寀之兄，也是金城公主的弟弟。不过，吐蕃军似乎并不打算在此久留，以郭子仪为中心的唐军重整态势后很快夺回了长安。吐蕃占领长安仅十五日就退回陇右，但又虎视眈眈地准备着下一次入侵。

吐蕃军能够急袭并占领长安，主因当然是"安史之乱"中河西、陇右的兵力向东转移，长安西侧的防卫力量处于空白状态，但程元振的渎职也是原因之一。事件之后，程元振被逐出宫中，被迫返回故乡。听说代宗回到长安，程元振竟然身着女装返回都城，希望借着皇帝的慈悲东山再起。然而，程元振一进长安就被京兆府（管辖长安附近一带的地方行政机关）抓捕。后来，他被贬到地方上，在途中就去世了。

---

[1] 语出《资治通鉴·唐纪三十九》。

仆固怀恩之“乱”

　　吐蕃占领长安事件后不久，又发生了仆固怀恩“叛乱”。在“安史之乱”的最后一幕中，仆固怀恩是说服回鹘协助唐朝的最大功臣。然而枪打出头鸟，奉行“多一事不如少一事”的朝廷文武官员争相排挤仆固怀恩，认为他可能和回鹘勾结，对他冷眼相待。

　　因此，当吐蕃军队占领长安时，仆固怀恩虽然掌握着过去郭子仪建立的朔方军，却没有赶往救援。等到被剥夺朔方节度使地位时，仆固怀恩立刻起来反抗，但朔方军的将士都仰慕郭子仪，陆续从仆固怀恩身边离去。于是，仆固怀恩离开长安后联合吐蕃军和回鹘军，向长安进逼而来。虽然攻势相当猛烈，但对于唐朝来说幸运的是，仆固怀恩在阵前突然去世，“叛乱”得以平息。

　　自那以后，吐蕃军连年入侵唐朝。为此，唐朝在每年秋季征发河南和江淮地区的藩镇兵，将他们配置在长安北方和西方负责防卫。因为是在秋高马肥之际防范吐蕃军入侵，所以也称为“防秋”。

藩镇跋扈

　　前文提到，“安史之乱”得以平定，一方面是“叛乱”军的重要将领陆续前来归降，另一方面是回鹘军援助了唐朝。唐朝无法作为主力，凭借自身的力量镇压叛乱，这样的局面也为日后埋下了祸根。

　　首先，唐朝无法对“叛乱”军中前来归降的武将给予处罚。不仅如此，重要的将领还被授予幽州卢龙节度使［会府在幽州（今北京）］、成德军节度使［会府在镇州（今河北正定）］、魏博节度使［会府在魏州（今河北大名）］。他们表面听从朝廷的命令，但实际不向朝廷报告户籍，也不上缴租税，擅自任命州县的官僚，拥有自己的军队，俨然是半独立的王国。由于这三名节度使地处河北（河朔），后世称之为"河朔三镇"。在河朔三镇中，从节度使到士兵，上下到处都有契丹、奚、突厥、粟特的后裔和深受游牧习俗影响的汉人，他们依然保留着将安禄山和史思明视为神明的风气，完全不受唐朝控制。

除此之外，领有今天山东半岛一带的平卢节度使［会府在青州（今山东青州），后为郓州（今山东东平东北）］也不向唐朝臣服。说起平卢，读者可能会想起安禄山曾经担任平卢节度使。不过安禄山发动"叛乱"时，反对他的将军杀害平卢节度使，从营州转移到了山东半岛。唐朝对此给予嘉奖，重新封这位将军为平卢节度使。

然而，"安史之乱"结束后，高句丽人李正己发动兵变篡夺平卢节度使之位，开始与唐朝保持距离。平卢节度使是唐朝河南道的藩镇，同在河南道的淮西节度使［会府在蔡州（今河南汝南）］最初也对唐朝保持着半独立的姿态，两者合称"河南二镇"。

唐朝后期的藩镇

在河朔三镇和平卢节度使的影响下，河北、河南周边的节度使中也有人不遵奉唐朝的命令，比如注入长江的汉水流域有山南东道节度使［会府在襄州（今湖北襄阳）］、大运河沿岸有宣武军节度使〔会府在汴州（今河南开封）〕。节度使又兼任掌握民政的观察处置使（观察使），是管辖数州军政和民政的长官。这样军阀化的地方统治机构就称为藩镇。其中还有比节度使低一级的防御使，这种情况也会兼任观察使，但规模比节度使小。藩镇的长官叫作藩帅。

我们来对藩镇的称谓作一些说明。史料中出现的藩帅和藩镇，有的以"使府"所在州名称呼，比如幽州节度使；有的以藩帅领有的地区名称称呼，比如魏博节度使就是由魏州和博州这两个主要州名组合而成的。

此外还有山南（东、西）道节度使这样以道名称呼的。唐代的"道"原本是州以上的监察区划，太宗时期分成十道，后来玄宗时期增为十五道。当时，各道设置采访处置使，负责监督道内的行政。肃宗时期改为观察处置使，权限进一步扩大。

还有以当地的通称来称呼的。比如玄宗时期在四川设置剑南节度使，"剑南"是道名，"安史之乱"中分成剑南西川节度使（今四川西部）和剑南东川节度使（今四川中东部），后来就称为西川节度使和东川节度使。

节度使直属的禁卫军（牙军）有的拥有军号，会以军号称呼，比如成德（军）节度使和宣武（军）节度使。比较复杂的是宣武节度使的情况，有时根据使府的名称称为汴州节度使。

除了上面提到的，藩镇的设置遍布唐朝全境。节度使原本是唐朝边境的国防军，但"安史之乱"爆发后，为了控制"叛乱"军队，国内也陆续开始设立，"叛乱"结束后维持了现状。藩镇原本是守护王朝的军镇，却有不少以他们拥有的军事力量作为后盾，发展成对朝廷傲慢不逊的藩镇。这样的藩镇称为"反侧之地"，8世纪后期屡屡成为问题，朝廷也为此感到十分棘手。与此相反，纳入朝廷统治体制的藩镇则称作"顺地"。

回鹘与绢马贸易

回鹘帝国协助唐朝平定"安史之乱"，从8世纪后期到9世纪前期，大约一百年间君临东欧亚世界。唐朝与回鹘帝国的关系通过绢马贸易得以维系。根据唐朝史料的记载，用回鹘的马匹交换唐朝的丝绢，这种关系是从回鹘方面的强行要求开始的。

回鹘的马匹价格高昂又品质低劣，不堪实际使用，但回鹘却向唐朝抛售大量马匹，唐朝为了支付马匹交易所需的丝绢而深感苦恼。不仅如此，绢马交易时回鹘使者理应停留在鸿胪寺（外交机关）内，但是根据记载，他们有时会擅自离开，到长安街头抢夺妇孺，行为狼藉，甚至在打伤前来抓捕的唐朝官吏后，率领三百骑兵进犯至皇城门前。不过，实际情况稍有不同，这些可能是有意贬低回鹘人的记录。

实际上，唐朝需要的马匹由监牧这一官营牧场饲养和提供（此外还有在厩舍饲养的闲厩），监牧需要有水源和牧草的辽阔牧地，这些场所分散在今天的甘肃东部，经过宁夏、陕西北部到达山西中部。但是以"安史之乱"为界，长安西北部成为吐蕃帝国的势力范围，唐朝失去了大量的监牧，于是迫切需要从回鹘输入军马。如果认真阅读史料就会发现，马匹的价格也是合理的。唐朝的真正问题在于，它究竟多大程度上能够筹集用于交换马匹的丝绢。既然如此，唐朝的财政情况又是怎样的呢？

第三节 ｜ 走向财政国家

食盐专卖与漕运改革

在"安史之乱"爆发前的玄宗时代，募兵导致军费膨胀，官僚人数也在激增，唐朝必须支付高额的俸禄。随着"叛乱"爆发，唐朝又需紧急筹集军费。"叛乱"平息以后，唐朝的财政也没有得到改善，帝国各地藩镇跋扈，原本从地方运往中央政府的租税被藩镇抢夺。对于肃宗和代宗来说，重建财政是当务之急。此时献上对策的是本籍京兆府长安县的文官第五琦。

"叛乱"爆发九个月后，第五琦来到成都谒见玄宗，献策在江淮地区筹集军费，于是被任命为江淮租庸使。他又到彭原（宁州，今甘肃宁县）拜见肃宗，上奏用江淮地区的租和庸购入轻便运输的高级特产，利用长江和汉水运到关中的扶风郡［岐州，后来的凤翔府（今陕西凤翔）］充当军费。为了执行任务，第五琦被肃宗任命为山南等五道度支使和转运使。度支使原本是从属户部的四个部局中，度支曹加强权限后形成的使职。"安史之乱"期间，唐朝需要调集庞大的军费，中央财政的业务也变成庞大而复杂。因此，负责出入管理等具体财务的度支曹权力上升。转运使则是为了运输江淮财物而设置的使职。

接着，第五琦提议食盐专卖。这一设想可以追溯到"安史之乱"爆发之初。当时，第五琦作为地方官员的僚属前往河北，据说在当地目睹了抵抗安禄山的著名书法家颜真卿以食盐专卖方式筹集军费。中国拥有广阔的领土，但相比之下海岸线较短，能够生产食盐的沿海地区更加有限。至于内地，只有山西西南部从两池取盐（池盐），以及四川和云南凿井获取地下水制盐（井盐）。食盐的生产流通易于管理。

第五琦被任命为盐铁使，开始实行食盐专卖。他的方法是官方将海盐、池盐、井盐全部收购，贩卖也由官方进行（官卖法）。后来刘晏担任盐铁使，又将官方收购的食盐分给商人，贩卖也委托给商人（通商法）。食盐的价格本为一斗（约5.9升）十文，第五琦将税提高至一百文，卖到一百一十文。当初每年的获利为四十万贯，刘晏接手后，代宗末年所获利益达到六百余万贯，中央财政收入的一半都来自食盐专卖。

与食盐专卖关系密切的是漕运。玄宗时期为了将江淮的谷物运往长安，曾经改用大运河进行漕运，但这套系统在"安史之乱"的影响下已经无法运转。由于战乱频繁，大运河淤塞严重，江淮的物资运输只能溯长江而上，途中利用长江的支流汉水，漕运效率相比玄宗时代大为下降。

于是，代宗任命刘晏为转运使，进行漕运改革。当时，从事疏浚运河、修筑堤防、修缮船只仓库、参与运输的劳动者，都是用食盐专卖获得的费用雇用的。这就意味着，原本征发农民从事无偿劳动的劳役转变成了雇佣劳动，在中国史上可谓划时代的事件。刘晏还在运输路途沿线的要地设置官衙（巡院），对食盐进行彻底的管理。

通过刘晏的漕运改革，转运使的权限得到加强，与盐铁使密切关联。另一方面，转运使和度支使的职权开始分离，将唐朝的统治范围划为东西，分别进行管理。度支使掌管着长安到西北地区以及四川方面的财赋，转运使则掌管着江淮等东南地区的财赋，这样的状态一直持续到"黄巢之乱"。

两税法

代宗病死后，长子李适继位，是为第九代皇帝德宗（779～805年在位）。德宗自即位之初就开始了新的财政改革。

早在"安史之乱"爆发前，唐朝依靠租、调、庸等税收已经无法运转，需要另立各种税目。比如，谷物光靠租已经不够，故而有了地税。那原本是预防灾荒而储备的谷物（义仓谷），但中宗以后用于其他目的。玄宗开元时代，江淮的义仓米用于填补关中粮食的不足，此时活跃在漕运领域的就是裴耀卿。于是，地税在中央财政中变得必不可少。为了支付庞大官僚的俸禄和官衙的费用，又征收了税钱（户税），那是根据资产设定等级，再依据等级征税的货币形态税金。

"安史之乱"结束后，租调役制基础上的税收体系完全崩溃。在已经征收的地税、税钱基础上，唐朝还设立了根据耕作面积以货币征收的青苗钱（对象是全国）、根据耕作面积以谷物征收的什一税（对象是京兆府）等，总之税目林立。食盐专卖后收入虽有增长，但各地跋扈的藩镇擅自课税，混乱的局面迫切需要进行税制改革。

德宗即位后，宰相杨炎上奏关于税收的彻底改革方案。那就是将税目合并为一、遏制藩镇肆意压榨的中国史上划时代的税制——两税法。

两税法的名称来源于每年设定夏季和秋季两次纳税期限。唐朝前期的租、调向成年男子（丁）个体征收，而两税法的课税对象是实际从事劳动的"户"（家庭）。这里的"户"包括王公以下的所有人，根据其资产确定等级，再根据等级确定纳税额，一年分两回（有时是三回）实行。因为以货币形式征收，故称作两税钱。征收对象是定居者，不定居的流动商人则从贩运商品价格中收取三十分之一，作为州和县的商税。

除此之外，拥有耕地者根据面积决定负担额，麦田以六月为期征收夏税，粟田和稻田则在十一月前征收秋税。因为以谷物形式征收，故称作两税斛斗。这一征收方法的背景在于，唐代中期农业技术发达，小麦栽培范围扩大，与粟米组合的二年三熟制开始得到推广。

以前关于两税法的解说认为，两税原则上以货币缴纳，但由于货币还没有十分普及，后来以谷物、绢织物、麻布等代纳。但在近年的财政史研究学者看来，两税法是货币和谷物两种标准的纳税制度，这种观点得到了支持。

在实行两税法前，农民缴纳的租和调是固定的，只要通过户籍掌握人口，就可以计算出国家每年收入的总额，并由此决定支出。与此相对，两税法执行后，唐朝需要提前计算每年的支出额，然后据此征收赋税。然而，实际上即便好不容易得出了年度预算，但由于财政并不那么健全，有时还是会将单次决定的税额固定下来。

还有，两税法不是向文书户籍上掌握的人员课税，而是向实际住在某地的土地拥有者课税。这就是承认农民的土地所有，至今中国历代王朝采取的限制大土地所有政策发生重大改变。反过来说，没有土地者（佃农等）就不用课税，人们可以自由离开本籍地。这样的规定与唐朝后期的社会具有流动性是相呼应的。同时，承认大土地所有也促进了庄园的开发。

两税法执行之前，德宗还进行了表演。即位第二年正月改元建中（780～783），在南郊举行祭祀上天的仪式，宣布大赦天下，并在大赦文书中公开两税法的内容，宣告实行新的税制（780年）。这就意味着大赦的效力高于律令，可以视作律令制崩溃的象征性事件。

于是，唐朝通过两税法和此前第五琦、刘晏等人的食盐专卖和漕运改革，从原来的武力国家开始蜕变成为财政国家。所谓财政国家，就是运用所有手段确保财源、充实财政，需要武力的时候则通过金钱购买的国家。如果还要补充一点，那就是不只是武力，运输税金和大规模土木工程的劳动力也都以金钱雇用的形式加以确保。

德宗时代，户部下的四个部局中，负责编制户籍的户部曹作为管辖中央官僚（京官）俸禄的财政机关权限得以增强。唐朝末年，它与前面的度支使、盐铁使加以统合，形成了称为三司使的财政机关。

河北、河南藩镇独立

德宗三十八岁成为皇帝，一开始是踌躇满志的，借助一度重建的财政，准备削弱跋扈的藩镇势力。

即位第二年，河朔三镇和平卢节度使的第一代陆续去世，其子或亲属请求世袭。然而，因财政重建而信心倍增的德宗对此不予认可。另一方面，如同半独立王国的河北成德、魏博，以及平卢、山南东道诸藩镇通过婚姻加强联合，他们秘密约定互相协助确保领土世袭。于是，唐朝与河北、河南藩镇争夺权力的导火索点燃了。

德宗首先选定的目标是山南东道节度使。他命令东方的淮西节度使李希烈出兵讨伐，然而李希烈本就是推翻前任节度使上位的人物，故而淮西也不听从朝廷的指挥。河北藩镇虽然一时表现出臣服的姿态，但他们对于德宗的强硬态度心怀不满，于是裹挟着幽州节度使与唐朝矛盾激化。接着，河朔三镇和平卢节度使同时称王，宣布从唐朝独立出来。

其间，唐朝的藩镇对策需要庞大的军费，数额达到每月一百三十万贯。为此，唐朝开始征收间架（房屋税）和除陌钱（交易税），风评十分恶劣。不仅如此，借着河北和河南藩镇的动向，淮西的李希烈也自称为王。淮西节度使的根据地蔡州就在洛阳以南的位置，东都洛阳也受到威胁。

为了应对东方的紧急事态，唐朝与吐蕃帝国订立盟约，划定了"国境线"，史称"建中会盟"（783年正月）。在确保西方的安全后，德宗下令为防备吐蕃军而配置在长安以西的泾原节度使〔会府在泾州（今甘肃泾川）〕率领五千士兵赶赴东方。然而就在此时，发生了意料之外的事件。

泾原兵变

唐朝与吐蕃帝国订立盟约当年的十月，泾原士兵为镇压河北、河南的动乱，栉风沐雨向东行进，士兵的待遇也非常恶劣。当他们通过长安，到达流经都城东部的浐水时，德宗终于下达犒劳军队的诏书。然而，当时提供的只有十分粗劣的食物，士兵们群情激奋，反攻长安发起了叛乱。

此时的长安有地方下级事务员出身的白志贞统领着部分神策军，但对于应对叛乱毫无作用（其他神策军参加了河北的讨伐战）。德宗慌忙逃出长安，逃往西方的奉天（今陕西乾县）。继父亲代宗之后，德宗自己也离开了都城。

叛乱的士兵拥立原泾原节度使朱泚为领袖。朱泚本是幽州节度使，代宗时期带领幽州士兵来到长安执行防秋后留在当地，一度担任泾原节度使。另一方面，朱泚的弟弟朱滔作为节度留后（节度使代理）待在幽州，后来加入河北、河南藩镇的叛乱。当时朱滔写信给兄长请求协助，结果途中使者被捕，秘密泄露。朱泚被迫蛰居在长安城内的府邸中，直到泾原的士兵们重新把他抬了出来。

朱泚有着某种吸引士兵的魅力，以及体恤士兵的风范。泾原士兵将他推戴为领袖后，朱泚自称"大秦皇帝"。另一方面，逃到奉天的德宗深知自己身边没有可以讨伐朱泚的将领，于是向前往河北方面讨伐的军队发出了急信。

呼应德宗号召的是靺鞨武将李怀光和统领一部分神策军的李晟。李怀光如同电光火石般从河北赶回关中，成功将德宗救出奉天。当时人们传言，如果李怀光再晚到三日，奉天城就会陷落。然而因为宰相的谗言，李怀光居然没有得到任何赏赐，心怀不满的李怀光后来勾结朱泚加入了叛乱。

混乱平息

德宗不得不意识到自己政策的失败。面对尚未平息的河北河南藩镇叛乱和朱泚的称帝宣言，德宗表明了反省的态度。他把年号从建中改为兴元（784年），宣布大赦，下达罪己的诏书。其间，臭名昭著的间架和除陌钱也被废除。

起草诏书的是翰林学士陆贽。翰林学士是玄宗时代设置的皇帝直属秘书官。原本起草诏敕是中书舍人的工作，但重要的诏敕（内制）逐渐交给翰林学士，其他诏敕（外制）才由中书舍人起草。陆贽是十八岁进士合格的人才，德宗在皇太子时代就有所耳闻，即位后任命他为翰林学士。

陆贽起草的诏书收到了意料之外的效果，成德、魏博和平卢节度使先后取消王号。

但是，朱泚定国号为"汉"，自称"汉元皇帝"，不仅改元"天皇"，还和遭到冷遇的李怀光勾结，叛乱之势未见衰减。德宗无奈从奉天翻越秦岭山脉向南逃往梁州［后来的兴元府（今陕西汉中）］。不久，淮西节度使李希烈以"大楚"为国号，改元"武成"后即位称帝。

对此，唐朝以李晟为中心重整态势，成功收复长安。朱泚一度打算逃往吐蕃帝国，却在途中被部下杀害，首级献给了唐朝。于是，德宗时隔九个月后重新回到长安（784年七月）。

淮西的李希烈也被部下毒杀，所部投降了唐朝。不过，李希烈宠信的部下此后崛起成为节度使，德宗在位期间，淮西再次成为不奉朝廷命令的藩镇。

就这样，长达五年的藩镇之乱平息了，但唐朝受到的打击过于巨大。不仅如此，德宗的心中也留下了伤痕。逃出都城时，德宗身边只有皇太子时期侍奉至今的宦官窦文场和霍仙鸣，以及他们带领的一百名宦官。在逃亡生涯中，德宗重新开始信任宦官。

德宗还计划强化守卫自己的禁军。从奉天返回长安时，神策军由李晟率领，但德宗将李晟晋升后调出了长安。紧接着，神策军分成左右厢两军，分别由宦官担任监军。神策军分为左右是为了相互牵制，后来神策军改名左神策军和右神策军，分别设立护军中尉作为长官。窦文场和霍仙鸣就是第一代的左神策军和右神策军护军中尉，此后这一职务都由宦官独占。以神策军的力量作为后盾，宦官的威势一直延续到唐末。

丧失西域

"安史之乱"时，唐朝从河西到陇右的领地都被吐蕃帝国夺走，此后唐朝在西域的统治只能勉强维持。如前文所说，太宗时期以来，唐朝在今天的吐鲁番设置西州，又在焉耆、龟兹、疏勒、于阗设立军团（安西四镇）进行统治。玄宗时代，天山南麓设立安西节度使，天山北麓设立北庭节度使，隔着天山山脉控制着通往四方的贸易道路。然而，由于"安史之乱"中唐朝的兵力东移，连接唐朝本土和西域的道路，即河西走廊被纳入吐蕃帝国的势力之下。因此，唐朝朝廷与西域军镇的联系被切断了。

在唐朝国内动乱不断的8世纪后期，吐蕃帝国趁机进入垂涎已久的塔里木盆地。吐蕃军向北跨越塔里木盆地，进而到达天山北麓的北庭。如此，吐蕃和蒙古高原上回鹘帝国的冲突不可避免。起初，吐蕃凭借优势夺取北庭，将附近的突厥系沙陀族纳入统治。不久回鹘卷土重来，两者经过反复拉锯，最终回鹘获得胜利，统治了北庭。

于是，从河西到塔里木盆地的势力范围已经确定。回鹘统治包括吐鲁番在内的天山东部地区到塔里木盆地北方，吐蕃控制塔里木盆地南方，进而将敦煌至河西走廊和陇右的空间也纳入统治。唐朝直到8世纪前期都控制着"丝绸之路"的主要道路，如今分成南北两线，分别处于当时君临东欧亚的两大势力之下，唐朝完全丧失了对当地的控制。

李泌献策

那么，唐朝就任由吐蕃帝国和回鹘帝国为所欲为吗？其实也并非如此，德宗的治世乍看之下是被国内发生的事件翻弄着，但实际上这一期间的对外政策却颇有可观之处。

德宗从奉天返回都城长安三年后，宰相李泌建言联合北方的回鹘、西南的南诏，以及遥远的天竺和西亚阿拔斯王朝，从而封锁吐蕃帝国的计划（787年）。这是将西亚的阿拔斯王朝也包含进来的宏大计划，至于它是否真正执行，阿拔斯王朝是否实际参加了同盟，这些都不清楚。

不过关于李泌的这一战略，1984年陕西泾阳发现的"杨良瑶神道碑"揭示了一个意味深长的事实。碑文显示，在李泌建言之前，宦官杨良瑶曾作为聘国使携带国信诏书从海路前往阿拔斯王朝。我们无法确定杨良瑶的使命是不是和阿拔斯王朝建立同盟关系，但李泌上奏就发生在杨良瑶归国之后，他的建言很可能是根据杨良瑶带回的情报而提出的。

另一方面，唐朝拉拢南诏的方案很大程度上归功于在镇压朱泚之乱中立功、时任西川节度使的韦皋。玄宗开元时期，南诏为抵御吐蕃帝国入侵四川西部和云南西北部，在唐朝的援助下建立起王国；但进入天宝时期后，南诏开始与唐朝对立，成为吐蕃帝国的盟友。

然而到了德宗时期，南诏又开始苦于吐蕃帝国的苛政，希望从中解脱出来。于是，南诏通过韦皋请求与唐朝重修旧好，而唐朝也出于吐蕃政策的需要赦免了南诏。南诏重新归属唐朝，唐朝册封异牟寻[1]为南诏王（794年）。李泌的献策逐渐出现效果，后来唐朝和吐蕃帝国之间也订立了盟约。

德宗时代将藩镇置于唐朝控制之下的努力以失败告终，但在外

---

[1] 异牟寻（754~808）：南诏第六代国王，阁罗凤之孙，凤伽异之子。779~808年在位。曾与吐蕃并力攻唐，被吐蕃封为日东王，归唐后联合韦皋对吐蕃开战，斩获甚多。重用汉人郑回，加强了南诏与中原地区的政治文化联系。

交领域作出了全新的尝试。在此过程中，德宗长达二十六年的治世宣告落幕（805年），享年六十四岁，他的政策将被带入下一个时代。

空海与最澄

德宗去世前一个月，来自日本的遣唐使节团到达长安，其中就有真言宗的开山祖师空海。最澄也是遣唐使的一员，但他已经在日本作为内供奉十禅师获得入宫觐见的身份，此次作为携带翻译的请益僧来到唐朝。请益僧必须跟随遣唐使往返，只能做短时间的视察和参观。最澄在唐朝待了八个月，其间来到台州（今浙江台州）和当地的天台山学习天台教学，又在越州学习密教，带回多达二百三十部四百六十卷的经书和各类物品，成为日本天台宗的开山祖师。

另一方面，空海在当时的日本并不知名，直到遣唐使出发前才正式成为僧人。但要论在唐朝的知名度，空海似乎更胜一筹。唐朝的史料中记载："〔德宗〕贞元年间末期，日本国王名叫桓武，派遣使者前来朝贡。其学子橘逸势、浮屠（僧侣）空海请求留在〔长安〕学习。"[1]（《新唐书》卷二二〇《东夷传·日本条》）唐朝关于日本的记载通常只会记录历代天皇和遣唐大使的名字，此外留下姓名的人员很少，空海能够名列其中必然有相应的理由。

空海作为留学僧待在唐朝二十年，其间居住在作为长安日本人

---

[1] 原文为："贞元末，其王曰桓武，遣使者朝。其学子橘免 [逸] 势、浮屠空海愿留肄业，历二十余年。"

据点的西明寺。当时的西明寺中有不空的弟子、喀什噶尔出身的慧琳，同时作为集中收藏新译密教经典的寺院，它也是长安城内密教情报中心般的据点。不难想象，居住在西明寺里的空海能够接触到关于密教的最新情报。后来，空海邂逅了青龙寺中不空的弟子惠果，成为他的徒弟。空海在短时期内得到《大日经》和《金刚顶经》两部密教的传法，接受了阿阇梨位的灌顶。几乎与此同时，惠果去世后空海结束不到两年的留学生涯，回到了故国。

顺带一提，最澄和空海渡航的遣唐使团到达长安是在贞元二十年十二月二十三日，有些书籍换算成公元804年。但是，公元804年在贞元二十年十一月二十六日结束，当时准确来说已经是公元805年了。

唐——東ユーラシアの大帝国

第五章

王朝的转型

九世纪前期到中叶

第一节 ｜ 唐朝"中兴"

顺宗即位

德宗去世后，长子、皇太子李诵即位。李诵当年已经四十五岁，也许大家会猜想是一位身强力壮的皇帝登场了，但遗憾的是，他在即位前几个月身患"风病"，也就是今天所说的脑梗，连说话都说不出来。因此，德宗死后三天之内，拥立皇太子李诵的集团和拥立皇太子长子李纯（后来的宪宗）的集团陷入对立。最后皇太子派掌握了政权，李诵作为第十代皇帝即位，根据庙号称为顺宗（805年正月二十六日至八月四日在位）。

顺宗在皇太子时期就想推翻掌权的宦官，将政治拉回到正常的状态。但由于疾病造成的语言障碍，他无法决策事务。于是，顺宗将皇太子时代的侍读（家庭教师）王叔文提拔为翰林学士（皇帝的直属秘书），以信任的翰林学士韦执谊作为宰相控制外朝，内廷则由宦官李忠言和宠爱的牛昭容（昭容是女官官名，见第73页）在身边侍奉。建立起连接皇帝和外朝内廷的新政治体制后，顺宗开始了改革运动，其间实际事务的核心人员就是王叔文。

永贞革新

改革的第一幕是废除"宫市"。"宫市"是指从长安街头调集宫中的必需品。德宗时期开始由宦官作为使者，在长安的东西市进行收购。然而，宦官不仅不支付正当的价格，还经常抢夺商品，因此据说长安的商人只要看见宫市的宦官到来，就会在店里摆一些粗劣的商品，店主跑到屋后躲藏起来。宦官还强行索要将物品送进宫里的费用，宫市的弊端越来越大，其应对成为当务之急。

顺宗还取缔了在宫中为皇室饲养狩猎用犬和鹰隼的五个"坊"的小吏（五坊小儿）。在街头捕捉用作饲料的小鸟和麻雀是其职责之一，但他们以此作为理由，在居民家中的门框和水井上架设猎捕用的大网，殴打靠近之人并逼迫其交出财物，专做敲诈勒索之事。顺宗在皇太子时期就对这些现象十分厌恶。

同时，顺宗下令盐铁使和地方藩镇停止上贡。"安史之乱"后设立的盐铁使是唐朝负责食盐专卖的使职，兼任管理物资流通的转运使，逐渐成为仅次于宰相的重要职位。在德宗时期，不仅地方藩镇，连中央官员的盐铁使也要在正规税收以外上贡作为"羡余"的税金，称为"进奉"。进奉的财物不入国库，而是进了宦官管理的内库，纳入皇室财政之中。顺宗将其转交由国库控制，并让宰相杜佑担任名义上的度支使和盐铁转运使，王叔文则作为其副官掌握国家财政的实权。接着，王叔文想从宦官手中夺过禁军的指挥权。当时除了长安的神策军外，关中各地也设有神策军。王叔文找到老将范希朝，希望由他统领驻屯在都城西方的神策军。但是消息泄露给了宦官，计划以失败告终。

就在此时，王叔文的母亲病倒，没过多久就去世了。按照当时的习惯，父母去世之际需要暂时辞去职务，于是王叔文也不得不在改革途中辞去官职。王叔文母亲的死过于巧合，甚至有学者认为是宦官安排的。

无论如何，王叔文离开朝廷后，痛恨改革的宦官和德宗时期的元老旧臣以顺宗抱恙为由，把政务交给皇太子处理，进而成功迫使顺宗让出了皇位。顺宗在位只有六个多月，此后作为太上皇移居长安城内的兴庆宫，改元"永贞"。王叔文的改革根据这一年号被称为"永贞革新"，但仅仅维持一百四十六天就失败了，其背景是反对顺宗和王叔文改革的宦官在暗中活跃，这一点值得注意。可以作为佐证的是，顺宗退位后不到五个月就驾崩了。有人说这是宦官下的毒手，但因为是深宫秘事，至今也无法确认。

顺带一提，王叔文一派中还有唐宋八大家之一、著名的古文运动领袖柳宗元。柳宗元因为此次政治斗争遭到连坐，终生都没有重返都城，他在贬官之地撰写名篇，同时进行着唯物主义思想的探索。

宪宗登场

顺宗之后继位的是皇太子李纯，其间当然也有宦官的活动。这位二十八岁的青年皇帝，庙号是宪宗（805～820年在位）。

宪宗决心遏制各地割据的藩镇势力，让唐朝重返昔日的荣光。特别是拥有众多安禄山旧部的河朔三镇和河南的平卢节度使，几乎都处于半独立王国的状态。德宗的强硬政策以失败告终后，唐朝的权威日益低下，藩镇不再听从唐朝命令，擅自决定继承人，意图实现自立。

蜀地（今四川）成都的西川节度使也是其中之一。这个藩镇是与吐蕃帝国相对峙的雄藩，而且西川节度使领有的蜀地是战乱之际天子离开都城的避难场所，也就是所谓蒙尘之地。德宗时期，文官出身的韦皋担任过西川节度使。

韦皋一面抵御吐蕃帝国的入侵，一面成功促使云南的南诏脱离吐蕃重归唐朝，在外交上颇有手腕。同时，他对蜀地百姓课以重税，进奉财物谋取皇帝的宠信，使蜀地为之一空。韦皋厚待麾下的士兵博取欢心，确保节度使的地位。不过后来仓库殷实后，他放松了对领内民众的统治，每三年免除一次租税和赋税。蜀地之人将他作为土地神，家家挂像祭拜的风俗一直流传到后世。

韦皋担任节度使十一年后去世，他的部下、进士出身的刘辟自称留后（下任节度使的候补）。宪宗起初不想同意，但由于继位时日尚浅，最终承认了刘辟的节度使地位。骄横的刘辟还想兼任相邻的东川节度使，得知不予承认后出兵进攻东川（今四川东部）。宪宗终于忍无可忍，立刻发兵捉拿刘辟，成功阻止了他的行动（806年）。几乎同时，鄂尔多斯的夏绥银节度使也出现独立的动向。该藩镇位于长安北方，是应对吐蕃帝国和回鹘帝国最前线的重要藩镇。于是宪宗当即出手，封锁了他的行动。

宪宗成功压制试图脱离唐朝控制的四川和鄂尔多斯藩镇，接着他把目光转向东南，当地的浙西观察使李锜也准备反抗朝廷。浙西（浙江西道）位于长江下游南岸，相当于今天江苏南部和浙江北部，不仅土地肥沃，还盛产盐和茶，是唐朝重要的财源地之一。因此，唐朝任命文官担任当地的藩帅。

李锜是宗室后裔文官，曾借助父亲的恩荫担任浙西地区某州的长官。他把当地获得的财富作为贿赂赠予宦官，作为回报得到浙西观察使和诸道盐铁转运使的职务，他又利用这些职务掌握天下利权，进贡多余的财物。这些财物都不进入国库，而是成了皇帝的私人财产，所以当时的皇帝德宗很宠信李锜。

李锜得到皇帝的信任后，又想组建自己的军团。他把擅长拉开强弓的人聚集起来，称为"挽硬随身"，还给流落到江南之地的"胡人（粟特人）"和骑马游牧民奚人起名为"蕃落健儿"，他们的俸禄相当于其他士兵的十倍。后来，李锜因为"永贞革新"被解除盐铁转运使，失去了该职务所能获得的利益，但他从浙西观察使成为镇海军节度使［顺宗时期在浙西润州（今江苏镇江）设立镇海军］，成功掌握了军权。

前文提到，宪宗时代对意图自立的西川和夏绥银采取强硬对策，此前轻视朝廷的节度使自此开始表达臣服之意。成为节度使后兴高采烈的李锜也不得不如此，于是他表面上将部下指名为留后，但其实并不入朝，而是派出亲兵杀害留后，又与心腹之人密谋杀害浙西领内的州长官，以此谋求独立。后来计划失败，李锜之乱不到一个月就被镇压了（807年）。

财政改革

解决了李锜事件当年的十二月，宰相李吉甫编纂《元和国计簿》进献给宪宗。书中记录了当时唐朝全境的行政区划和户口数，中央政府掌握的租税情况一览无余。根据记载，全国共有四十八个藩镇，但不全是同一种类型。在唐朝统治中半独立割据的河朔三镇和河南二镇不向中央输送租税，而长安西方和北方负责防卫吐蕃帝国和回鹘帝国的藩镇不仅不上供，还反过来需要中央支付军费。

作为唐朝财源的长江中下游地区和东南沿海有八个藩镇，即淮

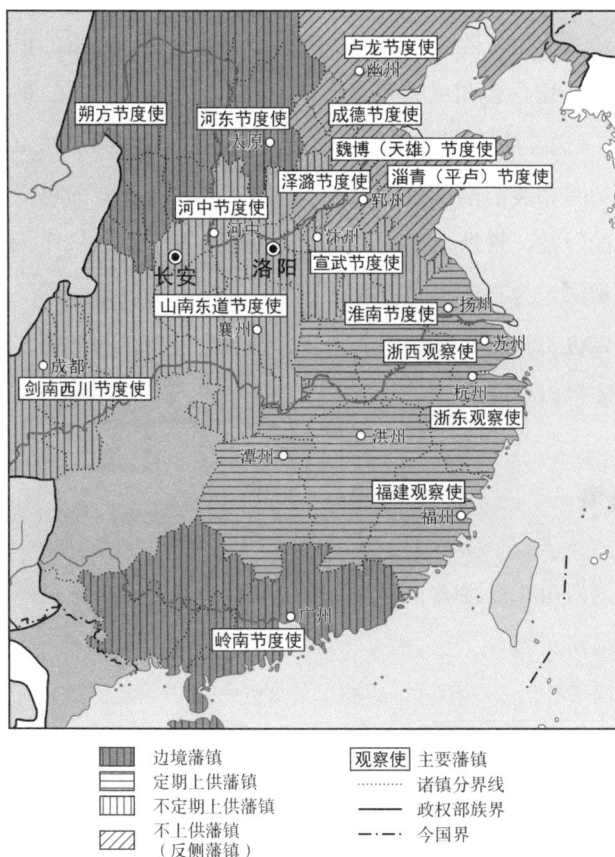

图10　藩镇上供、不上供图

南、浙西、浙东、宣歙、鄂岳、江西、湖南、福建。当时唐朝掌握的全国户数是二百四十四万余，这八个藩镇占据总体约百分之六十六的一百四十四万户。支撑唐朝中央财政的根基就在这些地区，李锜的浙西观察使也是在此意义上控制着最重要的财源地带之一（图10）。

各地的藩镇管辖着若干个州，节度使所在州有直辖的军队，管辖州也有军队（外镇军）。在藩镇的财政中，维持这些军队的费用占据了最大比例。两税法实行以后，藩镇将每个管辖州的租税一分成三，其一留作各州的费用（留州），其二纳入节度使的仓库（送使），其三送往中央（上供）。藩镇进行了相当数额的中间压榨，因此当时的宰相裴垍推行两税法改革，将节度使所在州的租税全部充当藩镇的财政，管辖州租税的送使部分则作为上供。这样一来，藩镇财政被限定为直属州的租税，其主要对象自然就是江淮等八个藩镇。可以说，只有在遏制了试图从唐朝统治下独立的李锜之后，上述政策才得以可能。

平定藩镇

压制西川、夏绥银、浙西等藩镇的独立动向后，宪宗终于将矛头指向河朔三镇。

李锜事件过去一年后，成德军节度使去世，他效仿河朔三镇的惯例（"河朔旧事"），擅自将其子指定为留后。宪宗认为压制河朔三镇时机未到，于是承认世袭，但要从成德领有的州中割出两州作为其他藩镇，借此削弱其势力。成德当然表示反对，于是宪宗任命信任的宦官吐突承璀为征讨军总大将，同时号令诸藩起兵征讨成德。然而事情并不顺利，加上成德也请求归顺，宪宗借机停止了讨伐（810年）。

两年后，发生了令河北、河南跋扈藩镇震动的大事件，河朔三镇之一的魏博节度使向朝廷表示恭顺。魏博节度使自创设以来，始终是由安禄山的武将田承嗣的子孙世袭。宪宗即位第七年，当时的魏博节度使去世，魏博内部军政混乱。魏博的牙军意图推戴旁系的田兴，而田兴则向士兵们提出自己就任节度使的条件，那就是改变自"安史之乱"以来长达半世纪的半独立王国状态，牙军表示了同意（812年）。宪宗对此给予嘉奖，为田兴赐名弘正，命他重新担任魏博节度使。

宪宗趁机准备征讨河南二镇的淮西节度使。第四章已经提到，淮西从德宗时期开始独立化，节度使采用世袭制度。恰好魏博归顺唐朝之际，淮西节度使也去世了，其子自称留后。宪宗对此不予认可，下令各藩镇起兵讨伐淮西（814年）。其间暗中支援淮西的就是成德和平卢。

当时，平卢节度使李师道（李正己之孙）豢养刺客和细作加以优待。他指使这些细作袭击大运河与黄河交界点河阴（今河南荥阳东北）的转运院，将贮藏于此的绢织物三十余万匹、谷物三万余石付之一炬。他还向长安派出刺客，意图刺杀宰相。当时在中央主持军务的宰相，在摸黑前往早朝、走出家门之际遭遇暗杀。主张对藩镇强硬的其他宰相也遭到袭击，被砍中脖子后跌倒在侧沟里。但他的情况还算幸运，因为防寒用的毛皮厚实而捡回一命。这些事件惊动了整个长安，宰相外出时都需要有金吾卫（长安城内负责警备的南衙禁军之一）护送。李师道还将史思明的旧部、洛阳南方山中的僧人召集起来，计划让他们在洛阳街头发动袭击，但是没有成功。

唐朝在镇压淮西过程中深感棘手，于是投入新的将军，制定了直接进攻淮西会府蔡州的作战计划。自德宗时期以来，蔡州城三十多年没有受过攻击，防备很不充分。最终蔡州城陷落，淮西也被平定了（817年）。

元和中兴与暗杀宪宗

淮西的平定给平卢节度使李师道带来巨大冲击。平卢自"安史之乱"中高句丽人李正己趁乱自立以来，已经历四代世袭，作为在山东半岛一带领有十五州（后为十二州）的大藩，俨然是半独立的王国。但事已至此，李师道只能请求由长子到宫中宿卫，将三州之地献给朝廷。

然而，李师道不听将军和幕僚的建议，却听信妻子和家奴、亲信小人的进言，转而摆出与唐朝对决的姿态。于是，宪宗决定讨伐平卢。时局也对唐朝有利，平卢从内部瓦解。结果平卢被分为三个藩镇，势力大大削减（819年）。

平定平卢后，宪宗开始着手全国藩镇的军政改革。原本，节度使领有若干个州，对节度使所在州（会府）的军队和其他州的军队都掌握指挥权，因此节度使的军权非常强大。宪宗将节度使的军权限定在会府的军队，其他州的军队则由该州长官指挥。换言之，节度使能够直接指挥的兵力减少了。不仅如此，新任命的节度使采用文官，任期也被缩短，通常还会派遣宦官作为监军使进入藩镇，确立起直接向皇帝汇报藩镇情况的通道。

于是，在对藩镇采取强硬政策的宪宗时代，唐朝重新恢复了昔日的荣光。因此，宪宗的治世也根据其年号被称为"元和中兴"。宪宗还反省了祖父德宗废除宰相、独自处理政务，结果引发奸佞横行的先例，故而重新设立宰相，与他们共同商讨国家的重要政务。

宪宗在政治改革上表现出强烈的热情，但却在平定平卢几个月后突然驾崩，享年四十三岁。死因是宪宗和中国历代的部分皇帝一样，热衷于长生不老之术，服用道士制作的金丹药物（水银和其他矿物的混合物）。实际上，中了金丹之毒后的宪宗变得十分暴躁，经常对身边的宦官胡乱撒气，有时甚至会把他们打死。于是宦官们合力暗杀了宪宗，这或许更加接近真相。

第二节 ｜ **游手好闲的皇帝们**

穆宗即位

宪宗驾崩后，二十六岁的三子李宥（被册立为皇太子后，改名李恒）继位，庙号称为穆宗（820～824年在位）。他的母亲是名将郭子仪的孙女，拥立穆宗即位的也是宦官。此后，唐朝的皇帝除了敬宗和最后的哀帝，全都是宦官拥立的。

宪宗沉迷于长生不老的梦想，结果却被宦官们弑杀，但他执政以来对藩镇采取强硬政策，恢复了唐朝的尊严，值得高度评价。相比之下，穆宗就是单纯地贪玩了。

父亲宪宗于正月去世，穆宗却计划在本应服丧的当年九月九日召开重阳大会。在唐代的重阳日，官员可以休息一天，人们登上山丘召开宴会，品尝漂着菊花瓣的重阳酒。穆宗大概也是因此想要举办宴会，但当时正值服丧期间，再加上父亲的年号元和还没有改元，此时举办大型宴会是有违礼数的。大臣上奏请求穆宗三思，但穆宗丝毫不听。

河朔三镇的归顺和叛离

宪宗被暗杀当年的十月，成德节度使王承宗去世。成德的部将拥戴其弟世袭，但遭到拒绝，唐朝趁机将相邻的魏博节度使田弘正任命为成德节度使。第二年二月，幽州节度使刘聪抛下节度使的地位请求出家为僧。他曾杀害父亲和兄长当上节度使，时常遭到良心的谴责，又见魏博和成德都已归顺唐朝，于是决心向唐朝臣服。虽然不同时代的情况略有不同，但幽州节度使是领有九个州的大藩镇，唐朝成功在"反侧"雄藩幽州直接任命了节度使。自"安史之乱"以来处于半独立割据状态的河朔三镇，至此全部归顺。

幽州之地自安禄山以来就有尚武的风气，历任节度使无论寒暑都与士卒共同生活。然而，新任的节度使行同贵族，他动员士兵为他抬轿出入幽州，幽州的民众都吃惊地说："这就是我们的新任节度使吗？"[1]更令幽州民众失望的是，这名节度使还掘开安禄山的坟墓，破坏了他的灵柩。在新任节度使看来，安禄山是向唐朝谋反

---

[1] 语出《旧唐书·张延赏附张弘靖传》，原文为："（张）弘靖久富贵，又不知风土，入燕之时，肩舆于三军之中，蓟人颇骇之。"

的罪人，他完全没有注意到，安禄山对于幽州民众而言是英雄。

新任节度使的部下每晚醉酒而归，幽州的街道上满是灯火，这样的习惯完全不适合民风朴实的幽州。终于，幽州军民的不满爆发了，他们幽禁节度使，从原来的幽州军将中重新遴选。就这样，幽州节度使再次脱离唐朝的统制。

接着，成德藩镇也出现了兵变。穆宗立刻下令幽州和成德前往讨伐，但宪宗时期财力已经耗尽，加上无法统率朝廷军，计划以失败告终。不仅如此，朝廷中的和平论者开始抬头，穆宗也与他们持同样的论调。结果，朝廷承认了幽州和成德独立。雪上加霜的是，魏博也发生兵变，从唐朝独立了出来。于是，河北之地重新脱离唐朝的统制，直到唐朝灭亡为止都保持着如同独立王国的状态。

唐、吐蕃、回鹘三国会盟

宪宗时代，朝廷中主张压制藩镇的强硬派担任宰相，但宪宗去世、穆宗继位后，主和派逐渐扩大势力。强硬派希望以此恢复皇帝的权威，从而重建唐王朝的威信，但这几乎是理想主义。主和派则是极端的现实主义，在他们看来，河北三镇虽然再次独立，但除此之外不存在威胁唐朝的强大藩镇，所以只要维持现状就可以了。

然而，这些主和派的想法也对国际关系产生了影响。

"安史之乱"以后，唐朝可谓连年遭受吐蕃帝国的入侵。但就在穆宗继位前后，吐蕃帝国的国际环境发生了巨大变化。德宗时期宰相李泌献策的吐蕃包围网计划逐渐发挥作用，到穆宗时代，唐朝联合回鹘和南诏，成功驱逐了鄂尔多斯和云南、四川等地的吐蕃军队。

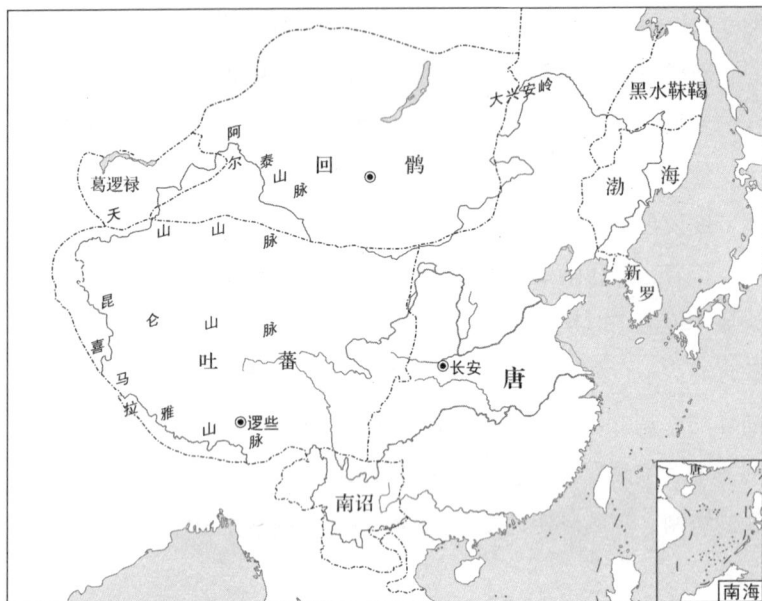

图11　唐、回鹘、吐蕃三国会盟

　　在这样的状况下，吐蕃开始寻求与唐朝缔结和约。主张和平路线的穆宗积极响应，两国在长安举行了和平仪式（821年），翌年又在吐蕃的拉萨近郊举行仪式。根据穆宗的年号，此次和议称为长庆会盟。当时作为纪念建立的石碑（唐蕃会盟碑），现在依然矗立在拉萨的大昭寺中（长安的石碑已经丢失了）。此后，唐朝与吐蕃帝国划定边界，直到吐蕃帝国灭亡，两国都没有发生战争。

　　长庆会盟是东欧亚史上的大事，但其实就在同时，回鹘帝国与吐蕃帝国之间也订立了讲和条约。这一事实是通过接合法国巴黎和俄罗斯圣彼得堡分别收藏的敦煌文书（1900年在甘肃敦煌莫高窟第十七窟发现的古文书的总称）残片并进行解读后，才重新浮出水面

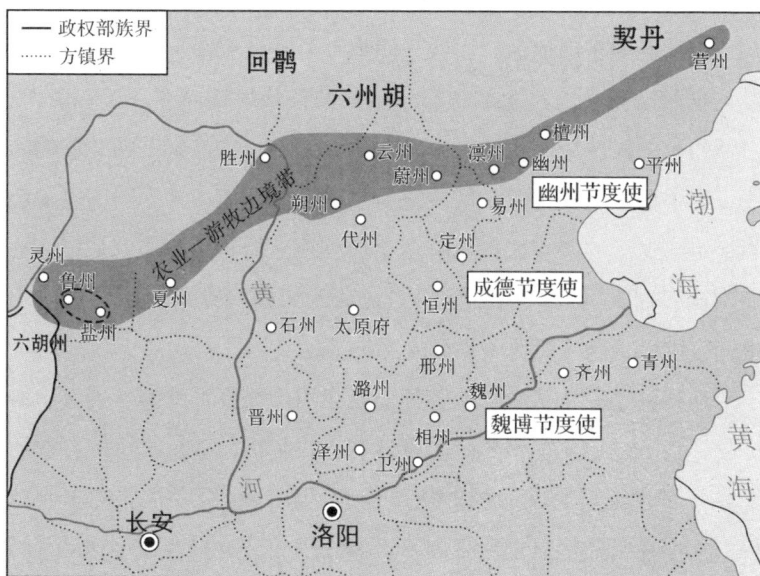

图12 农业-游牧边境地带

的。根据文书记载，9世纪前期，唐、吐蕃、回鹘三国订立讲和条约，重新划定了三国间的边界（图11）。

三国会盟以后，唐朝和吐蕃之间的战争结束，此前因为吐蕃势力的压迫，向唐朝境内移动的民族集团流动也基本停止。在吐蕃帝国攻势强烈的8世纪后期到9世纪初，突厥系的沙陀从天山东部经过甘肃、鄂尔多斯，向山西北部移动；据说是藏族系的党项也从青海经过甘肃，移动到鄂尔多斯。还有吐谷浑和突厥系的契苾集团，也向山西北部移动。这些集团的迁移在唐朝直接统治的农耕世界和北方草原世界之间的边境地带上，形成农耕区和游牧区如同马赛克般分布的条状地带，学界称为"农业-游牧边境地带"（以下称为

"农牧边境地带"）（图12）。

在欧亚的东部地区，农牧边境地带是从辽宁南部和北京北方出发，东西向通过山西北部和鄂尔多斯的条状地带。在东汉和唐朝，归顺的游牧民族集团常常被安置在这一地带，构筑起王朝北境的防线。当中国王朝安定时，防线就能发挥功能，而一旦中国国内情势不稳定，这里的游牧民族有时就会形成独立的势力。那就是"五胡十六国"时代和北魏的诞生，当地从武川镇到北周、隋、唐的历史，也可以从这一源流中得到说明。

迁移到这一条状地带的各种民族集团已经不再受到吐蕃势力的威胁，他们在唐朝宽松的统治下过着游牧生活，等待时机的再次到来。一个世纪后，其中的沙陀族作为唐朝的继承者建立起军阀政权，党项在宋代建立了西夏国。虽然穆宗的治世只有四年，但其间发生的长庆会盟乃至三国会盟，对其后东欧亚的历史产生了难以估量的影响。

从青年皇帝到少年皇帝

穆宗皇帝带有和平主义者的一面，但更多的还是爱玩，而且似乎心性特别脆弱。有一次，穆宗正和宦官们打马球，突然有一名宦官落马，穆宗见状大惊，还由此患上"风疾"，后来变得无法行走。穆宗此后再没能完全康复，仅仅在位四年就驾崩了。

早在穆宗病情恶化的时候，宦官们以皇太子还是少年为由，请求穆宗的母亲郭皇太后代行政务。不料郭皇太后严词拒绝道："昔日因为武后执政，置国家于存亡危机之中。我家世代恪守忠义，与武后不同。皇太子虽然年少，但有贤明的宰相辅佐。只要尔等宦官不干预政事，就不用担心国家不安定。"[1]于是，唐朝没有再出现女主摄政的局面。

继承穆宗的是长子李湛，当时是十六岁的少年皇帝，根据庙号称为敬宗（824～826年在位）。也许正因为还是少年，敬宗和父亲一样喜爱游玩，即位一个月后就沉迷于马球。敬宗还彻夜举办宴会，第二天日上三竿也不愿出门，于是百官都在宫殿门外等候，年老和病弱者甚至蹲在地上。除了马球以外，敬宗也喜欢手搏（组合相扑和柔术的一种武术），常常令左右神策军的士兵相互比赛。敬宗还有个奇特的爱好，那就是在深夜里外出猎捕狐狸和狸猫。敬宗心胸狭小又性情急躁，宦官稍有疏失就会立刻遭到鞭打，大家都害怕敬宗，也痛恨敬宗。

一个冬天的深夜，敬宗夜间狩猎后回到宫中，与随行的宦官和马球的伙伴共二十八人一起饮酒。正当敬宗想要进屋换衣服时，蜡烛突然熄灭，一起喝酒的人趁机弑杀了敬宗。敬宗当时只有十八岁。

弑杀敬宗的主犯是底层的宦官，他拥立宪宗的皇子，想要驱逐当时宦官中的大佬，即枢密使王守澄。然而，得知这一计划的王守澄拥立穆宗的次子、敬宗的同父异母弟弟李涵（即位后改名李昂），出动神策军斩杀了暗杀敬宗的凶手。于是李涵即位，根据庙号称为文宗（827～840年在位）。即位第二年，文宗改年号为大（太）和。

---

[1] 语出《资治通鉴·唐纪五十九》，原文为："宦官欲请郭太后临朝称制，太后曰：'昔武后称制，几倾社稷。我家世守忠义，非武氏之比也。太子虽少，但得贤宰相辅之，卿辈勿预朝政，何患国家不安！'"

暗杀敬宗的事件反映出"下克上"的风潮也开始影响宦官的
世界。

激化的朋党之争

在官僚制度自古发达的中国，官员间的派系斗争随处可见。这
样的派系在中国史书中称作"朋党"。唐朝初期就有关陇集团、山
东门阀、江南门阀这样的派系，还有通过科举进入政界的新兴集
团，他们之间必定存在政治斗争。但是，官僚间斗争的激化是在唐
朝后期，这也是唐朝衰亡的原因之一。

唐朝后期出现以牛僧孺、李宗闵为领袖的派系（牛党）和李德
裕为领袖的派系的对立，这一宫廷斗争称为"牛李党争"。不过，
这一称呼是在唐朝灭亡后的五代到宋代才出现的，实际上也有李德
裕痛恨牛僧孺和李宗闵结党营私，将他们称为"牛李党"的说法。

一般认为，牛李党争的开端是宪宗初年牛僧孺和李宗闵参加制
举（皇帝亲自出题询问政策的考试，科举合格者和任官者为了晋升
重新参加考试），对李德裕的父亲、当时的宰相李吉甫发起批判。
不过也有观点认为，后文所说的"维州事件"才是两派对立的直接
契机。这样的对立一直延续到9世纪中期的宣宗年间，以李德裕死
于左迁地海南岛才宣告落幕。

一直以来的观点认为，在两派的斗争中，李德裕出身山东门
阀，采取压制藩镇的政策，而牛僧孺、李宗闵都是科举出身的和平
主义者。但随着研究的深入，发现牛党中也有门阀出身者，李德裕
的派系中也有科举出身者，出现了以往观点所无法解释的问题。

　　学者间至今没有得出一致的见解，但大体可以做如下整理。首先，以牛僧孺、李宗闵等试图在官场扩张势力的关陇系出身者为核心，他们利用科举网络加强联合，以和平路线和维持现状作为理念结成了派系。在牛党行动的刺激下形成的，就是山东门阀出身的李德裕等人的李党。李党厌恶牛党通过科举结成朋党，于是反对牛党的政策，主张复活古老而强大的唐朝。但是，李党是在与牛党的对抗中形成的派系，其团结程度较低。在两派斗争中，一派进入政权中枢后，另一派就会被彻底逐出中央，其激烈程度曾让文宗感叹道："除去河朔的藩镇容易，除去朝廷的朋党很难。"[1]

唐代的科举

　　那么，强化牛党间联系的科举网络又是怎样建立起来的呢？

　　科举本是隋文帝为了排除南北朝时代以来门阀势力而设立的、以考试形式登用官僚的体制，但在现实中并没有发挥作用。直到唐朝武则天时期，才真正通过科举选拔人才。

　　所谓科举，就是根据科目选举。唐代有秀才、明经、进士、明法、明书、明算六个科目。其中秀才科最难，应试者很少，在初唐时期就已经废止。明法是考法律，明书是考文字学，明算是考算术，都是一个科目的考试，所以评价不高。明经是弄清儒家经书的意思，考试本身大多是背诵题。进士则是在经书考试的基

---

[1] 语出《新唐书·李宗闵传》，原文为："（文宗）尝叹曰：'去河北贼易，去此朋党难。'"

础上，加上诗和赋这两种韵文，以及称为策的散文。精通经书被认为理所当然，所以不会有太大的优劣之分，于是加上诗文成了全方位才能的考试。因此，明经是合格者即便只有三十岁都嫌年龄大的简单考试，而进士则是合格者即便已经五十岁也还算年轻的困难关卡。[1]

唐朝的科举最初由吏部负责，因为吏部是属于尚书省的六部之一，管理官僚的人事。吏部在长官和次官下分为四个部局，其中之一的部局副职（进行勤务评定的考功曹员外郎，从六品上）是科举的考官。玄宗时期，发生了某个考官被考生辩得哑口无言的事件，于是科举考试转归同属尚书省的礼部，由礼部副官（礼部侍郎，正四品下）担任考试的监督官。这也反映出随着考生数量和质量上升，部局副职等级的考官已经难以胜任的时代背景。

随着由礼部主管科举，科举的性质也由此前的任用考试变成了资格考试。因此，科举合格的考生为了成为官员，还要重新参加吏部举行的考试。有时进士合格后直到任用为官僚为止，都处于待业的状态。关注到这些人才的正是地方的节度使，他们笼络（征辟）这些待业者，让他们成为自己的幕僚。

我们把话题拉回到科举考试。科举的考试监督官称为知贡举，每年的进士合格者在三十人左右。公布结果后，新进士们就会拜访知贡举的住所，献上合格后的问候。到知贡举家的感谢问候，以第三天知贡举的辞退而告终，然后才是向大明宫中执勤的宰相和皇帝的官方秘书中书舍人表示问候。

---

[1] 语出《唐摭言》，原文为："三十老明经，五十少进士。"

这些古板的礼仪结束后，进士们就在长安城东南角的曲江池召开大型宴会。长安城中的人们都会来观赏宴会，以致城中街道为之一空。据说皇帝和高贵家族的人们也会前来，还有人打算从进士当中找出将来的潜力股，把他招为自家的女婿。大型宴会结束后，进士们前往附近的慈恩寺，在大雁塔的塔壁上写下自己的名字。

科举的合格者们将当年的知贡举称为座主，自己称为门生，结成师徒关系。同年合格者之间的联系也很强，这是唐朝后期形成朋党的渊源之一。

牛李党争

牛僧孺在穆宗时期位列宰相，但敬宗时期被任命为新设的节度使前往地方。文宗即位时，朝廷中和平主义的官僚占据主流。这时，堪称其代表的牛僧孺重新返回中央，再次被任命为宰相。

就在此时，幽州发生兵变，节度使被部下的军将驱逐。接到派往幽州的监军报告后，文宗召集宰相寻求对策。此时牛僧孺主张默认幽州独立，并且将唐朝东北部对抗契丹和奚的国防任务也交给幽州节度使。

但是，牛僧孺的和平论调在其他地方激起巨大的波纹。当时，李德裕作为西川节度使前往成都上任，恰好在唐朝与吐蕃边境维州（今四川理县，成都西北二百千米）守备的吐蕃将军来到李德裕处请求归降。李德裕向朝廷上奏请求指示，牛僧孺认为如果接受这名将军，就会破坏自长庆会盟以来唐朝和吐蕃帝国的友好关系，因而主张拒绝归降。结果，这名将军被送回吐蕃，在当地处以残酷的刑罚。李德裕颜面扫地，从此之后越发敌视牛僧孺。

如果站在牛僧孺的立场上看，唐朝和吐蕃已经进行了长庆会盟，因此不应该再刺激吐蕃帝国，这样的应对方式无可非议。但是，也有人认为姑息的和平主义只会令唐朝丧失威信。这样的呼声在朝廷中越发高涨，加上文宗对牛僧孺的信任还比较浅，于是牛僧孺请求再次转任地方官。李德裕虽然重返中央政府，但朝廷中还有一名和平论者李宗闵正担任宰相，所以李德裕的意见很难反映到朝廷中。就在朋党之争的同时，长安城中即将发生一件大事，那就是铲除宦官计划。

暗杀王守澄

文宗虽然性格上优柔寡断，但他没有忘记祖父宪宗和兄长敬宗都被宦官所杀，一直抱着消灭宦官的执念。文宗苦于无人可以商谈，朋党的领袖们纷纷拉拢宦官，不可能和他们商量铲除宦官的计划。于是，文宗找来不属于朋党的宰相宋申锡商量诛杀宦官。不料宋申锡亲手提拔的京兆府长官走漏了消息，宋申锡遭到贬官，计划以失败告终。这一事件后，宦官变得越发专横。

就在此时，文宗身边有两名亲信官员叫作郑注和李训。郑注原本擅长医术，宦官王守澄看重其技艺推荐给了文宗，结果很受文宗喜爱。李训是关陇系的陇西李氏一族，进士出身，他的叔父是宪宗、穆宗、敬宗的三朝宰相李逢吉。李训虽然一度左迁到地方上，但由于精通《易经》，在王守澄和郑注的推荐下，后来担任翰林侍讲学士，成了文宗的亲信。总之，两人都是在宦官首脑王守澄推荐下接近文宗的外朝官员。然而，见机行事的两人在得知文宗打算剿灭宦官后，决定助文宗一臂之力。

文宗看重两人的原因在于，他们与牛党和李党都保持着距离。不仅如此，郑注和李训还利用文宗对朋党的厌恶，将两派的官员从中央赶到了地方上。同时，郑注和李训都了解宦官的内情，这对于文宗也十分有利。文宗借机得知，宦官势力也不是铁板一块，拥立文宗的宦官中也有因遭到冷遇而心怀不满之人。于是，他任命与王守澄对立的宦官仇士良为左神策军长官（护军中尉），与掌握右神策军的王守澄相抗衡，煽动宦官之间的斗争。接着，他给王守澄赐下毒酒，终于成功将其诛杀。这是文宗铲除宦官作战的第一幕。

甘露之变

第二幕是清除仇士良等剩余的宦官势力。此前将神策军的指挥权交给仇士良，某种程度上属于失策，因为郑注和李训都没有军队。于是郑注转任长安以西的凤翔节度使［会府在岐州（凤翔府），今陕西凤翔］，准备动员那里的军队，与留守长安的李训里应外合诛灭宦官。原本的计划是趁着王守澄的葬礼在长安郊外集合宦官，再借助郑注的军队一举将其歼灭。但这样一来李训就没了出场的机会，于是李训大规模变更计划，诛杀宦官的日期也随之提前。

事情是从大明宫左金吾卫上奏厅舍的石榴树上降临象征祥瑞的甘露开始的。文宗为了确认真假，首先让宰相们前往查看，李训回来后代表众人回答道："恐怕不是真的甘露，仍需慎重判断为宜。"[1]文宗半信半疑，又派宦官仇士良前往确认。其实，这一切都是文宗和李训的计划，准备将前往查看甘露降临的宦官们一网打尽。

然而，仇士良到达左金吾卫的厅舍后正想查看石榴树，这时刮起的大风吹开了石榴树周围环绕的幕布。一瞬间，仇士良看见幕后

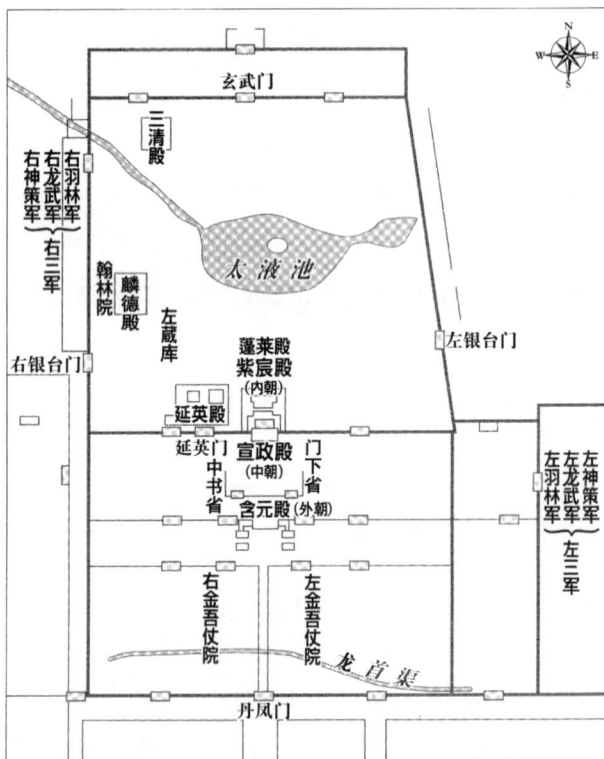

图13　大明宫

---

[1] 语出《资治通鉴·唐纪六十一》，原文为："（李）训奏：'臣与众人验之，殆非真甘露，未可遽宣布，恐天下称贺。'"

有许多手执利刃的士兵，还听到了兵器碰撞的声音。仇士良立刻察觉到暗杀宦官的计划，慌忙跑回到宫殿中，挟持着文宗向后宫逃去（图13）。

至此，诛杀宦官的计划宣告失败，这一事件称为"甘露之变"。据说仇士良得知文宗参与此事后十分恼怒，向皇帝出言不逊，文宗无言以对。仇士良等宦官发起猛烈的反击，他们出动神策军，大明宫内的金吾卫士兵和官衙的官吏自不待言，连卖酒的平民都惨遭杀害，其数目总计达一千六百人以上。事件结束后，逃出长安的李训和身在凤翔的郑注都被斩首以献，逃到大明宫外的宰相们也陆续被抓捕处死。

事件之后，文宗虽然保住了性命，但政治实权完全落入宦官手中。据说文宗去世前还流着眼泪哀叹道："今朕受制于家奴（宦官）。"[1]后来文宗"风疾"复发，不久就病死了。此时是甘露之变四年以后，文宗享年仅三十二岁（840年）。

第三节 | 宗教弹压风暴

武宗即位

文宗去世后，穆宗第五子、二十七岁的李瀍（驾崩之前改名李炎）即位称帝，庙号是武宗（840～846年在位）。

---

[1]语出《资治通鉴·唐纪六十二》。

其实文宗生前曾立兄长敬宗之子为皇太子，想让他继承皇位，推动此事的是文宗授意下的牛党宰相们。但宦官仇士良等人认为，如果这样的话，新皇帝的拥立就与自己毫无关系，算不上任何功劳，于是慌忙将李瀍立为皇太弟。文宗驾崩之际，反对派也被赐死，李瀍继承了皇位。

武宗将牛党的宰相驱逐到地方，又把地方节度使李德裕召回都城担任宰相。于是，武宗和李德裕的组合诞生，李德裕主导了武宗七年的治世。

东欧亚重组的胎动

武宗即位当年，蒙古高原上的回鹘帝国灭亡（840年）。第四章已经提到，回鹘帝国与唐朝、吐蕃三足鼎立，是君临东欧亚世界的大帝国。然而9世纪前期的30年代，回鹘连年遭受自然灾害，围绕汗位的内部纷争也未曾间断。其间，回鹘内部的抗争招来黠戛斯的援军，结果十万黠戛斯军队攻占并烧毁回鹘的都城窝鲁朵八里［蒙古国后杭爱省赫呑特县哈拉巴勒嘎斯（回鹘牙帐城）遗址］，回鹘帝国由此灭亡。

失去祖国的回鹘人分成两大集团，其中十五个部族向西前往中亚，途中一部分进入甘肃的吐蕃势力圈（后来的甘州回鹘王国），另一部分到达焉耆附近（后来的天山回鹘王国）。回鹘可汗大营附近的十三部族拥立乌介特勤（授予回鹘可汗儿子们的官称号）为可汗后南下，来到唐朝的北部边境。南下的回鹘遭到唐朝的进攻，部落经历多次分离，九年后消失在历史之中。

在吐蕃帝国，赞普朗达玛（841～842年在位）遭遇暗杀。在吐蕃语的佛教史料中，他因为推行毁佛而被某个僧人所杀；在汉文史料中，他被某个朝臣杀害。朗达玛死后，松赞干布建立的吐蕃帝国不断走向崩溃。就这样，8世纪后期以来近一个世纪间在东欧亚世界与唐朝鼎立的势力，有两个都在9世纪中期消失了。

在蒙古高原，此前一个重要的游牧国家灭亡后，很快就会诞生下一个游牧国家。从匈奴开始，鲜卑、柔然、突厥、回鹘等一系列游牧王朝接连登场。但意味深长的是，回鹘帝国灭亡后，并没有出现统合蒙古高原游牧民族的势力。西藏高原上也没有兴起代替吐蕃帝国的强大力量。其结果就是，原有势力圈周边的民族集团逐渐扩张势力，开始走上统合的道路。山西北部的沙陀、鄂尔多斯的党项、蒙古高原东部的契丹等都是如此，这些势力的兴起是10世纪所见新型东欧亚世界的开端。

昭义独立

唐朝后期常常给人藩镇跋扈的印象，但实际情况略有不同。确实，像河朔三镇那样的藩镇除了宪宗时期外，一直处于半割据的状态。但在宪宗以后，大部分藩镇都对唐朝维持恭顺的姿态，某种意义上保持着平衡。

其中唯一不安定的就是昭义节度使。昭义是横跨今天河北南部和山西东南部的雄藩，在唐朝看来犹如在河朔三镇中打入了楔子，因此是在遏制河朔三镇中发挥重要作用的藩镇。然而，它有时也对唐朝摆出对抗的姿态。

历代昭义节度使都由中央任命，但直到宪宗时代为止，都以内部将军晋升的模式居多。后来，朝廷开始派遣节度使。穆宗将山东的平卢一分为三时，有功的平卢节度使麾下部将刘悟被任命为昭义节度使。然而刘悟去世后，昭义开始效仿河朔三镇，由其子刘从谏世袭节度使，采取半独立的态度。甘露之变中免于宦官迫害的部分官员为了避难逃到昭义。这大概也与甘露之变的首倡者之一郑注曾经担任过昭义节度副使有关。为此，刘从谏和仇士良关系恶劣。

武宗即位后，刘从谏献上马匹作为贺礼，但武宗拒不接受。刘从谏认为是仇士良从中作梗，于是整备军马，征收赋税，实行盐铁专卖，公开宣布昭义独立。刘从谏去世后，他的侄子刘稹自称留后。

武宗和李德裕当然不予认可，立刻发兵讨伐昭义。当时，讨伐军成功拉拢了河朔三镇的成德和魏博，图谋二代世袭的昭义最终被镇压（844年）。

成功平定外寇和内乱后，武宗终于开始实行著名的毁佛政策。

崇佛和毁佛

通观唐朝的历史，历代皇帝似乎常常在崇佛和毁佛之间摇摆。高祖和太宗重视道教，武则天则利用佛教原理发动政变，但一扫武则天势力的玄宗又重新倾心于道教。

由于玄宗末年爆发的"安史之乱"，唐王朝迎来生死存亡的危机。倡导镇护国家的不空密教趁机抬头，唐朝皇室对此持保护政策。肃宗和代宗超出限度地保护佛教，因而继任的德宗最初对佛教态度冷淡，但由于藩镇政策的失败和逃离都城的经历，其间又开始对佛教产生了信仰。

内廷中的皇后和宦官也是热心的佛教徒，他们的动向不容忽视，因为他们以"安史之乱"的混乱为契机，开始在政治世界中掌握权力。为了和外朝中以儒家作为意识形式支撑的官僚集团对抗，他们在政治上利用佛教。后来皇后的势力被排挤出政治世界，宦官以神策军的力量作为后盾，逐渐掌握政治的实权。

宦官与佛教建立更加紧密的联系，是从德宗时期神策军的长官（护军中尉）兼任左右街功德使开始的。功德使原本只是管理寺院营造、佛像制作、抄经等潜修功德的事业，德宗时代才被赋予主管长安佛教、道教等宗教界事务的权限。所谓"左右街"就是以长安的中轴线朱雀门街为界，东侧是左街，西侧是右街。左右神策军护军中尉分别兼任左右街功德使，监督长安城内的东西街区。

武宗即位时，左街功德使正是左神策军护军中尉仇士良。仇士良是佛教保护者，又在武宗即位过程中立有大功，武宗尽管厌恶宦官，但仍对他十分客气。出于这样的原因，在宦官掌握巨大权力的8世纪后期到9世纪前期，没有发生过大规模的毁佛事件。然而仇士良不久就引退了，武宗开始毫无顾虑地排斥佛教。不过他并不是直接对佛教下手，这里还有一个前哨战。

弹压摩尼教

其开端是对摩尼教的弹压。摩尼教以萨珊王朝[1]的摩尼为开山祖师，武则天时期传入唐朝（694年）。此后，摩尼教逐渐在汉人间传播。尽管玄宗曾下令禁止，但汉人的信仰似乎并未间断。因为在"安史之乱"平息前，回鹘的牟羽可汗曾出兵洛阳，在那里遇到四名摩尼教的僧侣，还把他们带回了蒙古高原，其中之一就是汉人的摩尼僧。

牟羽可汗改信摩尼教，想把它变成国教。这可能是为了拉拢摩尼教徒的粟特人，利用他们的商业网络，或是从原本信仰的萨满教中解脱出来，以摩尼教作为支柱，建设与唐朝抗衡的帝国。不过至于前者，粟特人大多是琐罗亚斯德教徒，也有佛教徒和基督徒，总之回鹘将摩尼教作为国教的理由充满了谜团。

回鹘帝国为了向唐朝展示压倒性的实力，从8世纪后期到9世纪初，三次要求唐朝建立作为自己国教的摩尼教寺院（大云光明寺）。根据史书记载，除长安以外，荆州（湖北）、扬州（江苏）、洪州（江西）、越州（浙江）、河南府（河南）、太原府（山西）等地都建起了摩尼教寺院。不过，尽管唐朝有一定程度的摩尼教信仰，但即便在回鹘势力强盛的时代，唐朝领域内的摩尼寺院也不占

---

[1] 萨珊王朝：即波斯第二帝国（224～651）。阿尔达希尔一世建立，取代安息帝国后，与罗马帝国及后继的拜占庭帝国共存超过四百年，直到阿拉伯帝国入侵，伊嗣俟三世被迫逃亡。萨珊王朝统治时期，古波斯文化发展至巅峰状态，对欧洲及亚洲中世纪艺术的成形起了重要的作用。

多数。回鹘帝国灭亡后，唐朝立刻关闭了江淮地区的摩尼寺院（841年）。

正在此时，一名日本僧人正停留在长安，他就是日本天台宗开山祖师最澄的弟子圆仁。圆仁四十三岁时跟随遣唐使团来到唐朝，当初无法前往长安，只能直接回国。但是圆仁无法接受，途中离开日本的船队，借助在山东半岛建立聚落的新罗人的帮助，成功留在了唐朝。其后，圆仁前往山西的佛教圣地五台山，于文宗末年到达长安，在当地学习密教。

圆仁滞留唐朝期间的记录流传了下来，那就是名为"入唐求法巡礼行记"的四卷本日记。这份日记曾经令美国的日本史学者赖肖尔博士（1910～1990）[1]赞叹道：它的记录比马可·波罗早四百年以上，而且是将圆仁每天的亲身见闻事无巨细地记录下来，其准确性是《东方见闻录》[2]所无法比拟的。

圆仁记录了武宗弹压宗教的情况，其中也有迫害摩尼教的片段。根据记载，武宗弹压佛教之前，先令摩尼教的僧侣剃发，在身着袈裟打扮成佛教僧人的样子后再将他们杀害。至于其中缘由，圆仁记载是因为回鹘人尊崇摩尼教的僧侣。

---

[1] 埃德温·赖肖尔（Edwin O. Reischauer, 1910～1990）：美国历史学家和外交家，1939年因对《入唐求法巡礼行记》的研究取得哈佛大学哲学博士学位，1961～1966年担任美国驻日本大使，是美国公认的日本问题专家。著有《圆仁的唐代中国之旅》《日本人》《当代日本人：传统与变革》等。

[2] 即《马可·波罗游记》。

会昌毁佛

武宗对佛教的弹压，根据其年号称为"会昌毁佛"。作为"三武一宗法难"之一，其规模和彻底程度可以与北周武帝毁佛并列，据说决定了此后中国佛教的性质和命运。"毁佛"这一说法强调对佛教的排斥，但其实除道教以外的所有宗教都是弹压的对象。

武宗本身酷爱道教，醉心于长生不老的方术，即位不久就把文宗时期驱逐的道士召回宫中。后来，这些道士煽动武宗排斥佛教，武宗自身也不愿意看到作为"夷狄"宗教的佛教在国内兴盛，因为佛教寺院名下庄园的膨胀会使王朝的税收减少，僧尼人数的擅自增加也将导致缴纳租税的劳动力不足。于是，武宗开始取缔这样的现象。

可以说，武宗弹压佛教的惨烈程度在"三武一宗法难"中也是突出的。长安和洛阳保留四座寺院和各自三十名僧人，全国节度使和观察使所在州以及都城圈的四个州分别只能留下一座寺院。根据当时祠部（礼部四部局之一，管理僧尼的户籍等）的报告，全国被废弃的寺院数目达到四千六百余座，被迫还俗的僧尼有二十六万五千人，没收耕地多达七八千顷至一万顷（一顷是一百亩，大约5.8公顷），解放奴婢超过十五万人。与此同时，基督教、伊斯兰教、琐罗亚斯德教也都遭到了排斥（845年）。

就这样，唐代被称为"三夷教"的"景教（东方基督教）""袄教（琐罗亚斯德教）""明教（摩尼教）"在中国本土销声匿迹，大概只在福建和蒙古草原上略有残留。

排外思想抬头

这样的时代变迁，仅从中国社会内部的演变是无法加以说明的。

在此之前，"安史之乱"削弱了唐朝的国力，同时由于回鹘帝国和吐蕃帝国两股势力的崛起，唐朝从君临东欧亚的大帝国，演变成为只能维持中国本土统治的国家。与此同时，汉族与非汉族的对立衍生出"华夷思想"，从隋朝到初唐所见的国际性和普遍性日益稀薄。

9世纪前期的会昌毁佛，可以说是和初唐王朝性质的淡化、排外思想的抬头并行发生的必然现象。从这一角度来看，道教和佛教作为存在多元价值观的中华世界的统治原理，曾经在初唐时期发挥过重要作用，但以"安史之乱"为界，它们已经失去了原有的意义。

武宗在发动宗教弹压的第二年就驾崩了，这大概是他在道士的推荐下服用金丹，身体被毒素侵蚀的结果。前面介绍的圆仁因为毁佛而被迫还俗，在如同遭到驱逐般返回日本的途中，圆仁得知了武宗驾崩的消息。他在日记中写道："天子因身体溃烂而驾崩。"[1]武宗享年三十三岁。

---

[1] 语出《入唐求法巡礼行记》会昌六年（846）四月十五日条，原文为："闻天子崩来数月，诸道、州、县举哀着孝记。身体烂坏而崩矣。"

唐──東ユーラシアの大帝国

第六章

迈向新时代

九世纪后期到十世纪初期

第一节 | 军人和民众的崛起

"小太宗"的治世

当武宗陷入病危时，宦官们又开始活跃起来。他们暗中商量，要立宪宗的第十三个儿子，也就是武宗的叔父李怡（即位后改名李忱）为皇太叔，由他处理国事。

李怡自幼被宫人评价为"不慧（不聪明）"，长大之后沉默寡言，竭力隐藏自己的能力。武宗隐约感觉到李怡身上具备某种才能，有意对他采取无礼的态度。然而宦官们很喜欢平庸的李怡，武宗去世后的第二天，李怡就即位称帝了，庙号称为宣宗（846～859年在位）。

穆宗以来接连出现十几二十岁的少年和青年天子，宣宗则是壮年的三十七岁，而且他是与周围评价相反的聪明人。宣宗即位之后，立刻将武宗时期专权跋扈的李德裕及其一派驱逐出中央政界，朝廷中只剩下牛党，自文宗朝以来导致政治混乱的"牛李党争"至此终于落幕。

宣宗开始改革政治。他纠正宫中的规矩，减少支出费用，对于武宗时期遭到冲击的佛教再次采取保护政策。重建寺院的同时，下令祠部（从属礼部的部局）给僧尼颁发许可。为了增加收入，宣宗整顿盐和茶的法令，强化对走私的取缔。推行这些政策的宣宗被赞誉为"小太宗"。

同样在这一时期，大约六十年间处在吐蕃帝国控制下的敦煌重归唐朝。9世纪中期吐蕃帝国崩溃后，当地的汉人豪族张议潮崛起，驱逐了残留在敦煌的吐蕃军。宣宗嘉奖他的功绩，给予节度使的地位（851年），称为河西归义军节度使。

然而，敦煌只是名义上从吐蕃帝国回到唐朝的统治之下，当地其实是独立王国。张议潮组建自己的军团，拉拢当地的权贵，建立起独立的体制。归义军节度使的地位由张氏一族世袭，后来唐朝灭亡时，趁着时局混乱自号西汉金山国（910～914）宣布独立。

兵变不断

尽管宣宗被誉为"小太宗"，但在治世的后期出现了唐朝统治开始动摇的征兆。

其开端是浙东观察使（浙江）被麾下的军人驱逐（855年）。两年后，容州发生兵变，容管经略使（广东）被驱逐，第二年岭南节度使（广东）、湖南观察使（湖南）、江西观察使（江西）、宣歙观察使（安徽）相继被部下驱逐或抓捕。除容管和岭南外，兵变发生的地点都和《元和国计簿》中支撑唐朝财政的八个藩镇中的江淮藩镇相一致。9世纪中期以后，江淮藩镇频频发生兵变，这究竟是为什么呢？

我们来看留下史料相对较多的宣歙兵变。兵变的首倡者是康全泰，他本是受过两次杖刑的"凶贼无赖"，后来作为佣兵进入藩镇，晋升为将领。但他仅仅是被人利用，幕后主谋是同为佣兵的李惟真和余雄。李惟真是当地的富裕商人，余雄是大地主，他们成为藩镇的佣兵是为了借此逃避纳税和徭役，就如同进入伞下的影子中一般，这被称为"影庇"。在康全泰之乱中遭到驱逐的宣歙观察使郑薰是进士出身的文人官僚，据说是清廉正直的人物。大概是郑薰打算揭发通过影庇逃避纳税和徭役之人，此事损害了隐匿在军中的富商和大地主的利益，于是爆发了兵变。

江淮藩镇的剥削

不过，江淮兵变的原因不止于此，藩帅也不都是郑薰这样清廉正直之人。藩帅从中央政府来到唐朝财源地带的江淮，无论如何都想做出成绩，借此重返中央政界。所谓成绩，自然就是藩镇的仓库能够积攒多少剩余的财物，因为剩余部分都会进奉给宫廷。

藩镇财政的支出额是固定的，问题在于能够积累多少剩余。藩帅们不仅对士兵进行裁员，还从士兵的俸禄中挤出余额。不仅如此，藩帅对民众的两税征收也十分苛刻。这样的情况在宣宗时代进一步加剧。

那么，中央政府为何不对此加以取缔呢？因为财政状况不允许。当时的中央由于神策军的费用、庞大官僚的劳务费、宫廷中的奢侈开支等原因，支出急剧膨胀。另一方面，9世纪中期食盐专卖的收入只有9世纪初的一半，国库的整体收入大为减少。宣宗治世时，财政收入为两税、酒税、茶税和食盐专卖等共计九百二十二万缗（一缗为一千枚钱），而支出还有三百余万缗的缺口。为此，不足的部分只能提前收取将来的税赋。在这样的情况下，出现了用内库存放的进奉财物填补国库的做法。总之，进奉的收入对于唐朝而言是必不可少的。

进奉的弊害不只停留于藩镇士兵，也波及了民众。正如第五章中所说，江淮民众尤其遭到唐朝和当地藩帅的残酷剥削。于是，民众的不满开始形成新型的抗争运动。

浙东裘甫

在唐末的皇帝中，宣宗通常被评价为明君，但他晚年误食道士提供的丹药，背部生疽而去世，享年五十岁。宣宗本想以三子作为继承人，但是在宦官的密谋下，长子李温（即位前改名李漼）得到拥立，他就是二十七岁即位的懿宗（859～873年在位）。懿宗是个庸人，十四年的治世毫无可取之处。而这个时代令人瞩目的不只是藩镇士兵，还有民众的抗争运动（图14）。

懿宗即位当年的十二月，年号尚未改为咸通之前，面朝东海的象山（浙江）发生了裘甫（仇甫）率领的百余人起义。裘甫被称为"浙东之贼"或"草贼"，但他究竟以何为生并不清楚。裘甫起义的浙东（浙江东部的沿海地带）是食盐产地，可能与此相关，也可能是渔民或者海贼。

管辖当地的是浙东观察使。不过浙东和相邻的浙西都承平日久，兵不知战，军备十分有限。藩镇军前往讨伐裘甫，很快大败而归，结果裘甫的身边不仅有当地的山贼、海贼，其他地区的无赖之徒和逃亡之人也都聚集过来，规模膨胀到三万人。裘甫自称"天下都知兵马使"，定年号为"罗平"。

图 14　唐末叛乱图

　　罗平是浙江出现的瑞鸟的名字，民众将其画出来作为信仰，裘甫试图用民间信仰掌握人心。顺带一提，唐末董昌在当地建立独立政权，号"大越罗平国"，也是同样的理由。裘甫的威势震动中原，朝廷慌忙将先前在安南（今越南北部）镇压兵变有功的王式任命为浙东观察使。于是，裘甫军围绕如何应对陷入分歧。一种意见是在长江下游全境扩大战线，这样就会有人起来呼应，从而控制唐朝财源的地区，这也是代表民众的积极意见。

另一种意见认为，唐朝的统治依然稳定，扩大战线是不现实的，万全之策应是占据浙东之地自卫，一旦有事可以浮海逃到岛上，这种消极观点也是作为客方参加裘甫军的落魄知识分子的意见。裘甫军中包含着在地方上获得进士考试资格，但科举失败的知识分子，这也是唐末"叛乱"中常见的现象。

裘甫面对不同意见无法下达决断，就在犹豫不决之际，形势朝着对唐朝有利的方向发展。王式打开县里的仓库，把谷物分给饥饿的民众，从而掌握了人心。他还把流落当地受到歧视的吐蕃人和回鹘人组织成骑兵，在各地击败裘甫的军队，把他们逼入绝境。起兵七个月后，裘甫终于投降，戴着枷锁押送到长安后，在东市遭到处刑（860年）。

裘甫领导的抵抗运动是第一次民众广泛参与的运动。此前在江淮地区也发生过藩镇内部士兵驱逐藩帅的兵变，但裘甫起义是与它们划开界线的事件，具有重大的历史意义。

武宁军节度使及其军队

裘甫之乱平定后，又发生了武宁军节度使［会府在徐州（今江苏西北部）］遭兵变驱逐的事件。朝廷随即任命王式为武宁军节度使。

武宁军节度使原本是德宗时期为了牵制与中央对抗的河南平卢节度使，守卫对于唐朝而言极为重要的江淮与汴州漕运连接点而设立的。"武宁军"这个名称，来自宪宗时期赐给该藩镇牙军的军号。

但到了穆宗时期，军将王智兴驱逐文官，自任节度使。王智兴抢夺经由漕运通过当地的进奉和商人财物，建立起两千多人的牙军。这支牙军被整编成七支部队，分别授予银刀军等名称。顺带一提，武宁军节度使总共有三万名士兵。

牙军的士兵都是父子世袭，属于特权集团。他们恐吓朝廷派来的文官节度使，要求更多的俸禄，过着奢侈的生活。为了讨得他们的欢心，节度使常常和士兵们一起喝酒，与他们勾肩搭背，甚至为士兵击节唱歌。后来，他们还驱逐了看不顺眼的节度使。

王式赴任后立即肃清牙军，其数量达到三千多人。幸免诛杀的落草士兵限期自首，一个月内不予问罪。但是也有拒绝自首或一直躲藏的不安分子，于是徐州埋下了憎恶唐朝和武宁军节度使的种子，不久将爆发大规模的动乱。

徐州士兵遭到冷遇

宣宗去世、懿宗即位期间，云南的南诏再次脱离唐朝独立。不仅如此，南诏还进攻安南都护府〔交州（今越南河内）〕，两次占领当地。唐朝对此高度重视，为了强化对南诏的防卫能力，各地的士兵都被送往南方。徐州也招募了两千士兵前往救援，当时从王式的整肃中逃脱的银刀军等残党也在应征之列。在两千人中，有八百人负责守备途中的桂州。

桂州就是现在的桂林，是漓江沿岸的小城，周围都是喀斯特地貌，奇石林立的风景至今吸引众多游客，是中国首屈一指的旅游胜地。漓江向南流淌，最后注入珠江。另一方面，漓江在桂林以北的分水岭附近，通过秦始皇时代开凿的运河灵渠与湘水相连，湘水向北流经长沙后进入洞庭湖，最终注入长江。总之，桂州是连接今天湖南和广西的交通要地。

作为守备队驻屯当地的徐州士兵起初约定三年换防，但这一任期未被遵守，时间一再拖延，结果在当地驻屯了六年，并且还要再延一年。其原因在于，换防需要大量的费用。

无论是徐州派遣的正规士兵，还是此前从军队中被驱逐、希望结束边境防卫后重回徐州乡里过上安定生活的军人，都对这样的处置怒不可遏。他们将粮料判官（军粮调集组长）庞勋推戴为领袖，决意返回故乡徐州（868年）。

庞勋的命运

庞勋一行开始朝着故乡徐州北上。途中，隐藏在山野里的银刀军残部前来与庞勋会合。庞勋并不想扩大事端，目的只是返回徐州，然而唐朝却将此视作叛乱，两者发生了冲突。

起初，庞勋一方顺利攻陷徐州等主要都市，周边淮西、山东、浙江的群盗纷纷前来助阵。农民们父亲鼓励儿子，妻子鼓励丈夫，把锄头削尖拿在手里参加队伍。最初的士兵哗变，逐渐演变成亡命者、农民等广泛参与的动乱。

江淮民众在唐朝的残酷统治下爆发出能量，加上当地藩镇的军备力量脆弱，这些对于庞勋而言都是有利的条件。但遗憾的是，庞勋并没有审时度势的能力，他借着有利的局面，开始向唐朝要求节度使的地位。从这一刻开始，庞勋已经脱离了民众的立场。

唐朝不接受庞勋的要求，派禁军大将军前往讨伐。各地藩镇也相继出兵，还动员了在今天山西北部游牧并保持着骑马战斗力的沙陀族。另一方面，庞勋为了加强军备，从富商处征集财物，在农民间强行征兵。如此一来，民众就不再支持庞勋了，"叛乱"在一年四个月后遭到镇压（869年）。然而，庞勋的残党潜伏在河南道各地成了群盗，其中孕育出将唐朝推向崩溃边缘的"黄巢之乱"。

第二节 | "黄巢之乱"

僖宗与田令孜

懿宗在四十一岁时驾崩，宦官首领拥立他的第五子、年仅十二岁的李俨（立太子时改名李儇）。这就是唐朝的第十八代皇帝僖宗（873～888年在位）。

僖宗的治世长达十四年半，但这一时代的三分之二唐朝全境都处于混乱之中。在这样动乱的年代里，僖宗曾两次逃出长安，而与僖宗一起行动的就是宦官田令孜。

田令孜生于四川，懿宗时代起入侍内廷。僖宗自幼就很喜欢田令孜，两人是寝则同床的朋友。僖宗即位后，提拔田令孜为神策军的护军中尉。僖宗还是孩子，他把田令孜称为父亲，将政务交给他后就专注于斗鹅、赛马等玩乐。僖宗喜欢宫廷乐师和舞者，屡次给予上万的奖励，府库为之一空。于是在田令孜的怂恿下，僖宗开始搜刮长安东西两市商人的财物，用于充实内库。

王仙芝与黄巢

正当朝廷处于上述状态时，南诏攻入四川，势头进逼成都。山东和河南连年干旱，夏秋季节收成惨淡，民众的生活极为困苦。中央官员上奏请求免除租税并打开政府的仓库，但是自懿宗以来，朝廷因为奢侈和军费支出日增，所以不得不严格征收租税。

在这样的状况下，山东和河南到处都有民众起义。前来镇压的官军过惯了太平日子，在各地纷纷败北。僖宗即位不到两年，山东发生动摇唐朝根本的大乱。私盐商人王仙芝发动起义（874年），接着黄巢也加入其中（875年）。

黄巢是今天山东西南部人，按照唐代的行政区划是曹州冤句县（今山东菏泽西南）。他们家是富裕的盐商，但黄巢自己参与过走私食盐。黄巢还富有学问教养，曾经多次来到都城参加科举，但都以失败告终，其间的不满也是"叛乱"的原因之一。

盐商和盐贼

盐贼黄巢一度将唐朝推到灭亡的边缘，但他其实是富裕的盐商出身，这究竟是怎么回事呢？

在唐朝，允许贩卖食盐的商人都被登记在盐籍上，他们不仅可以免除徭役（第122页）和各地征收的赋税，还可以自由流动，获得巨大的利益。尤其江淮沿岸是食盐的一大产地，当地的富裕农民、富商、地主等在唐朝的许可下，纷纷成为公认的食盐商人，这在当时的史料中称为"土盐商"。他们贩卖江淮的食盐，有时也出售给其他地方来的商人。

盐商向食盐产地设置的官府缴纳费用后得到食盐，这里的费用是指食盐原价和唐朝规定税额的总和。然后盐商就能自由买卖，获得商人的利益。民众可以用现金购买食盐，也有人用谷物代购，或者是借钱买盐。盐商通过转卖谷物进一步获利，又从还不上借款的农民手中收走土地，成为大土地所有者，没落的农民则成了社会的不安定分子。

食盐的生产地很多，管理盐场的官吏为了提高业绩，需要招集大量的商人。于是卖给盐商的盐量常常弄虚作假，同时购入食盐的费用不单是现金，缴纳各种珍奇实物也得到了承认。对于唐朝来说，表面上收入额增加，但实际缴纳的税额却在减少，也就是出现了专卖收入下降的问题。

因此，唐朝不得不加强对食盐流通的管理，各地藩镇为了筹集进奉的财物，也开始对各自境内的盐商征税，管理食盐的官府逐渐对盐商横征暴敛起来。其间出现了没落的盐商，他们为了求取更多利益，以及从唐朝的掠夺中保护自己的财产，开始贩卖私盐。获得私盐的途径，除了前文提到的倒卖食盐外，还有后面将会提到的抢夺，唐朝将这些人称为"贼"。

为了维持专卖的收入，唐朝必须彻底取缔交易私盐的"盐贼"。另一方面，贼徒们也武装起来进行反抗。黄巢好任侠，经常照顾"亡命之徒（不为当时社会所容的人）"，这也是为贩卖私盐做着准备。私盐商人建立网络，彼此共享情报。这也是中国社会特有的秘密结社的源头，王仙芝和黄巢应该都属于这一类人。

江贼

　　"贼"的活动开始引人注目，最终上报到中央政府，这是"黄巢之乱"前武宗时代的情况。

　　当时，长江流域池州（今安徽西南，宣歙观察使所辖）的长官杜佑报告江淮之地遭贼徒袭击，出现重大损失。这样的贼徒被称为"江贼"。他们分为两个集团，一支以大运河沿岸各州（濠州、亳州、徐州、泗州、汴州、宋州）作为根据地，袭击长江下游地区；另一支以淮水上游各州（许州、蔡州、申州、光州）作为据点，袭击长江中游地区。

　　江贼通常集结二十至三十人，多的时候超过一百人，他们分乘二三船只来到长江中下游地区，杀害旅行商人劫取财物，或是袭击长江沿岸的农村，从草市（非正式的定期市集）掠夺财物。随后，他们拿着财物进入盛产茶叶的山里，用抢夺来的财物交换茶叶带回故乡贩卖。在杜佑的报告中，江贼活动是从文宗时代开始出现的。

　　在唐代，民间也流行喝茶的习俗，著名的陆羽《茶经》据说就是在"安史之乱"期间写成的，而"茶"这个字固定为"饮茶"的含义也是在唐代。以这样的民众习俗作为背景，唐朝对茶叶进行课税，因此通过非正规渠道销售茶叶可以获得很大的利益。

　　进入宣宗的治世后，江淮地区"贼徒"的活动进一步活跃，不仅是茶叶，连食盐也成为他们入手后倒卖的对象。袭击江淮的"贼徒"根据地就在王仙芝和黄巢出身地的附近，这些地区正是唐朝后期平卢、淮西等反侧藩镇的统治空间，兴许反侧的风气也是孕育王仙芝、黄巢等人的重要原因。

流贼

让我们把话题回到"王仙芝、黄巢之乱"。王仙芝起初率领三千余人起义，黄巢率领数千人前来合流。他们陆续劫掠河南道的十五州后，短时间内膨胀为数万人的集团。他们一边和官军作战，一边向南方的江淮进军。前往讨伐的节度使有些持观望态度："即便击败了叛乱军也不会获得赏赐，有时还要遭到处罚，不如保留贼徒的势力，等有一天他们当上了天子，我们也能位列功臣。"[1]

后来王仙芝和黄巢不欢而散，王仙芝前往河南，黄巢前往山东。此后，王仙芝被官军击败后斩首，其残党被黄巢吸收。黄巢军也不是总能战胜官军，他们在各地遭遇败北，于是向南渡过长江，来到浙江。这里官军势力薄弱，但各地的自卫团顽强抵抗，因此黄巢翻越山岭进入福建，随后成功攻陷了广州（879年）。汉文史料中没有详细信息，但根据伊斯兰史料[2]的记载，当时除了居住在广州的中国人外，还有十二万或二十万伊斯兰教徒、基督徒、犹太教徒、祆教徒惨遭杀害（图15）。

---

[1] 语出《新唐书·黄巢传》，原文为："（宋威）阴与（曾）元裕谋曰：'昔庞勋灭，康承训即得罪。吾属虽成功，其免祸乎？不如留贼，不幸为天子，我不失作功臣。'"
[2] 指阿拉伯人所著《中国印度见闻录》，成书于9世纪中叶到10世纪初期，根据旅居中国的阿拉伯商人的亲身见闻写成，也是阿拉伯作家关于中国的最早著作之一。

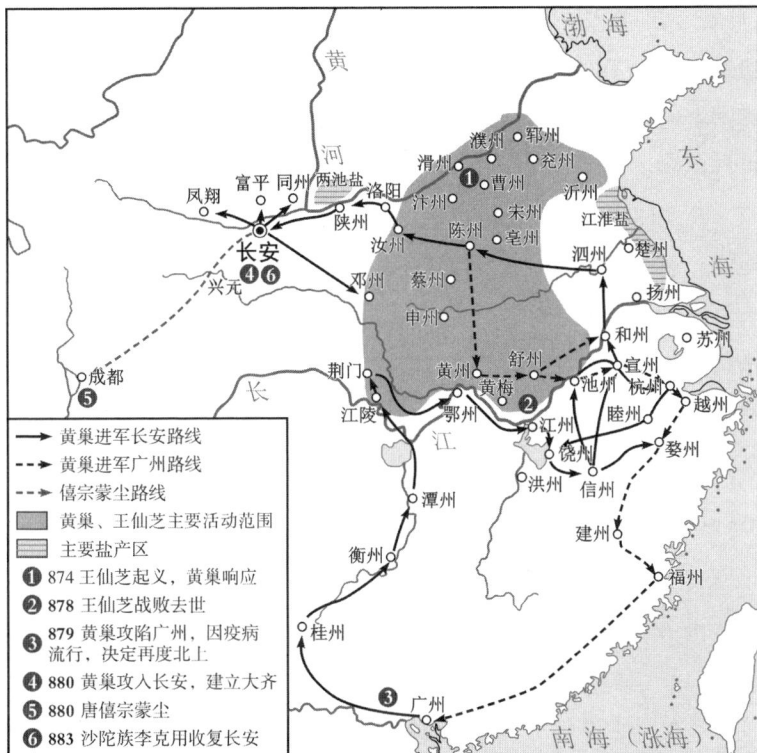

图15　"黄巢之乱"

　　当时的广州是南海贸易的最大窗口，早在玄宗时代就设置了监管海外贸易的市舶司。广州城中除了阿拉伯系、伊朗系的穆斯林商人外，还有印度系、马来系的商人在此从事贸易。如前文所说，我们之所以能够清晰知道被杀害外国人的人数和宗派，是因为根据伊斯兰教徒的记载，唐朝让宗教信仰不同的外国居民分别住在不同的地方。

　　黄巢对广州的攻击还破坏了当地的桑田，结果绢织物的生产量剧减，南海贸易一度中断。事情恐怕不止这样，黄巢对外国商人的屠杀也产生了重大影响。由此看来，"黄巢之乱"并不是局限于中国国内的事件，必须将其纳入该时期东西交流和欧亚世界的视野中进行理解。

自王仙芝起义到黄巢攻陷广州，这四年多动乱的特征在于，从中国北部到南部的大规模移动给各地都带来了破坏，但它既没有大的目标，也没有设立固定的据点。这就如同河南和山东交界处生成的热带低气压，在辗转各地的同时，逐渐成长为巨大的台风。毋庸赘言，所谓成长就是对唐朝不满的流亡农民不断参与进来，致使黄巢的势力有如雪球般越滚越大。内藤湖南将黄巢的这种动向称为"流贼的鼻祖"。

黄巢北上

黄巢向唐朝要求广州节度使的地位，但是遭到拒绝。为此，黄巢宣称将夺取都城长安，展示出与唐朝对决的姿态。

当时，广州的黄巢军中疫病流行，损失了三到四成的士兵。以此为契机，黄巢开始向着长安进军。从广州一口气北上跨过长江中游时，黄巢军被唐朝军队打败，于是顺长江而下进入浙江。此时，唐朝的藩镇联军在长江北岸布下防线，但总指挥为了独占功绩，竟然上奏称平定黄巢近在眼前，进而解除了防线。黄巢抓住时机，立刻向北渡过长江，终于迎来与唐朝决战的时刻。此时的黄巢自称"率土大将军"——率土就是地上一切事物的意思，他不再像之前那样四处掠夺，而是以严整的军容北上，最终攻下了洛阳。

消息传到朝廷，十九岁的僖宗害怕得不停哭泣，宰相们进言立刻出动神策军死守潼关。

然而，当时的神策军士兵都是长安的富家子弟通过向宦官行贿而买到军籍的家伙，他们投身神策军不过是为了从皇帝那里接受赏赐，穿着华丽的军装在长安城中快马疾行罢了。一听说要出征，他们就父子抱头痛哭，进而用金钱雇来病坊（官营的疗养院）之人和穷人代替自己。这些从没接触过兵器的人，即便送去潼关守卫长安，也不可能起到作用。黄巢突破潼关，瞬间逼近长安。

田令孜害怕承担战败的责任，将罪名转嫁他人后就与五百神策军带着僖宗离开了长安。田令孜从之前开始就计划逃往蜀地，将亲兄任命为西川节度使。于是，僖宗向成都逃亡，途中下达诏书，命令各地藩镇出兵收复长安。

长安入城，血流成河

另一方面，黄巢坐着黄金打造的乘舆，在服装华丽的护卫兵和众多骑兵的扈从下，列队进入长安。他登上大明宫正门上的丹凤楼，宣告大赦天下后将国号改为"大齐"，年号"金统"（880年）。

"齐"是包括黄巢故乡曹州在内的山东古称，改年号为"金统"，是因为唐朝为土德王朝，在五行思想中土德生金德。早在黄巢起兵之前，当地就流传着"金色虾蟆争努（怒）眼，翻却曹州天下反"[1]的童谣，这也可以从同样的脉络上进行解释。

---

[1] 语出《旧唐书·黄巢传》。

当时唐朝的年号是"广明"，有人说这正预言黄巢将会夺取天下。因为在这个年号中，"唐"抽去"聿"和"口"，换上黄巢的"黄"就是"广（廣）"，"明"为日月显现，合起来就是"黄家日月也（黄巢的天下如日月般明亮，黄巢乃是圣人）"的祥瑞之兆。这完全是牵强附会，但或许也是混乱社会的真实写照。

事实上，黄巢占领长安非常顺利，朝廷中三品以上的高官被驱逐，四品以下的官员原职留用。黄巢的士兵大多是破产的农民和群盗出身，他们见到穷人还会给予施舍。另一方面，他们又十分憎恶官吏，随意将其杀害，一般民众也被卷入进来，街头巷尾到处都在杀人，连黄巢都无法阻止。

在此期间，唐朝的藩镇军击败了黄巢军，还一度夺回长安。然而，藩镇军的士兵在长安肆意掠夺，城内的无赖少年也借机行窃，到处都是无法无天的状态。另一方面，黄巢趁机击败藩镇军，再次占领长安。当时以此前勾结官军为由，八万多长安居民惨遭杀戮。无数的鲜血如同河流般洗刷了长安的街道，史料中称之为"洗城"。

然而，经过与藩镇军的多次交战，黄巢军逐渐丧失了优势。在这一过程中，守备长安东方的黄巢军大将朱温（后来的朱全忠）向唐朝投降。但是对于唐朝而言，仅凭藩镇军的攻势和一部分黄巢军将领的投诚，还不足以击破黄巢夺回长安。此时被唐朝选中的，就是沙陀族的李克用。

沙陀族

据说，沙陀族原本是在天山北麓草原游牧的突厥系种族，起初处在西突厥的统治之下，高宗时期唐朝灭亡西突厥（第二章）后，沙陀族在唐朝和吐蕃帝国之间摇摆不定。"安史之乱"中沙陀族曾作为唐朝军队参战，但德宗时又跟从吐蕃帝国，参加与回鹘帝国的北庭争夺战（第四章）。这一时期，他们被吐蕃帝国从新疆故地迁移到东方的甘州（今甘肃张掖）。

沙陀族的首领原本是"沙陀"姓的一族，宪宗时期沙陀厌恶吐蕃的统治，想要归顺唐朝。当时在吐蕃军的追击下，沙陀姓的首领阵亡，接替成为沙陀首领的是朱邪姓，此人就是李克用的祖父。沙陀族归顺唐朝后，最初被安置在鄂尔多斯，后来移动到了代北（今山西北部）。

今天从山西省的省会太原向北走，有一座名为代县的小城市，那就是唐朝的代州。代州的北侧山峦起伏，那里有雁门关，跨过雁门关就是大同盆地，与草原世界相连。这里称为代州之北，也就是代北，唐朝时期设置了云州（今山西大同）和朔州（今山西朔州）。这一带是农耕世界和游牧世界交错的所谓农牧边境地带，既有农耕地，也有可供游牧的广阔草原（第197页）。

移居大同盆地的沙陀族在此一边过着游牧生活，一边积蓄着骑兵战力。唐朝看重沙陀的骑兵战力，多次加以利用。"庞勋之乱"时就起用了沙陀族，李克用之父朱邪赤心在镇压中立下功劳，于是唐朝赐予皇室的李姓，并赐名国昌。此后沙陀族的首领都自称李姓。然而，唐朝的优待可能加速了沙陀的增长，沙陀的行动逐渐脱离唐朝的控制。

就在此时，黄巢起兵给全中国带来巨大混乱。当时李国昌之子李克用守备云州东方的蔚州（今河北蔚县），他趁机占领云州从唐朝独立出来。唐朝在应对河南黄巢的同时，还必须应对代北的沙陀。

于是唐朝向幽州节度使下诏，与移居代北的鲜卑系吐谷浑共同讨伐李克用。当时李克用方面也不是铁板一块，除了沙陀族内部的分裂外，代北的粟特系突厥（六州胡，德宗时期受吐蕃压迫，从鄂尔多斯向代北移动）也追随唐朝，结果李克用败北，向蒙古高原南部的蒙古系游牧集团鞑靼亡命。此时正好是黄巢经过河南，兵锋直指长安的时候。

李克用遇赦

黄巢占据长安后，各地的节度使和权贵开始协助唐朝夺回长安，被派遣到代北的监军使陈景思也是其中之一。他纠集沙陀、粟特系突厥、吐谷浑等，计划夺取长安。由于兵力不足，募兵之际各种游牧集团都前来参加，结果形成三万人的军团。然而没有人能够统率如此杂多的军团，只能召回逃往鞑靼的李克用。与此同时，唐朝也赦免了李克用的罪行，因为他有着统率军团的人格魅力。于是，代北的游牧集团都集结到李克用的麾下，起程收复长安。

李克用一只眼睛很小，号称"独眼龙"，他把自己部队的军装统一为黑色，因此李克用的军队也被称为"鸦军（乌鸦军团）"，令人恐惧。李克用一口气攻入关中，打败黄巢军后成功夺回长安。因为这一功绩，李克用被授予河东节度使。

黄巢占据长安大约三十个月，最后在宫殿里放火后离开，顺着事先准备的逃亡路线进入南山（秦岭山脉）。前来追击的官军被黄巢军散落在道旁的珍奇珠宝吸引了注意力，黄巢趁机逃走。黄巢来到河南南部，降服盘踞蔡州的秦宗权，在那里暂时安定下来。黄巢虽然放弃了长安，但势力依然非常强盛。

投降唐朝的黄巢旧部朱全忠就在蔡州以东的汴州，但他和其他节度使都无法与黄巢的势力对抗。于是，收复长安后回到太原的李克用再次收到求援。黄巢进逼汴州时，赶来的李克用将其彻底击败，黄巢军陷入崩溃状态。

另一方面，击败黄巢的李克用也兵困马乏，粮食已经耗尽，于是返回了汴州。前来迎接的朱全忠将李克用迎入城内，摆设酒宴郑重款待。根据史书记载，李克用当年二十九岁，酒醉之间言语和态度都很狂妄，激怒了年长的朱全忠。不过也有可能是朱全忠嫉妒李克用击败黄巢的功绩，于是想要暗杀酩酊大醉的李克用。由于事发突然，李克用一行瞬间都倒在了血泊里。李克用在亲卫队的保护下，才勉强逃出汴州城，未经反击便逃回了根据地太原城。

动乱终结

黄巢被李克用打败后，逃到山东泰山附近名为狼虎谷的地方，他自觉气数已尽，于是选择自杀。据说他想砍下自己的首级，但头颅和身体没有脱离，最后是由他的外甥砍下了头颅。黄巢的外甥也被斩首，和黄巢的首级一起送往僖宗的蒙尘之地成都（884年）。

当时，被黄巢劫持的唐朝后宫女性也送到了成都。僖宗向她们质问道："尔等都是名家之女，昔日深受唐朝国恩，却为何跟随贼人？"其中一人当即回答道："陛下拥有百万人的国家军队，尚不能守卫宗庙，抛下都城逃往四川。如今陛下把责任推到女子身上，却原谅了大臣和将军们，这又是为什么？"据说僖宗听后无言以对。[1]这些女性全部在成都的市集上被处死，民众为了安慰她们，争相提供酒食。许多宫女因为悲伤和害怕，喝到意识模糊的地步，唯独向僖宗发问的女子不喝也不哭，凛然地迎接行刑。

第三节 | 唐朝灭亡

僖宗还都

离开都城的僖宗时隔四年终于回到长安（885年），但都城因为战乱而荒废，到处长满荆棘，狐狸和兔子四处乱窜。心痛的僖宗下令大赦天下，改年号为光启，希望重建唐朝。

然而，长达十年的"黄巢之乱"不只是改变了都城的景观。在各地藩镇中，军将杀害节度使，不待朝廷任命就自称节度使独立，"黄巢之乱"前唐朝控制藩镇的体制完全崩溃。此后，唐朝的命令只能影响关中和甘肃东部、四川、广东等几十个州，能够收到租税的更是仅剩都城及周边的几个州而已。

---

[1] 语出《资治通鉴·唐纪七十二》，原文为："（僖宗）宣问姬妾：'汝曹皆勋贵子女，世受国恩，何为从贼？'其居首者对曰：'狂贼凶逆，国家以百万之众，失守宗祧，播迁巴、蜀；今陛下以不能拒贼责一女子，置公卿将帅于何地乎！'上不复问，皆戮于市。"

二次蒙尘

当时，外朝的官僚和内朝的宦官总共有一万余人，还有田令孜在四川募集后新加入神策军的五万四千名士兵。神策军是宦官的权力基础，如果无法支付俸禄，就会招来叛离。对于需要加强自身权势的田令孜而言，持续支付神策军士兵俸禄乃是当务之急。于是，他盯上了河东的盐。

河东就是今天山西省的西南，唐朝时候设立蒲州（今山西永济），其下有解县和安邑县。两县有盐池（唐代的名称是两池，后来的解池），自古就是著名的产盐之地。食盐专卖原本是度支使和盐铁使的工作，进入唐末后由地方节度使掌控。独占两池之盐专卖权的是河中节度使〔会府在河中府（蒲州）〕王重荣，他本是河中节度使的军将，在"黄巢之乱"中晋升为节度使，与李克用共同从黄巢手中夺回长安。

田令孜向僖宗上奏，请求将河东盐的专卖权限收归中央，自己担任两池榷盐使，从而将盐利掌握在手中。但王重荣当然不会同意。于是，田令孜打算将王重荣调往其他藩镇，两者之间陷入对立，王重荣转而向李克用求助。

李克用对唐朝怀恨在心，因为他才是给黄巢致命一击的最大功臣，结果却险遭朱全忠暗杀，功劳也全被朱全忠抢走。李克用感觉到，如果河中节度使王重荣遭到讨伐，那么自己将会成为下一个目标。

田令孜决定付诸武力，下令凤翔节度使李昌符和邠宁节度使〔会府在邠州（今陕西彬州）〕朱玫讨伐王重荣。另一方面，李克用在王重荣的求援下率军攻入关中。沙陀军果然实力强劲，击败凤翔军和邠宁军后进逼长安。惊慌失措的田令孜带着僖宗再次离开都城，前往长安以西的凤翔，接着又劫持僖宗，逃到南方的兴元府。此时距离僖宗回到长安，只过去了十一个月。

当然，将田令孜问罪的声音也此起彼伏。于是他打算逃脱罪责，任命枢密使宦官杨复恭为左神策军护军中尉，自己成为兄长担任节度使的西川监军使后，迅速逃到蜀地。后来，田令孜被尊称他为父亲的武将王建所杀，关于王建我们留待后文再说。

僖宗时代的终结

李昌符和朱玫正与李克用交战，听说田令孜带着僖宗逃离都城后陷入混乱，是继续跟着田令孜与李克用交战，还是和李克用联手？几经犹豫，朱玫将肃宗的玄孙李煴立为皇帝后进入长安城。一时间，天下藩镇的半数都表示支持。但是朱玫和李昌符为争夺主导权而交恶，走上了不同的道路。

拥立新皇帝的朱玫希望与李克用修复关系，李克用不予认可，准备发兵攻打朱玫。兴元府的杨复恭也向关中发布檄文，得到朱玫首级者给予重赏。不久，朱玫被部下王行瑜背叛杀害，李煴逃往河中节度使王重荣处，但也被抓捕杀害。

于是僖宗打算返回都城，但这次是凤翔的李昌符拦住了他。李昌符想要把僖宗迎接到自己身边，大概是通过拥立僖宗获得有利的立场吧。然而，李昌符在凤翔街头和神策军的部将争吵，凤翔军和神策军发展为冲突。在战斗中失败的李昌符被迫逃往凤翔以西的陇州（今陕西陇县），在那里遭人杀害。此次战斗中立功的是神策军军将李茂贞，他被任命为凤翔节度使。

在凤翔的僖宗得病后回到长安，回京仅两周就病重驾崩了（888年），享年二十七岁。

昭宗与杨复恭

僖宗驾崩后，宦官杨复恭将僖宗之弟、懿宗的第七子李杰（即位时改名李敏，后改为李晔）立为皇帝，当时只有二十二岁，是为昭宗（888～904年在位）。昭宗在兄长的时代就感叹唐朝威令不行，怀抱着重建昔日大唐王朝的抱负，而且他非常憎恶宦官。

对于昭宗来说，杨复恭是将自己扶上皇位的恩人，但另一方面，杨复恭统领着宿卫的士兵，朝政从其口出，他还将众多养子任命为节度使和刺史，把宦官之子派往各地担任监军，掌握极大的权力，可以说是很难对付的人物。

为了削弱杨复恭的权力，昭宗任命他为凤翔节度使，试图将其赶出长安。然而，心怀不满的杨复恭立刻宣布引退，定居在了长安。当时，杨复恭在给养子的书信中，对昭宗的做法出言不逊地评价道："天子乃是区区门生（学生），竟然迫使定策国老（拥立皇帝的国家重臣，也就是宦官）引退。"[1]从中也能看出唐末宦官掌握巨大权力后的自信。

---

[1] 语出《旧唐书·杨复恭传》，原文为："有如此负心门生天子，既得尊位，乃废定策国老。"

但杨复恭还是被安上了谋反的罪名，他逃出长安后来到兴元府，继而遭到凤翔节度使李茂贞的攻击，只能辗转各地，最终被捕后在长安处刑。尽管如此，宦官势力本身得以保存，此后直到唐朝灭亡，宿命的对决仍在持续。

李茂贞和李克用对立

唐朝内有宦官为患，在外又有许多不可小觑的对手。其中，长安周边的小藩镇凤翔节度使李茂贞、斩杀朱玫有功的邠宁节度使王行瑜、长安以东的镇国军节度使〔会府在华州（今陕西省渭南市华州区）〕韩建，三人相互勾结，或是向中央请求要职，或是要求神策外镇军的指挥权，都是非常棘手的存在。韩建与占据蜀地的王建同为许州人，最早在秦宗权军中，入蜀之后被田令孜提拔为神策军的将领，后来担任华州刺史。

适逢掌握解池食盐权益的河中节度使王重盈（王重荣之兄）去世，其子与王重盈兄长之子围绕继承人之位发生纷争。前者投奔李茂贞，后者向李克用请求援助，于是两股力量势同水火。

在此混乱之中，李茂贞和王行瑜、韩建等率领精兵数千人前往长安，杀害平时厌恶的宰相和宦官，甚至还制定了暗杀昭宗的计划。然而听闻李克用在太原起兵的消息后，暗杀计划中止，全力防备李克用南下。

李克用进逼都城，长安城陷入混乱。当时北衙禁军分为左三军（神策、龙武、羽林）和右三军，分别由王行瑜和李茂贞执掌。两军为争夺昭宗蒙尘而在长安城内争斗，甚至在宫门附近放火。昭宗害怕被两者挟持，在神策军的护卫下逃往长安南方的终南山中。数十万民众与昭宗一起逃亡，但是三分之一因为中暑而死去，夜间还有强盗袭击，哭喊声在山谷间回荡。

进军关中的李克用一方面迎奉昭宗返回长安，另一方面进攻王行瑜，将其逼入绝境。王行瑜逃出根据地邠州，最终被部下杀害，首级献给了李克用。见此时机，李克用请求讨伐李茂贞，但朝廷厌恶沙陀势力扩大，所以没有许可。于是李克用返回太原，而李茂贞又恢复了往日的傲慢和专横。

重建禁军失败

昭宗回到长安后，打算在神策军外重建禁军，交由诸王统领。然而，这一举动刺激了李茂贞。李茂贞担心自己会被讨伐，于是带兵前往长安。昭宗再次逃出长安，本想投奔太原的李克用，途中停留在华州的韩建帐下。

李茂贞进入长安，将"黄巢之乱"后正在重建的长安宫殿和街道再次毁坏。另一方面，迎接昭宗的韩建从诸王手中接过新禁军的指挥权后，下令解散了新禁军。不仅如此，诸王还被安上密谋暗杀韩建，带着昭宗前往河中的无端罪名，陆续遭到杀害。就这样，李茂贞和韩建二人破坏了象征唐朝权威的长安，又成功扫除本应保卫皇帝的禁卫军，但无奈他们都不具备号令天下的实力。

从朱温到朱全忠

朱全忠从黄巢军归顺唐朝，"黄巢之乱"平定后，他远离朝廷的政治斗争，专注于巩固和培养自己的势力。

朱全忠原名朱温，宋州砀山（今安徽）人。据说其家世低微，但朱温的父亲精通儒家经典的五经，并以讲习五经为生。从这一意义来说，朱温并不是单纯的无赖之徒，他具有一定程度的学问。然而父亲早逝和生活困窘，也对朱温性格的形成产生重大影响。

朱温出生的宋州位于大运河沿岸，与过去"江贼"的据点是一致的。朱温生于宣宗年间（852年），"庞勋之乱"时十七岁，有可能参与其中。

王仙芝和黄巢相继起兵时，二十三四岁的朱温也参加动乱。黄巢占领长安后，朱温担任东方同州的防御使。然而当黄巢转入劣势后，朱温就归顺了唐朝。当时三十二岁的朱温被赐名"全忠"，任命为宣武军节度使。

朱全忠确立势力

朱全忠日后篡夺唐朝，建立后梁，拉开所谓"五代十国时代"的序幕，但他一开始并没有那么大的势力。投奔唐朝并担任宣武军节度使时，他的势力最多只有五百人。此外，宣武军的牙军是屡次驱逐节度使的著名骄兵，其周边也有强大的藩镇。

在这样的环境下，朱全忠必须建立起自己的军队。其中虽有原宣武军的士兵和黄巢的残党，但大多是在山东和河南以"募兵"名义半强制拉入军中的民众。据说为了防止逃跑，他们的脸上都刻着刺青。对他们加以训练后，就成了全新的朱全忠军。

汴州朱全忠的西侧是以蔡州为据点的秦宗权。秦宗权收容黄巢的残党，拥有多于朱全忠十倍的势力，与唐朝相抗衡，还一度自称皇帝。但是，秦宗权在朱全忠的进攻下屡屡败北，最终成了朱全忠的俘虏。秦宗权被立即送往都城处刑（889年）。

为了尊奉唐朝皇室和守卫朝廷，李克用不得不参与唐朝与关中各藩镇的争斗，朱全忠则利用这一状况，与中央政界的动向保持距离，切实地积攒着实力，最终几乎掌握了整个河南道（大体相当于今天的河南省和山东省）（897年）。

一般认为，朱全忠通过掌握汴州实现了势力基础的强化。汴州位于大运河沿岸，是自南向北运输物资的重要流通据点，占据此处的节度使就能以经济力量作为后盾，建立起强大的势力。

但是，唐末时期大运河已经决堤，汴州和长江之间处于无法使用的状态。再加上长江下游的杨行密以扬州为据点构建势力范围，以杭州为据点的钱镠控制着长江以南，江淮的物资是无法运往汴州的。因此，我们必须从其他角度说明朱全忠势力扩大的理由。

原因之一是"黄巢之乱"中荒废的洛阳得以重建，周边农业生产力恢复，经济稳定，朱全忠最早具备了这些条件。同时，朱全忠掌控着来自山东的物资输送，后来将河中节度使纳入手中，掌握了当地的盐利，这也是朱全忠势力基础得以强化的原因。总之，朱全忠控制着河南道，收服河北的各个藩镇，成功封锁了李克用朝河北、河南方向发展。

幽禁昭宗

朱全忠终于朝着下一个阶段迈出脚步，他修复洛阳的宫殿，准备迎回昭宗。

得知这一消息的李茂贞和韩建迫使昭宗颁布诏书，停止与李克用的争斗，谋求与李克用共同修复长安。于是，昭宗回到了长安（898年）。

当时的宰相之一是山东门阀出身的崔胤，他和厌恶宦官的昭宗联手，意图削弱宦官的势力。为此，宦官都对昭宗和崔胤心怀戒备。

从华州返回都城后，昭宗常常闭门不出，好酒而又喜怒无常。有一天，昭宗在宫城北部的禁苑狩猎，酒醉之后回到宫城。不料昭宗突然杀害宦官和侍女，然后趁着酒劲睡着了。第二天宫门迟迟不开，宦官首领前往查看时目睹了这一惨状。以此为契机，与昭宗对立的宦官们幽禁昭宗，将皇太子李裕改名李缜后立为皇帝。曾经与昭宗交好之人，全部遭到杀害。

昭宗前往凤翔

政变看似成功了，然而崔胤和神策军的将校联手，成功救出昭宗，政变以未遂告终。这一事件后，宦官虽然仍掌握禁军的指挥权，但崔胤顺利夺回了宦官掌握的一部分权力。

此前，宦官杨复恭从度支抢夺了酒曲的贩卖权，其费用充作维持神策军的费用。崔胤则允许民间制造酒曲，只对其进行征税，神策军已经制造的酒曲只能低价抛售，于是神策军失去了收入。

以这一政策为契机，宫廷内崔胤和宦官陷入尖锐对立。崔胤开始掌握一切军国要务，宦官们则解除崔胤的盐铁使之职与其对抗。为了争取优势，两者又与朝廷外的势力联络，崔胤和朱全忠联手，宦官们和李茂贞联手。当时，朱全忠掌握着河中节度使的盐利，又对太原的李克用发动进攻，其势力基本掌控了华北的东部。

朱全忠打算将昭宗迎到洛阳，而李茂贞想把昭宗迎至凤翔。崔胤得知后，打算将朱全忠请到长安，抢在李茂贞之前掌控昭宗。宦官们听闻消息后，立刻强行带走昭宗，前往投奔李茂贞。于是出现了"京师无天子，行在无宰相"[1]的局面（901年）。

暗杀昭宗

崔胤向朱全忠哭诉，无论如何都要夺回昭宗。朱全忠也意识到尊奉天子的重要性，于是再次进攻李克用，将其势力封锁在太原后，开始全力进攻凤翔。在朱全忠的猛烈攻势下，李茂贞逐渐走投无路，上奏昭宗诛杀主要的宦官头目后与朱全忠和解。昭宗立刻诛杀宦官首领二十余人，将首级送到朱全忠处。当时，凤翔共有七十二名宦官被杀，此后昭宗得以返回长安。

众多宦官在凤翔丧命，但朱全忠和宰相崔胤仍没有停止追击宦

[1] 语出《资治通鉴·唐纪七十八》。

官，他们又在长安杀害数百名宦官，得以幸免的只有身份低微的三十名宦官。此外，到地方藩镇中担任监军的宦官也有少数得以活命。就这样，在唐朝后期宫廷中执牛耳的宦官势力，至此走上了崩溃的末路。

朱全忠将关中地区也纳入势力，他的下一个目标自然就是取代唐朝皇帝。崔胤察觉到危险后组织起新的禁军，但终究还是朱全忠技高一筹。朱全忠让麾下军士混入禁军，结果崔胤的计划全在朱全忠的掌握之中。朱全忠判断崔胤已经没有利用价值，于是秘密上奏崔胤意图谋反，动员麾下士兵包围崔胤的宅邸，将他的亲信全部杀死。

只要皇帝还在长安，就会有第二、第三个李茂贞和崔胤。于是朱全忠请求立即迁都洛阳，强行带着昭宗和百官离开长安。当时，长安的宫殿和民间的庐舍全都遭到破坏，木材漂在渭水上顺着黄河水流运往洛阳，长安再度成为废墟。

如此一来，唐朝的气数已尽。朱全忠在洛阳修复宫殿并迎接昭宗后，终于开始了暗杀计划。

某天晚上，正在皇后宫中的昭宗遭到朱全忠手下的袭击。昭宗虽然是醉酒而眠却立即惊醒，身着单衣在宫殿中逃命，但最后还是被杀害了（904年），享年三十八岁。

禅让

朱全忠将昭宗的第九子李祚立为皇太子，改名李柷后继承皇位。他就是唐朝的末代皇帝昭宣帝（904~907年在位），当时只有十三岁。朱全忠的计划十分缜密，他将可能成为阻碍的昭宗之子招至宴会，酒酣之后全部绞死，尸体扔进池塘里。

以宰相为首担任要职的人员，全都被贬为山东地区的地方官。三十余人前往山东赴任，途中来到滑州的白马驿。此时，朱全忠以敕令将他们全部赐死，尸体投入了黄河。据说，这是进士落第的李振厌恶科举官僚，于是对朱全忠说："这些家伙平时都自诩清流，那就把他们扔进黄河变成浊流吧。"[1]这一事件象征着自南北朝以来深度参与王朝政治的"门阀贵族"，在此迎来了终结。

朱全忠自身也很讨厌读书人。有一次，朱全忠带着幕僚和客人在大柳树下休息，他自言自语道："这棵柳树适合做车毂（车轮的零件）。"朱全忠的亲信都没有吭声，只有几个书生回答道："正是如此。"朱全忠立刻变了脸色，大声斥责道："书生之辈专会以谄媚之言愚弄他人，尔等就是如此。适合做车毂的乃是榆木！"回答"正是如此"的书生们都被杀害了。[2]

昭宣帝即位后经过两年半，终于将皇位禅让给了朱全忠。此后根据仪式，朱全忠即位称帝，改国号为大梁，年号开平（907年）。由于此前也有以梁为国号的中国王朝，因而称为"后梁"（907～923）。至此，延续二百九十年的唐朝名副其实地灭亡了。

---

[1] 语出《旧五代史·李振传》，原文为："（李振）乃谓（梁）太祖曰：'此辈自谓清流，宜投于黄河，永为浊流。'"

[2] 语出《资治通鉴·唐纪八十一》，原文为："（朱）全忠尝与僚佐及游客坐于大柳之下，全忠独言曰：'此柳宜为车毂。'众莫应。有游客数人起应曰：'宜为车毂。'全忠勃然厉声曰：'书生辈好顺口玩人，皆此类也！车毂须用夹榆，柳木岂可为之！'顾左右曰：'尚何待！'左右数十人，捽言'宜为车毂'者悉扑杀之。"

退位后的昭宣帝成为济阴王，迁往曹州，在后梁建国第二年的二月二十一日被迫饮毒自尽，年仅十七岁，谥号哀皇帝。这就是被称为唐哀帝的末代皇帝的结局。

终　章

世界史中的『唐宋变革』

第一节 | "五代十国时代"的看法

唐朝之后的世界

唐朝灭亡后，中国北方有朱全忠建立的后梁、占据今天山西省的李克用沙陀军阀、河北军阀、长期盘踞关中的李茂贞等势力；南方则是吴、吴越、荆南（南平）、楚、南汉、闽、前蜀并立。这就是"五代十国"时代的开端。

"五代"是指中国北方陆续兴起的五个"正统"王朝，即后梁、后唐、后晋、后汉、后周。"十国"则是在中国南方上述七国的基础上，加入取代吴国的南唐、四川的后蜀，以及中国北方后汉灭亡后，由其同族建立的北汉三个政权。

不过，"五代十国"的说法是北宋欧阳修在《五代史记》（即《新五代史》）中整理记述的，其实还有没算入"十国"的王国，以及后晋和后汉之间短暂统治中国北方的"辽（契丹）"，这一点必须注意。

从后梁到后唐

"黄巢之乱"后，李克用和朱全忠争夺中原霸主的地位。如前文所说，直到唐朝灭亡之前，朱全忠的战略发挥效果，成功将李克用封锁在了太原。

但是，李克用也不会善罢甘休。朱全忠强行将昭宗带出长安迁都洛阳，进而暗杀昭宗，李克用的内心必然感到了焦虑。他与契丹族中逐渐崭露头角的耶律阿保机订立盟约（云州会盟），准备共同进攻朱全忠。不过，盟约并未执行，李克用失去了打倒朱全忠的最后机会。听闻唐朝灭亡的消息后，李克用就病倒了，第二年正月去世，享年五十三岁。

李克用直到死前仍然坚守着唐朝臣子的立场。1989年，在山西代县发掘了李克用墓，其中有墓志出土，志题为"唐故河东节度观察处置等使、开府仪同三司、守太师、兼中书令晋王墓志铭并序"，李克用去世当年以唐朝年号记载为"天祐五年"（908）。当时，朱全忠已经使用"开平"年号，但李克用不予承认。他的继承者李存勖也尊奉唐朝正朔，继续使用"天祐"的年号。

另一方面，朱全忠因为继承人问题的纠纷，被其子朱友珪暗杀。其后，后梁的国势开始出现阴影。李存勖趁机占领河北之地，在魏州即皇帝之位，国号为"唐"，庙号称为庄宗。由于高举着复兴唐朝的旗帜，历史上称为"后唐"（923～936）。后唐最终灭亡后梁，控制了中国的北方，但鄂尔多斯还有后来建立西夏的党项，中国南方也是独立政权割据的状态。

沙陀王朝

后唐王朝是以朱邪氏族（此时已赐姓为李，出于便利这样称呼）为核心的沙陀部族、代北的粟特系突厥、突厥系和蒙古系游牧各部族、汉人等的联合体。庄宗去世后，李克用的养子李嗣源（后唐明宗，926～933年在位）继位，成功对各项制度进行了改革。

但是，在他死后围绕继承权发生纠纷，其间沙陀军团中的粟特系武将石敬瑭崛起，建立了后晋（936～946）。石敬瑭借助契丹耶律尧骨（太宗）的援助建国，作为回报将部分领土割让给了契丹，那就是"燕云十六州"（现在的北京、河北北部、山西北部）。

不过，石敬瑭去世后，继位的后晋皇帝背叛了与契丹的友好关系，继而被愤怒的契丹所灭。契丹一度尝试统治中原，但似乎为时过早，统治很不顺利。此时，在太原担任节度使的沙陀出身的刘知远起兵，建立起后汉（947～950）。

另一方面，契丹的中国统治因为民众抵抗而失败，耶律尧骨在返回契丹国的途中去世。刘知远进入开封后不久就病死了，其子继位。然而，后汉王权很不稳定，将军郭威在军队的拥戴下建立后周（951～960）。当时刘知远的同族占据太原，维持着"汉"的国号，史称"北汉"，一直延续到北宋时代。

在后周，郭威死后养子柴荣继承了皇位。他就是周世宗，也是总称"三武一宗法难"的佛教弹压中对应"一宗"的人物。柴荣病死后，禁军拥立赵匡胤，于是宋朝诞生了（960年）。

在"五代"王朝中，后梁和其他四个有很大的差异，那就是后唐、后晋、后汉、后周的建国者都是沙陀出身或从属于沙陀军团，总之是沙陀化的武将。如此看来，10世纪在中国北方兴亡的王朝，除去后梁外，都是由沙陀部族联合体出身者建立的，某种意义上可以称为"沙陀王朝"。如果把唐末朱全忠和李克用的对决包含后面的时代一起考察，可以说最终还是沙陀获得了胜利。

中国南方的历史发展

　　后梁南方的吴国是庐州（今安徽合肥）人杨行密建立的，他出身"群盗"，凭借实力成为当地的刺史。杨行密控制江淮盐的集散地扬州，同时抵御朱全忠的进攻，在江淮到江西地区确立了统治。他曾被唐朝封为吴王（902年），在唐朝灭亡的前一年去世，但吴王国依然存续，直到掌握该国实权的徐知诰建立了南唐（937～975）。

　　以长江以南杭州作为据点的是当地出身的盐贼钱镠。他原本是董昌的武将，董昌建立大越罗平国称帝后，唐昭宗不予认可，下令钱镠前往讨伐。钱镠得令后抓捕董昌并割据当地，也就是后来的吴越国（907～978）。

　　割据四川的王建是河南陈州项城（今河南沈丘）或许州舞阳（今河南南部）人，年轻时是无赖之徒，曾参与贩卖私盐，后来加入忠武军节度使的军队。黄巢攻陷长安、僖宗蒙尘蜀地时，王建作为护卫部队前往蜀地，在当地成为田令孜的养子。此后田令孜失势，王建也左迁四川壁州（今四川通江）。但以此为契机，王建将当地作为据点，后来杀害成都的西川节度使和前来投靠的养父田令孜，自己成为西川节度使。他还兼并东川节度使之地，唐朝灭亡后独立称帝，国号大蜀，这就是"十国"之一的前蜀（907～925）。

　　王建死后，前蜀被后唐庄宗所灭。庄宗派遣河北邢州（今河北邢台）出身的武将孟知祥统治当地，但后唐因为国内纷争而灭亡，孟知祥趁机独立，建立了后蜀（934～965）。

建立楚国（907～951）的马殷也是许州人，据说原来是"木工"，大概是伐木工人或者木匠。唐末秦宗权在蔡州崛起时，马殷随之参军，后来在其部将孙儒的麾下。孙儒战死后，马殷进入湖南担任潭州（今湖南长沙）刺史，继而成为武安军节度使（原湖南观察使），在当地割据。

占据福建建立闽国（909～945）的王审知是光州（今河南潢川）人。光州在唐朝属于淮南道，但与河南道的蔡州南部相邻。王审知本是农民出身，唐末动乱之际与兄长王潮一起投军，但他避开河南地区的争乱，经过江西进入福建，进而在当地建立起统治。

建立南汉（917～971）的刘隐同样本籍河南，祖父从河南移居福建，凭借南海贸易积累财富。父亲一代时迁往广州，在此从事商业。刘隐的容貌与汉人不同，在定说中似乎不是汉人。后来宋代广州的外国人居住地（蕃坊）中确认有刘姓人员，所以有属阿拉伯系伊斯兰商人的说法。也有观点认为，他是广东的"蛮獠"。然而，如果刘隐的祖先是河南人，则这两种说法都无法成立。也许是玄宗时代，六州胡（粟特系突厥）移居河南之地，刘隐继承了他们的血统，所以容貌与汉人相异。刘隐的次女刘华，嫁给了闽王王审知之子王延钧；南汉第二代的刘严（后改名刘龑）迎娶了楚国马殷的女儿，将她立为皇后。2003年，广州发现刘隐和刘严的陵墓，刘严的陵墓（康陵）中还出土了哀册（墓志）。

荆南（907～963）是朱全忠的武将高季昌（后改名季兴）建立的，后梁灭亡后被后唐册封为南平王，一直延续到北宋初期。

游牧势力与河南势力

从唐朝灭亡后诞生的几个国家来看，非常意味深长的事实浮出了水面。后梁、前蜀、楚、闽、南汉的王家，都是河南出身的农民、无赖或是私盐商人。其中也有许州和光州出身的，正如第六章所说，那些地方曾是唐朝后期江贼的据点。杨吴和吴越的创建人虽然地域不同，但都是群雄或盐贼出身，与唐末江淮发起"动乱"的人物有着大体相同的背景。

唐末掀起大规模动乱的能量，其实是河南到江淮间民众与藩镇士兵对唐朝的不满。除了经济剥削引发民众和士兵的不满外，另一点值得注意的是，玄宗时期曾将六州胡（粟特系突厥）迁往当地。虽然他们后来重新返回鄂尔多斯故地，但宫崎市定推测仍有留在河南的部族。从这一视角来重新阅读史料的话，确实汴州朱全忠的将校中就能找到带有"康"等粟特姓氏的人物。

不过，从被迫移居河南之地到唐朝末年，其间经过了一百年以上，六州胡究竟多大程度上维持着原有的骑马作战能力，这一点并不清楚。宫崎市定认为，这些人是不容于当地社会而遭到疏远的存在，在社会不稳定时会最先爆发出来。

唐末的河南到江淮都有这样的不稳定分子，他们的一部分化身"黄巢"掀起反唐朝的运动，另一部分则以与"黄巢"对峙的形式，在中国南方各地成功建立起势力。

如果用这样的观点重新审视，所谓"五代十国"也许可以视作两级的构造，即统治北方的沙陀王朝，以及割据中国南方、从唐末河南及江淮浙江民众和军人中诞生的王权。这是与唐末发生的"李克用之乱""黄巢之乱"平行的现象，两者最终演变成"五代十国"这一分裂状态，而将它们重新统合起来，则必须等到北宋的时候。

第二节 ┃ 东欧亚世界中的唐朝

重新理解唐朝

唐朝一般被视作中国历代王朝之一，众多学者也是站在这一视角研究唐朝历史的。如序章中所说，站在这一视角的话，唐朝的历史在"安史之乱"前后发生了巨大的变化。前半段的历史作为魏晋南北朝时代以来贵族制发展和"胡汉"融合的过程进行说明，后半段的历史则重视与宋代以后的连续性，讲述唐朝后期产生的各种体制。被称为"唐宋变革"的视角，至今仍是中国史研究中的重要命题。

但是，仅仅使用中国史的框架是无法完全理解唐朝的。比如，我们试着将动摇唐朝的"安史之乱"和"黄巢之乱"进行比较。"安史之乱"与当时欧亚全境的人员流动有着深刻关联，可以说是"国际性"的事件，而"黄巢之乱"通常被理解为爆发于河南的国内动乱。

然而，"黄巢之乱"也无法完全归结为中国国内的事件。实际上，在黄巢攻占广州之际，此前与伊斯兰世界的海上贸易陷入了停滞。遗憾的是，我们无法知道当时进行的贸易究竟有多大规模，但是考虑到广州城内居住着多达十二万的伊斯兰民众，可以想象是相当大规模的海上贸易。

换言之，唐朝在当时的欧亚全境中处于怎样的位置，这样的视角在今后的研究将会越来越重要。

契丹建国

正当10世纪初期的中国空间中出现上文所说的形势时，东欧亚这一更加广阔的世界也发生了巨大变动。

在唐朝灭亡的907年，以唐朝年号而言就是天祐四年，这一年的正月十三日，契丹族的耶律阿保机庄严宣告建国。此时距离唐朝灭亡的三月二十七日，只剩下两个月的时间。

本书中登场的唐代契丹族还分为若干个集团，有时处于唐朝的统治之下，有时只是从属于蒙古高原上游牧政权的弱小势力。契丹走向统一和独立的条件日渐成熟，那就是由于"安史之乱"的影响，唐朝对外扩张的力量遭到削弱，以及9世纪中期回鹘帝国崩溃后，蒙古高原上没有产生替代它的游牧政权。因此，蒙古高原、东北地区出现了巨大的政治空白，契丹族借机得以整合。到9世纪末期，以可汗辈出的遥辇氏为中心，形成了契丹部族联合体。

10世纪初，与遥辇氏不同系统的迭剌部族出身的耶律阿保机，在契丹部族联合体中逐渐崭露头角。他凭借实力成为契丹的可汗，建立起契丹国，当时必定还发布了从尚未灭亡的唐朝独立的宣言。随后，耶律阿保机改革此前任期三年的契丹可汗制度，宣布亲自担

任终身可汗，作为中国式的"皇帝"重新即位，国号用汉语称为
"大契丹"（916年）。

从唐朝诞生的中央欧亚型国家

在日本的东洋史学界，一直以来将契丹国与女真族建立的金、
蒙古族建立的元、满洲族建立的清，统称为"中国征服王朝"，作
为中国的历代王朝之一。但是近年来的研究认为，应当将以契丹国
为首的这些征服王朝从中国史的框架中解放出来，把他们理解为时
期划分中第二期诞生于欧亚各地、直到蒙古帝国才得以完成的"中
央欧亚型国家"才更加合理。

所谓中央欧亚型国家是森安孝夫[1]提出的概念，指人口较少的
骑马游牧民族凭借强大的骑马军事力量和贸易获得的经济力量，以
及导入文书行政的方式，在草原世界立稳脚跟后，同时在人口较多
的农耕民、都市民居住的农耕世界确立起稳定统治体制的国家。这
种类型的国家不只是以往视为"征服王朝"的契丹国、金、元、清
等，诞生于广阔欧亚大陆的西夏王国、西回鹘王国[2]、喀喇汗王

---

[1] 森安孝夫（1948～ ）：日本中央欧亚史学者，大阪大学名誉教授，兼任东方文库研
究员。主要研究方向为敦煌、吐鲁番出土文书，蒙古高原碑刻，以及汉文史料为中心
的中央欧亚史，代表作有《丝绸之路与唐帝国》《东西回鹘与中央欧亚》《丝绸之路世
界史》等。

[2] 西回鹘王国（866～1209）：又称西州回鹘、高昌回鹘。866年，北庭回鹘大首领仆固
俊与吐蕃、黠戛斯大战，收复西州、轮台、清镇，由此建立起西州回鹘政权。981年，
西州回鹘王派都督麦索温入宋贡，此后与宋朝和辽朝都有密切的交往。1209年，其
王投归成吉思汗，元朝改译为畏兀儿国，元末明初成为察合台汗国领土的一部分。

朝[1]、伽兹尼王朝[2]、塞尔柱王朝[3]等都属于这一类。森安孝夫还提出，中央欧亚型国家的雏形是渤海国、安禄山势力以及回鹘帝国。安禄山势力是指安禄山及其麾下的政治、军事集团，其残余势力就是在唐朝维持了一百五十年半独立状态的河朔三镇。

本书已经提到，河朔三镇虽在宪宗时期一度归顺唐朝，但总体上是对唐朝保持半独立状态的割据藩镇。因此在以往研究中，河朔三镇通常是定位于从唐到宋的变革之中。但是，河朔三镇后来没有打倒唐朝、构筑下一代的新势力，因而无法将它们整合到唐宋变革之中。

那么，河朔三镇在历史上是没有意义的存在吗？并非如此。河朔三镇的历代节度使大多是奚、契丹、回鹘、粟特系突厥人，其中虽然也有汉人，但必定接受了游牧文化的熏染。再者，他们麾下的军团充满尚武的风气，有着各种各样民族集团出身的武将，节度使最重要的课题就是维系这样的武人集团，保障他们的俸禄。为此，

---

[1] 喀喇汗王朝（840~1212）：又称黑汗王朝，由西北地区的回鹘人和葛逻禄人等族群建立的政权，辖地包括今中亚和中国新疆南部部分地区。1041年，汗国正式分裂为东西两部。东部汗国成为西辽的附庸，1211年因贵族暴动而灭亡；西部汗国先后沦为塞尔柱帝国和西辽的附庸，1212年被花剌子模王朝所灭。

[2] 伽兹尼王朝（962~1186）：又称伽色尼王朝，由中亚突厥人建立，统治中亚南部、伊朗高原东部、阿富汗、印度河流域等地的伊斯兰王朝。建立者为中亚萨曼王朝的突厥族将领阿勒普特勤，建国后仿效萨曼王朝的各项制度，建立起比较完善的中央集权官僚体制，直到12世纪后期被古尔王朝所灭。

[3] 塞尔柱王朝（1037~1194）：11世纪塞尔柱突厥人在中亚、西亚建立的伊斯兰王朝，11世纪后期马利克沙在位时达到极盛，领有伊朗、伊拉克、高加索、小亚细亚大部及叙利亚等地。马利克沙死后诸子相争，帝国陷入分裂，1194年被花剌子模王朝军队所灭。

节度使必须从管辖领域内征收租税，同时保护领内的农民，建立起有效的行政体制。那么在河朔三镇中，相关知识又是如何获得的呢？

答案就是将虽然在长安科举中合格，但没有获得官职的待业者拉拢过来，把他们任用为幕僚。在游牧集团出身的领袖及其军团之下，很可能配备了具有高度汉字读写和文书制作能力的候补官员，由此摸索着农耕世界的统治方式。唐朝灭亡后，河朔三镇被后唐和契丹所吸收。当时，沙陀系后唐和契丹国吸取了河朔三镇的知识，从中诞生出以游牧社会作为据点，由少数游牧系统治者统治大多数农耕民的王朝。

从这一意义上说，长达二百九十年君临东欧亚之地的唐王朝，其历史意义之一就在于为这些中央欧亚型王朝的诞生做好了准备。

附 录

后　记

所谓"转折"，究竟是何时何地产生的，我并不清楚。昔日收集中国邮票的小学生成了痴迷中国武术的中学生，后来得知精通中华武术需要长期居住中国，于是高中时候想要成为学习中国话的特派员。但是，高中三年级时发现自己的英语还没有好到能够进入某所外国语大学，于是决定将自己喜爱的历史和中国话结合起来学习（大约如此），从事东洋史的研究。

起初打算进入当地的国立大学，其间"得知"了爱知大学的存在，那是承继战前上海东亚同文书院[1]源流的"中国学"圣地，也是《中日大辞典》的编纂地。入学之后，我又到当时的北京语言学院再次留学，第二年进入天津南开大学求学，回过神时发现经过了五年才毕业。

---

[1] 上海东亚同文书院：1901年以研究"中国学"为专务而成立的高等学府，其前身是上海日清贸易研究所。办学期间曾组织历届学生对中国进行长达四十余年实地调查，遍及除西藏以外的中国所有省区，内容涉及地理、工业、商业、社会、经济、政治等多个方面，成果作为当时日本对华决策的重要依据。1945年日本战败后，上海东亚同文书院作为间谍机构被勒令关闭，在华人员遣返日本。1946年，原东亚同文书院人员创立日本爱知大学。1948年，原东亚同文会人员组建"霞山俱乐部"，后更名为"财团法人霞山会"。

当时的爱知大学没有研究生院，所以只能去外面。经过迷茫之后，我进入以唐朝盐政和长安研究驰名的妹尾达彦老师所在的筑波大学研究生院。起初是从唐代的军阀和本书后半部分登场的"藩镇"开始研究的，某种意义上那是非常正统的研究。研究生第四年，我得到霞山会奖学金到北京大学留学，师从当时三十四岁的荣新江老师。顺带一提，霞山会的前身就是东亚同文会，即东亚同文书院的经营主体。

此次留学最大的目的就是调查硕士论文中藩镇相关史料的某件墓志，即河朔三镇之一魏博节度使何弘敬的墓志。墓志本身非常巨大，仅凭当时石刻史料集中收录的拓本照片，几乎看不清上面的文字。借助"石在河北省邯郸市丛台公园碑刻馆"这一信息，我来到邯郸寻访墓志。见到实物时的万千感动，最终汇成一句"太棒了！"当时还是胶卷相机的时代，我使用了多卷三十六张的胶卷，仔细地拍下照片，还当场做了笔记。

回到北京后，我依据冲洗的照片和笔记，将石碑的文字转抄到纸上，每周和荣新江老师一对一地慢慢品读和解释文意。研究的"转折"就是这个时候到来的。荣新江老师对我建议道："这个何弘敬可能是粟特人的后代，不妨从这一视角进行研究。"这就是我从事在华粟特人活动研究的开端。后来，这一成果充实为申请博士（文学）学位的论文，作为《粟特人的东方活动与东欧亚世界的历史性发展》公开出版。最近，我正在分析辽宁朝阳（唐代的营州）发现的唐代墓志，同时调查当地的契丹人与唐朝的统治形态。

我绝不是对整个唐朝都有研究，要叙述长达二百九十年的唐朝历史，对我而言是沉重的负担。回想起来，最初是2017年11月15日，中公新书编辑部的藤吉亮平先生给我发来了一封邮件。随后，藤吉先生特意来到大阪关西大学的研究室，向我展示了"中公新书 中国通史（单人企画）"这一宏大的计划（梦想？有勇无谋？），言谈之间邀请我负责执笔。

必须致以歉意的是，重新调查唐朝二百九十年的历史就花了很长时间，其间藤吉先生也调职到了文艺编辑部。接手的是主编田中正敏先生，在东京丸之内酒店一边用餐一边郑重地举行交接仪式是在2019年6月21日。

一念之起，但好事多磨。恰逢此时，恩师妹尾达彦老师交托我别的工作。那是某社的企画，邀请我执笔契丹国（辽朝）的创始人耶律阿保机。我对此完全是门外汉，由于无法推辞，最终还是参加了。纷纷扰扰，终于写完本书第六章时，已经是预定时间的2022年9月。田中先生联系到我，一口气展示了到刊行为止的时间表，并由新锐的胡逸高先生接棒，这一次是在网络上举办的交接。这么长的时间，适度放任，适当问候，如同"羁縻"般走到了今天，完全是三位编辑鼓励和守护的结果。特别是最后的阶段，胡逸高先生在文章表述、图片选定和制作上都给出了建议，真的非常感谢！

本书执笔之际得到众多朋友的协助。丸桥充拓先生（岛根大学）和山下将司先生（日本女子大学）通读原稿全文，给出了建议和批评。山根直生先生（福冈大学）在出版前阅读了关于黄巢的原稿，吐蕃史由岩尾一史先生（龙谷大学），突厥部分由齐藤茂雄先生（帝京大学）和吉田丰先生（京都大学名誉教授），佛教政治史由中田美绘先生（京都产业大学），隋代萧皇后部分由村井恭子先生（神户大学），唐初政治史由会田大辅先生（明治大学），他们都从专业的角度给出了建议。还有，"文献指南"中列举的前人业绩无疑也令我受惠良多，再次致以谢意。当然，本书的最终文责还是由我自己承担。

我到大阪关西大学就任是在2005年，就像大多数私立大学那样，讲义的安排不少，学科内外的杂务很多，但研究环境非常优越。2016年到2017年，我获得了赴外研究的机会，于是前往巴黎。因为曾经在中国的本科和研究生院留学过三年以上，我将前辈同僚"要不去一趟美国的哈佛燕京研究所"的建议做扩大解释，选择了战前与京都、北京同为世界性中国学圣地的巴黎。那是与敬爱的、甚至出现在梦里的（但没有见过面）宫崎市定博士渊源深厚的城市。我向粟特研究中结识的魏义天（Étienne de La Vaissière）先生（法国社会科学高等研究学院）提出申请，被法国国立科学研究所（CNRS）的东方文明研究中心［CRCAO（Centre de recherches sur les civilisations de l'orientale）］吸纳为研究员。

巴黎的中国史研究环境也不差，石刻资料等新近大型书籍比较零散，但从古典书籍到新近书刊（日语的很少）都应有尽有。不仅如此，台湾"中研院"的汉籍电子文献资料库是完全开放的，中国大陆的期刊论文数据库CNKI也是免费使用。那里获得的见解，一部分反映在了本书中。对于提供校园研究环境和赴外研究机会的关西大学，我想致以深深的谢意。

最后，在本书执笔其间，虽然没有免除我分担家务，但依然给予关心和协助的家人，以及允许我在大学、研究生院、留学中享受自由人生并默默守护的父母，我想对他们道一声感谢！

森部丰

2023 年 2 月 15 日，于千里山

文献指南^[1]

△ 以下是写给读者的文献指南，笔者将列举本书执笔时所参考的文献，以及和本书内容密切相关的文献。至于用中文撰写的专业书籍，可以通过此处列举的文献查询。本书以政治史的发展作为中心，对唐代的各种制度和该时期的民族集团都有详尽论述，但基本没有涉及当时人们的生活和文化史等领域，此处也列出相关文献以供参考。另外，列举的文献基本都用日语写成，再版再刊的情况则采用最新版本。

一、通史

荒川正晴「中華世界の再編とユーラシア東部（中华帝国的重编与欧亚东部）」荒川正晴（編）『岩波講座世界歴史 6 中華世界の再編とユーラシア東部 4～8 世紀（岩波讲座世界历史 6 中华世界的重编与欧亚东部 4～8 世纪）』岩波書店、二〇二二年、三一七七頁。

△ "岩波讲座世界史"共策划和出版过三回，分别是在 1970 年代、1990 年代和 2020 年代。每回唐代历史卷的"总论"叙述中都会反映出各自的研究背景和执笔者的问题意识。

---

[1] 为便于读者查找，本书"文献指南"部分最大限度保留了日文版的原貌，只在包含假名的日语书名、论文名后括注中文翻译，英语文献不作改动。

池田温・他（編）『世界歴史大系 中国史2——三国～唐（世界历史大系中国史2——三国至唐）』山川出版社、一九九六年。

△ 隋唐部分由爱宕元和金子修一执笔，政治史、制度、社会经济、文化等领域的梳理非常均衡。

石田幹之助・田中克己『大唐の春（大唐之春）』文藝春秋、一九六七年。

△ 本书的特色是关于唐代社会风俗的论述，作为底本的《长安之春》（后详）也请一并参照。

岡崎文夫『隋唐帝国五代史』平凡社、一九九五年。

△ 以1950年代作者在东北大学的讲义笔记为编集基础，对唐代后期的叙述比较详尽。

氣賀澤保規『絢爛たる世界帝国（隋唐時代）（绚烂的世界帝国 隋唐时代）』講談社、二〇二〇年。

△ 堪称20世纪隋唐史研究集大成之作的概说书。共十一章，其中以政治史为中心的通史有三章，其他还有关于庶民生活、女性、工商业、军制、圆仁所见的唐代社会、周边各国、文化的章节。

妹尾達彦「中華の分裂と再生（中华的分裂与重生）」『岩波講座世界歴史 9 中華の分裂と再生 3—13世紀（岩波讲座世界历史9中华的分裂与重生3—13世纪）』岩波書店、一九九九年、三—八二頁。

△ 概括20世纪中国史（中华帝国史前期）研究，展望下个时代的启蒙性通史。

外山軍治『中国文明の歴史5 隋唐世界帝国（中国文明的历史5隋唐世界帝国）』中央公論新社、二〇〇五年。

△ 1967年初版，部分内容比较古老，但文风平实，很容易阅读，也有一些作者独到的见解。

布目潮渢・栗原益男『隋唐帝国』講談社、一九九七年。

△ 反映1970年代以前的隋唐史研究水准，读来令人回味无穷的概说书。

古松崇志『草原の制覇 大モンゴルまで（称霸草原 大蒙古之前）』岩波书店、二〇二〇年。

△ 本书与后述丸桥著《江南的发展》和渡边著《中华的形成》都属于岩波新书系列。作者突破狭义"中国"空间的束缚，叙述中涵盖了草原世界和海域世界，时间上也有一千年的跨度，是一本全新风格的中国通史。

丸橋充拓『江南の発展 南宋まで（江南的发展 南宋以前）』岩波书店、二〇二〇年。

宮崎市定『大唐帝国——中国の中世（大唐帝国——中国的中世）』中央公論社、一九八八年。

△ 从题目来看似乎是唐朝的通史，但实际记述唐朝的部分只占整体的五分之一。不过本书平实易懂，而且随处可见作者的独到见解。

森安孝夫『シルクロードと唐帝国（丝绸之路与唐帝国）』講談社、二〇一六年。

△ 相比于唐代史，更接近本书所提出的"东欧亚史"概说。作者的研究成果随处可见，是比较具有高度的概说书。

山田信夫『唐とペルシア（唐与波斯）』平凡社、一九七一年。

渡辺信一郎『中華の成立 唐代まで（中华的形成 唐代以前）』岩波书店、二〇二〇年。

二、政治、制度（礼仪）

内田智雄（編）/補・梅原郁『訳注続歴代刑法志（補）』創文社、一九七一年。

△ 收录了《旧唐书》卷五〇和《新唐书》卷五六的《刑法志》。

金子修一『古代中国と皇帝祭祀（古代中国与皇帝祭祀）』汲古書院、二〇〇一年。

————『中国古代皇帝祭祀の研究（中国古代皇帝祭祀研究）』岩波書店、二〇〇六年。

————『大唐元陵儀注新釈』汲古書院、二〇一三年。

△ 关于代宗丧葬礼仪的史料译注。

栗原益男『唐宋変革期の国家と社会（唐宋変革时期的国家与社会）』汲古書院、二〇一四年。

△ 收录了作者自1950年代到1980年代执笔的多篇相关论考，内容涉及律令制度崩溃后新军制的诞生、藩镇的权力构造、唐末五代的政治社会等。

石曉軍『隋唐外務官僚の研究——鴻臚寺官僚・遣外使節を中心に（隋唐外务官僚研究——以鸿胪寺官僚、遣外使节为中心）』東方書店、二〇一九年。

千田豊『唐代の皇太子制度（唐代的皇太子制度）』京都大学学術出版会、二〇二一年。

谷川道雄『谷川道雄中国史論集』下卷、汲古書院、二〇一七年。

△ 收录了作者关于唐代史的论考、书评和学术展望，包括《关于唐代的藩镇：浙西的情况（唐代の藩镇について——浙西の場合）》《关于从武后朝末期到玄宗初年的政治斗争：唐代贵族制研究的一个视角（武后朝末年より玄宗朝初年にいたる政争について——唐代貴族制研究への一視角）》《河朔三镇节度使权力的性质（河朔三镇における節度使權力の性格）》等。

陳寅恪/森部豊（訳）「陳寅恪『唐代政治史述論稿』上篇 統治階級之氏族及其升降」訳注稿」（1）（2）『関西大学東西学術研究所紀要』五四・五五（二〇二一・二〇二二）二八三―三〇三・二四五―二六五頁。

△ 这是陈寅恪的经典著作，也是研究唐代史必读文献《唐代政治史述论稿》（重庆：商务印书馆，1943年）的日译本。未完成，通过关西大学数据库可以阅览。陈寅恪《隋唐制度渊源略论稿》（上海古籍出版社，1982

年）也是必读的文献，但目前还没有日文版。

築山治三郎『唐代政治制度の研究（唐代政治制度研究）』創元社、一九六七年。

辻正博『唐宋時代刑罰制度の研究（唐宋时代刑罚制度研究）』京都大学学術出版会、二〇一〇年。

礪波護『唐代政治社会史研究』同朋舎、一九八六年。

———『唐の行政機構と官僚（唐代的行政机构与官僚）』中央公論社、一九九八年。

———『唐宋の変革と官僚制（唐宋的变革与官僚制）』中央公論新社、二〇一一年。

中村裕一『唐代制勅研究』汲古書院、一九九一年。

———『唐代官文書研究』中文出版社、一九九一年。

仁井田陞『増訂 中国法制史研究』（全四卷）東京大学出版会、一九八〇年。

△ 由《刑法》《土地法、交易法》《奴隶农奴法、家族村落法》和《法与习惯、法与道德》组成。

新見まどか『唐帝国の滅亡と東部ユーラシア——藩鎮体制の通史的研究（唐帝国的灭亡与东部欧亚——藩镇体制的通史性研究）』思文閣出版、二〇二二年。

△ 论及从唐朝后期到五代初期政治史和藩镇的最新研究成果，与本书的第四章到第六章相关。

布目潮渢『布目潮渢中国史論集』（上・下卷）汲古書院、二〇〇三・二〇〇四年。

△ 上卷收录唐代史篇Ⅰ（政治史、律令制），下卷收录唐代史篇Ⅱ（官人制）。

濱口重國『秦漢隋唐史の研究（秦汉隋唐史研究）』（上・下卷）、東京大学出版会、一九六六年。

△ 上卷收录《从府兵制到新兵制（府兵制より新兵制へ）》，下卷收录《唐玄宗朝江淮上供米和地税的关系（唐の玄宗朝における江淮上供米と地税との関係）》等唐代史论考。

────『唐王朝の賎人制度（唐王朝的贱人制度）』東洋史研究会、一九六六年。

速水大『唐代勲官制度の研究（唐代勋官制度研究）』汲古書院、二〇一五年。

日野開三郎『唐代藩鎮の支配体制（唐代藩镇的统治体制）』（日野開三郎東洋史学論集第一巻）三一書房、一九八〇年。

────『唐末五代初自衛義軍考　上篇』私家版、一九八四年。

平田陽一郎『隋唐帝国形成期における軍事と外交（隋唐帝国形成期的军事与外交）』汲古書院、二〇二一年。

△ 收录了关于府兵制再考的多篇论文。

藤野月子『王昭君から文成公主へ──中国古代の国際結婚（从王昭君到文成公主──中国古代的国际婚姻）』九州大学出版会、二〇一二年。

堀敏一『唐末五代変革期の政治と経済（唐末五代变革时期的政治与经济）』汲古書院、二〇〇二年。

△ 前编收录《藩镇亲卫军的权力构造（藩鎮親衛軍の権力構造）》《黄巢叛乱（黄巣の叛乱）》《朱全忠政权的性质（朱全忠政権の性格）》等关于唐后期到五代政治史的论文，后篇收录与敦煌、吐鲁番文书相关的论考。

前嶋信次『東西文化交流の諸相（东西文化交流的诸相）』東西文化交流の諸相刊行会、一九七一年。

△ 《怛罗斯战考（タラス戦考）》（第129—200页）是理解7~8世纪中亚与唐朝关系的必读论文，与本书第二、三章相关。

松本保宣『唐王朝の宮城と御前会議——唐代聴政制度の展開（唐王朝的宫城与御前会议——唐代听政制度的发展）』晃洋書房、二〇〇六年。

丸橋充拓「唐後半期の政治・経済（唐后期的政治、经济）」荒川正晴・冨谷至（編）『岩波講座世界歴史7　東アジアの展開　8〜14世紀（岩波讲座世界历史7东亚的展开8〜14世纪）』岩波書店、二〇二二年、五一一七九頁。

三田村泰助『宦官』中央公論社、一九六三年。

△ 堪称宦官通史的经典之作。

山根清志『唐王朝の身分制支配と「百姓」（唐王朝的身份制统治与"百姓"）』汲古書院、二〇二〇年。

山本隆義『中国政治制度の研究（中国政治制度研究）』（第八章「唐代」）東洋史研究会、一九六八年。

律令研究会（編）『譯註日本律令』五・六・七（唐律疏議譯註篇一・二・三）東京堂出版、一九七九・一九八四・一九八七年。

三、社会经济（交通）

青山定雄『唐宋時代の交通と地誌地図の研究（唐宋时代的交通与地志地图研究）』吉川弘文館、一九六三年。

荒川正晴『オアシス国家とキャラヴァン交易（绿洲国家与驼队交易）』山川出版社、二〇〇三年。

———『ユーラシアの交通・交易と唐帝国（欧亚的交通、交易与唐帝国）』名古屋大学出版会、二〇一〇年。

△ 主要利用吐鲁番文书，复原西域交通和交易情况的力作。

池田温『中国古代籍帳研究 概観・録文』東京大学出版会、一九七九年。

———『敦煌文書の世界（敦煌文书的世界）』名著刊行会、二〇〇三年。

───『唐史論攷』汲古書院、二〇一四年。

△ 关于太宗、武则天时期编纂的《氏族志》和敦煌粟特人聚落的论考也收入其中。

岡本隆司『中国経済史』名古屋大学出版会、二〇一三年。

△ 第二章《魏晋南北朝至隋唐五代》部分是必读的。

愛宕元『唐代地域社会史研究』同朋舎、一九九七年。

加藤繁『支那経済史考證』上巻、東洋文庫、一九五二年。

△ 收录了唐代庄园、草市、行（商业行会）等相关论文。

鞠清遠/中島敏（訳注）『唐代財政史』国書出版、一九四四年。

清木場東『唐代財政史研究（運輸編）』九州大学出版会、一九九六年。

───『帝賜の構造 唐代財政史研究 支出編（帝赐的构造 唐代财政史研究 支出篇）』中国書店、一九九七年。

佐伯富『中国塩政史の研究（中国盐政史研究）』法律文化社、一九八七年。

△ 第三章第五节《唐代的盐政（唐代の塩政）》梳理了关于唐代盐政的研究。

佐藤武敏『中国古代絹織物史研究』下、風間書房、一九七八年。

關尾史郎『西域文書からみた中国史（西域文书所见中国史）』山川出版社、一九九八年。

礪波護『隋唐都城財政史論考』法蔵館、二〇一六年。

土肥義和『燉煌文書の研究（敦煌文书研究）』汲古書院、二〇二〇年。

日野開三郎『唐代租調庸の研究（唐代租庸调研究）』私家版、「I色額篇」一九七四年、「II課輸篇上」一九七五年、「III課輸篇下」一九七七年。

──────『唐代両税法の研究 前篇（唐代两税法研究 前篇）』（日野開三郎東洋史学論集第三巻）三一書房、一九八一年。

──────『唐代両税法の研究 本篇（唐代两税法研究 正篇）』（日野開

三郎東洋史学論集第四卷）三一書房、一九八二年。

——————『唐・五代の貨幣と金融（唐、五代的货币与金融）』（日野開三郎東洋史学論集第五卷）三一書房、一九八二年。

——————『唐代先進地帯の莊園（唐代先进地区的庄园）』私家版、一九八六年。

——————『唐代邸店の研究（唐代邸店研究）』（日野開三郎東洋史学論集第一七卷）三一書房、一九九二年。

——————『続 唐代邸店の研究（续 唐代邸店研究）』（日野開三郎東洋史学論集第一八卷）三一書房、一九九二年。

堀敏一『均田制の研究（均田制研究）』岩波書店、一九七五年。

丸橋充拓『唐代北辺財政の研究（唐代北境财政研究）』岩波書店、二〇〇六年。

吉田豊『コータン出土8—9世紀のコータン語世俗文書に関する覚え書き（关于于阗出土8—9世纪于阗语世俗文书的备忘录）』神戸市外国語大学外国学研究所、二〇〇六年。

△ 利用于阗语书写的世俗文书，论及唐朝"羁縻统治"下于阗国的税制问题。

渡辺信一郎『中国古代の財政と国家（中国古代的财政与国家）』汲古書院、二〇一〇年。

△ 收录关于汉唐之间国家和财政的论考。特别是第三部《隋唐时期的财政与帝国（隋唐期の財政と帝国）》，除唐代财政史外，还收录了关于军制和唐朝统治体制本身的重新探讨，是必读的部分。

——————『『旧唐書』食貨志訳注』汲古書院、二〇一八年。

四、周边各国、民族集团（附正史部分翻译）

赤羽目匡由『渤海王国の政治と社会（渤海王国的政治与社会）』吉川弘

文館、二〇一一年。

伊瀬仙太郎『中国西域経営史研究』巌南堂書店、一九五五年。

稲葉穣『イスラームの東・中華の西（伊斯兰以东、中国以西）』臨川書店、二〇二二年。

△ 包含唐代中亚研究的最新成果，面向大众的读物。

岩尾一史・池田巧編『チベットの歴史と社会 上（吐蕃的历史与社会上）』臨川書院、二〇二一年。

△ 包含关于吐蕃帝国的最新概说。

岩佐精一郎『岩佐精一郎遺稿』私家版、一九三六年。

△ 收录《关于河西节度使的起源（河西節度使の起原に就いて）》《关于突厥的复兴（突厥の復興に就いて）》等论考。

岩崎力『西夏建国史研究』汲古書院、二〇一八年。

△ 收录第一部第一章《关于隋唐时期的党项（隋唐時代のタングートについて）》、第二章《夏州定难军节度使的建置与前后政局（夏州定難軍節度使の建置と前後の政情）》、第三章《唐朝最晚期的党项（唐最晚期のタングートの動向）》。

石見清裕『唐代の国際関係（唐代的国际关系）』山川出版社、二〇〇九年。

植田喜兵成智『新羅・唐関係と百済・高句麗遺民（新罗、唐朝关系与百济、高句丽遗民）』山川出版社、二〇二二年。

大原良道『王権の確立と授受――唐・古代チベット帝国（吐蕃）・南詔国を中心として（王权的确立与授受――以唐、古代吐蕃帝国、南诏国为中心）』汲古書院、二〇〇三年。

岡崎精郎『タングート古代史研究（党项古代史研究）』東洋史研究会、一九七二年。

△ 收录第一篇第一章《唐代党项的发展（唐代におけるタングートの

発展）》。

金子修一『古代東アジア世界史論考——改訂増補 隋唐の国際秩序と東アジア（古代东亚世界史论考——改订增补 隋唐的国际秩序与东亚）』八木書店、二〇一九年。

佐藤長『古代チベット史研究（古代吐蕃史研究）』（上・下卷）同朋舎、一九七七年。

嶋崎昌『隋唐時代の東トゥルキスタン研究——高昌国史研究を中心として（隋唐时期的东突厥研究——以高昌国史研究为中心）』東京大学出版会、一九七七年。

菅沼愛語『7世紀後半から8世紀の東部ユーラシアの国際情勢とその推移 唐・吐蕃・突厥の外交関係を中心に（7世纪后期到8世纪东部欧亚的国际局势及其演变 以唐、吐蕃、突厥的外交关系为中心）』渓水社、二〇一九年。

内藤みどり『西突厥史の研究（西突厥史研究）』早稲田大学出版部、一九八八年。

西村陽子『唐代沙陀突厥史の研究（唐代沙陀突厥史研究）』汲古書院、二〇一八年。

日野開三郎『小高句麗国の研究（小高句丽国研究）』（日野開三郎東洋史学論集第八卷）三一書房、一九八四年。

————『北東アジア国際交流史の研究（上）［东亚亚国际交流史研究（上）］』（日野開三郎東洋史学論集第九卷）三一書房、一九八四年。

藤澤義美『西南中国民族史の研究（西南中国民族史研究）』大安、一九六九年。

△ 收录关于南诏的论考。

古畑徹『渤海国とは何か（何谓渤海国）』吉川弘文館、二〇一八年。

———『渤海国と東アジア（渤海国与东亚）』汲古書院、二〇二一年。

護雅夫『古代遊牧帝国』中央公論社、一九七六年。

△ 写给一般读者的突厥通史。

森部豊『ソグド人の東方活動と東ユーラシア世界の歴史的展開[1]（粟特人在东方的活动和东欧亚世界的历史性展开）』関西大学出版部、二〇一〇年。

△ 该书论及在安史之乱、河朔三镇的跋扈、沙陀王朝的兴起中，都有粟特系突厥人的深度参与。

———（編）『ソグド人と東ユーラシアの文化交渉（粟特人与东欧亚的文化交流）』勉誠出版、二〇一四年。

森安孝夫『東西ウィグルと中央ユーラシア（东西回鹘与欧亚中部）』名古屋大学出版会、二〇一五年。

———（編）『ソグドからウイグルへ（从粟特到回鹘）』汲古書院、二〇一一年。

山口瑞鳳『吐蕃王国成立史研究』岩波書店、一九八三年。

山田信夫『北アジア遊牧民族史研究（北亚游牧民族史研究）』東京大学出版会、一九八九年。

エチエンヌ・ドゥ・ラ・ヴェシエール（魏义天，Étienne de La Vaissière）/ 影山悦子（訳）『ソグド商人の歴史（粟特商人的历史）』岩波書店、二〇一九年。

附正史部分翻译

内田吟風・田村実造他訳注『騎馬民族史1——正史北狄伝』平凡社、一九七二年。

---

[1] 原书此处缺少"歴史的"三字。

△ 收录《旧唐书》卷一九九下《北狄传》中的契丹、奚、室韦、靺鞨条，《新唐书》卷二一九《北狄传》中的契丹、奚、室韦、黑水靺鞨条。

佐口透·山田信夫·護雅夫訳注『騎馬民族史2——正史北狄伝』平凡社、一九七二年。

△ 收录《旧唐书》卷一九九下《北狄传》中的铁勒条、《旧唐书》卷一九四上下、《新唐书》卷二一五上下《突厥传》、《旧唐书》卷一九五、《新唐书》卷二一七上下《回纥（回鹘）传》。

羽田明·佐藤長他訳注『騎馬民族史3——正史北狄伝』平凡社、一九七三年。

△ 收录《旧唐书》卷一九六上下、《新唐书》卷二一六上下《吐蕃传》、《新唐书》卷二一八《沙陀传》。

井上秀雄他訳注『東アジア民族史2——正史東夷伝（东亚民族史2——正史东夷传）』平凡社、一九七六年。

△ 收录《旧唐书》卷一九九上《东夷传》、《旧唐书》卷一九九下《北狄传·渤海靺鞨》、《新唐书》卷二二〇《东夷传（未译出流鬼部分）》、《通典》卷一八五《边防·东夷》。

小谷仲男·菅沼愛語「『新唐書』西域伝訳注」（一）（二）『京都女子大学大学院文学研究科研究紀要 史学編』九（二〇一〇年）八一——一二八頁/同一〇（二〇一一年）一二七——一九三頁。

五、都市、风俗、女性、文学

石田幹之助『増訂 長安の春（増订 长安之春）』平凡社、一九六七年。

植木久行『唐詩歳時記』講談社、一九九五年。

————『唐詩の風景』講談社、一九九九年。

△ 植木的两本著作都是通过唐诗介绍唐代的社会风俗。

大澤正昭『妻と娘の唐宋時代——史料に語らせよう（妻子和女儿的唐宋

时代——让史料说话）』東方書店、二〇二一年。

小川環樹『唐詩概說』岩波書店、二〇〇五年。

高世瑜/小林一美・任明（訳）『大唐帝国の女性たち（大唐帝国的女性们[1]）』岩波書店、一九九九年。

△ 翻译成日语的唐代女性通史。建议和石田的《长安之春》、大泽的《妻子和女儿的唐宋时代》一起阅读。

黄能馥他（編）古田真一（監修・翻訳）栗城延江（翻訳）『中国服飾史図鑑』第二巻、科学出版社東京株式会社、二〇一九年。

△ 通过彩图介绍唐代的服饰。

佐藤武敏『長安』講談社、二〇〇四年。

塩沢裕仁『千年帝都 洛陽』雄山閣、二〇〇九年。

下定雅弘『白居易と柳宗元——混迷の世に生の讃歌を（白居易和柳宗元——将生命赞歌献于混沌尘世）』岩波書店、二〇一五年。

徐松/愛宕元（訳注）『唐両京城坊攷——長安と洛陽（唐两京城坊考——长安与洛阳）』平凡社、一九九四年。

妹尾達彦『長安の都市計画（长安的都市计划）』講談社、二〇〇一年。

△ 虽然冠以"长安"之名，但大约三分之一的篇幅提及了理解包含中国在内的亚洲东部历史的新方法，是非常具有启发性的读物。

譚蟬雪/麻麗娟（訳）『中国中世の服飾（中国中世的服饰[2]）』中国書店、二〇二二年。

△ 通史性地叙述了十六国到元代的服饰变迁，多使用壁画和文物的彩色图版。

程千帆/松岡栄志・町田隆吉（訳）『唐代の科挙と文学（唐代的科举与文

---

[1] 原书中文标题为"唐代妇女"，三秦出版社1988年版。
[2] 原书中文标题为"中世纪服饰"，华东师范大学出版社2016年版。

学[1]）』凱風社、一九八六年。

原田淑人『唐代の服飾（唐代的服饰）』東洋文庫、一九七〇年。

室永芳三『大都長安』教育社、一九八二年。

△ 网罗式地介绍唐代的长安。

冉万里『唐代金銀器紋様の考古学的研究』雄山閣、二〇〇七年。

六、宗教（附旅行记）

大西磨希子『唐代仏教美術史論攷——仏教文化の伝播と日唐交流（唐代佛教美术史论考——佛教文化的传播与唐日交流）』法蔵館、二〇一七年。

曽布川寛・吉田豊編『ソグド人の美術と言語（粟特人的美术与语言）』臨川書店、二〇一一年。

礪波護『隋唐の仏教と国家（隋唐佛教与国家）』中央公論社、一九九九年。

―――『隋唐仏教文物史論考』法蔵館、二〇一六年。

肥田路美（編）『アジア仏教美術論集 東アジアⅡ隋・唐（亚洲佛教美术论集 东亚Ⅱ 隋、唐）』中央公論美術出版、二〇一九年。

藤善真澄『隋唐時代の仏教と社会——弾圧の狭間にて（隋唐时代的佛教与社会——在弹压的夹缝中）』白帝社、二〇〇四年。

△ 面对一般读者介绍从隋到唐的佛教社会史和佛教政治史。行文平实易懂，截取佛教的侧面反映出时代的样貌。

―――――『中国仏教史研究——隋唐仏教への視角（中国佛教史研究——研究隋唐佛教的视角）』法蔵館、二〇一三年。

---

[1]原书中文标题为"唐代进士行卷与文学"，上海古籍出版社1980年版。

森部豊「隋・唐帝国と「宗教」——東ユーラシアから問いかける（隋唐帝国与"宗教"——从东欧亚的角度发问）」上島享・吉田一彦（編）『世界のなかの日本宗教（世界中的日本宗教）』吉川弘文館、二〇二一年、一六九—二〇〇頁。

△ 涉及本书未能深入探讨的唐代琐罗亚斯德教、东方基督教（聂斯托利亚派）、摩尼教。

吉川忠夫『六朝隋唐文史哲論集』（Ⅰ人・家・学術/Ⅱ宗教の諸相）法蔵館、二〇二〇年。

附旅行记

玄奘訳・弁機撰/水谷真成（訳）『大唐西域記』平凡社、一九七一年。

慧立・彦悰/長澤和俊（訳）『玄奘三蔵——西域・インド紀行』講談社、一九九八年。

△ 玄奘的传记《大唐大慈恩寺三藏法师传》十卷中从卷一到卷五的日文版。

義浄/宮林昭彦・加藤栄司（訳）『南海寄帰内法伝——七世紀インド仏教僧伽の日常生活（南海寄归内法传——七世纪印度佛教僧伽的日常生活）』法蔵館、二〇二二年。

桑山正進（編）『慧超往五天竺国伝研究』臨川書店、一九九八年。

円仁/足立喜六（訳注）・塩入良道（補注）『入唐求法巡礼行記』1・2、平凡社、一九七〇・一九八五年。

七、与本书各章相关

序章

池田温「唐朝処遇外族官制略考」唐代史研究会（編）『隋唐帝国と東アジア世界（隋唐帝国与东亚世界）』一九七九年、二五一—二七八頁。

宇野伸浩「モンゴル帝国の宮廷のケシクテンとチンギス・カンの中央の千戸（蒙古帝国官廷的怯薛歹与成吉思汗的中央千户）」『桜文論叢』九六（二〇一八年）二四七—二六九頁。

杉山正明『遊牧民から見た世界史 増補版（游牧民眼中的世界史 増补版）』日本経済新聞出版社、二〇一一年。

妹尾達彦『グローバル・ヒストリー（全球史）』中央大学出版部、二〇一八年。

高橋徹「「拓跋国家」批判」、『山形県立山形南高等学校研究紀要』四九（二〇一〇年）一—三頁。

谷川道雄（編著）『戦後日本の中国史論争（战后日本的中国史争论）』（第1章「総論」）河合文化教育研究所、一九九三年。

田余慶/田中一輝・王鏗（訳）『北魏道武帝の憂鬱——皇后・外戚・部族（北魏道武帝的忧郁——皇后、外戚、部族[1]）』京都大学学術出版会、二〇一八年。

内藤湖南「概括的唐宋時代観」『内藤湖南全集』八、筑摩書房、一九六九年、一一一——一九 頁。

古畑徹「東（部）ユーラシア史という考え方——近年の日本における古代東アジア史研究の新動向［东（部）欧亚史的思考方法——近年日本古代东亚史研究的新动向］」同（編）『高句麗・渤海史の射程——古代東北アジア史研究の新動向（高句丽、渤海史的射程——古代东北亚史研究的新动向）』汲古書院、二〇二二年、二〇九—二二七頁。

前田直典「東アジャに於ける古代の終末（东亚古代的终结）」『元朝史の研究（元朝史研究）』東京大学出版会、一九七三年、二〇五—二二一頁。

---

[1]原书中文标题为"拓跋史探"，生活·读书·新知三联书店2003年版。

森部豊「中国「中古史」研究と「東ユーラシア世界」（中国"中古史"研究与"东欧亚世界"）」『唐代史研究』二三（二〇二〇年）五—一三頁。

第一章

池田温「律令官制の形成（律令官制的形成）」『岩波講座世界歴史5 東アジア世界の形成Ⅱ（岩波讲座世界历史5 东亚世界的形成Ⅱ）』岩波書店、一九七〇年、二七七—三二三頁。

石見清裕『唐の北方問題と国際秩序（唐朝的北方问题与国际秩序）』汲古書院、一九九八年。

―――（編著）『ソグド人墓誌研究（粟特人墓志研究）』汲古書院、二〇一六年。

桑山正進『西域記――玄奘三蔵の旅（西域记――玄奘三藏之旅）』小学館、一九九五年。

呉兢/石見清裕（訳注）『貞観政要 全訳注』講談社、二〇二一年。

齊藤茂雄「突厥有力者と李世民――唐太宗期の突厥羈縻支配について（突厥权贵与李世民――关于唐太宗时期的突厥羁縻统治）」『関西大学東西学術研究所紀要』四八（二〇一五年）七七—九八頁。

佐久間秀範・近本謙介・本井牧子（編）『玄奘三蔵――新たなる玄奘像をもとめて（玄奘三藏――寻找新的玄奘形象）』勉誠出版、二〇一一年。

鈴木宏節「突厥阿史那思摩系譜考――突厥第一可汗国の可汗系譜と唐代オルドスの突厥集団（突厥阿史那思摩谱系考――突厥第一可汗国的可汗谱系和唐代鄂尔多斯的突厥集团）」『東洋学報』八七-一（二〇〇五年）三七—六八頁。

谷川道雄『唐の太宗（唐太宗）』人物往来社、一九六七年。

辻正博「隋唐国制の特質（隋唐国制的特质）」荒川正晴（編）『岩波講座世界歴史06 中華世界の再編とユーラシア東部 四～八世紀（岩波讲座

世界历史 6 中华世界的重编与欧亚东部 4～8 世纪）』岩波書店、二〇二二年、一四九——七九頁。

礪波護『唐の行政機構と官僚（唐朝的行政机构与官僚）』中央公論社、一九九八年。

内藤乾吉「唐の三省（唐朝的三省）」『中国法制史考證』有斐閣、一九六三年、一——二五頁。

仁井田陞『唐令拾遺』（初出一九三三年）東京大学出版会、一九六四年。

仁井田陞/池田温（編）『唐令拾遺補』東京大学出版会、一九九七年。

布目潮渢「隋唐帝国の成立（隋唐帝国的形成）」『岩波講座世界歴史 5 東アジア世界の形成 II（岩波讲座世界历史 5 东亚世界的形成 II）』岩波書店、一九七〇年、二四五——二七六頁。

―――『隋唐史研究』同朋舎、一九七九年。

―――『隋の煬帝と唐の太宗――暴君と明君、その虚実を探る（隋煬帝与唐太宗――探索暴君与明君的虚实）』清水書院、二〇一八年。

福島恵『東部ユーラシアのソグド人（东部欧亚的粟特人）』汲古書院、二〇一七年。

堀井裕之「唐朝政権の形成と太宗の氏族政策――金劉若虚撰「裴氏相公家譜之碑」所引の唐裴滔撰『裴氏家譜』を手掛かりに（唐朝政权的形成与太宗的氏族政策――以金刘若虚《裴氏相公家谱之碑》所引唐裴滔撰《裴氏家谱》为线索）」『史林』九五――四（二〇一二年）一——三二頁。

前嶋信次『玄奘三蔵――史実西遊記』岩波書店、一九五二年。

山下将司「唐初における『貞観氏族志』の編纂と「八柱国家」の誕生（唐初的《贞观氏族志》编纂与"八柱国家"的诞生）」『史学雑誌』一一一――二（二〇〇二年）一——三二頁。

―――「玄武門の変と李世民配下の山東集団（玄武门之变与李世民麾下的山东集团）」『東洋学報』八五――二（二〇〇三年）一七三――二〇

三頁。

―――――「新出土史料より見た北朝末・唐初間ソグド人の存在形態―固
原出土史氏墓誌を中心に―（新出土史料所见北朝末到唐初之间粟特人的
存在形态――以固原出土史氏墓志为中心）」『唐代史研究』七（二〇〇
四年）六〇―七七頁。

―――――「隋・唐初の河西ソグド人軍団――天理図書館蔵『文館詞林』
「安修仁墓碑銘」残巻をめぐって（隋、唐初的河西粟特人军团――围绕
天理图书馆藏《文馆词林・安修仁墓碑铭》残卷）」『東方学』一一〇
（二〇〇五年）六五―七八頁。

―――――「唐の太原挙兵と山西ソグド軍府――「唐・曹怡墓誌」を手が
かりに（唐朝太原起兵与山西粟特军府――以"唐・曹怡墓志"为线
索）」『東洋学報』九三―四（二〇一二年）三九七―四二五頁。

吉田豊「ソグド人とトルコ人の関係についてのソグド語資料2件（两件
关于粟特人与突厥人关系的粟特语资料）」『西南アジア研究（西南亚研
究）』六七（二〇〇七年）四八―五六頁。

第二章

鎌田茂雄「武周王朝における華厳思想の形成（武周王朝时华严思想的形
成）」『中国華厳思想史の研究（中国华严思想史研究）』東京大学出版
会、一九六五年、一〇七―一四九頁。

氣賀澤保規『則天武后』講談社、二〇一六年。

△ 关于"则天武后"的最新传记。作者认为"武则天"是近代以后的称
呼，故不予采用。

古勝隆一「武則天「升仙太子碑」立碑の背景（武则天"升仙太子碑"的立
碑背景）」『中国中古の学術と社会（中国中古的学术与社会）』法蔵館、
二〇二一年、三三七―三六一頁。

妹尾達彦「武則天の洛陽、玄宗の長安（武则天的洛阳、玄宗的长安）」

松原朗（編）『杜甫と玄宗皇帝の時代（杜甫与唐玄宗的时代）』勉誠出版、二〇一八年、三〇一四四頁。

田中淡「隋朝建築家の設計と考証（隋朝建筑家的设计与考证）」『中国建築史の研究（中国建筑史研究）』弘文堂、一九八九年、一八一一二九二頁。

△ 关于设计大兴城的宇文恺等隋朝宫廷设计师的论考。

外山軍治『則天武后』中央公論社、一九六六年。

△ 关于"则天武后"的传记。虽然出版较早，但关于初唐政治史的梳理非常好懂，很容易阅读。

中田美絵「長安・洛陽における仏典翻訳と中央アジア出身者（长安、洛阳中的佛典翻译与中亚出身者）」森部豊・橋寺知子（編）『アジアにおける文化システムの展開と交流（亚洲文化体系的展开与交流）』関西大学出版部、二〇一二年、九三一一二七頁。

西田祐子『唐帝国の統治体制と「羈縻」──『新唐書』の再検討を手掛かりに（唐帝国的统治体制与"羁縻"──以《新唐书》再探讨为线索）』山川出版社、二〇二二年。

△ 通过对《新唐书》进行史料批判，明确了唐朝的羁縻体制并非一元化的划时代论考。

羽田亨「波斯国酋長阿羅憾丘銘」『羽田博士史学論文集』下巻言語・宗教篇、東洋史研究会、一九五七年、三八五一三九五頁。

林俊雄「掠奪・農耕・交易から観た遊牧国家の発展──突厥の場合（从掠夺、农耕、交易看游牧国家的发展──突厥的情况）」『東洋史研究』四四-一（一九八五年）一一〇一一三六頁。

古畑徹『渤海国とは何か（何谓渤海国）』吉川弘文館、二〇一八年。

───『渤海国と東アジア（渤海国与东亚）』汲古書院、二〇二一年。

前嶋信次「タラス戦考（怛罗斯战考）」『東西文化交流の諸相（东西文

化交流的诸相）』東西文化交流の諸相刊行会、一九七一年、一二九—二〇〇頁。

宮崎市定『雍正帝』中央公論社、一九九六年。

麥谷邦夫「唐代封禅議小考」小南一郎編『中国文明の形成（中国文明的形成）』朋友書店、二〇〇五年、三一一—三四〇頁。

森部豊「唐代前半期における羈縻州・蕃兵・軍制に関する覚書——営州を事例として（关于唐代前期的羈縻州、番兵、军制的备忘录——以营州为例）」宮宅潔編『多民族社会の軍事統治——出土史料が語る中国古代（多民族社会的军事统治——出土史料所述的中国古代）』京都大学出版会、二〇一八年、三一一—三二六頁。

———「唐朝の羈縻政策に関する一考察——唐前半期の営州都督府隷下「羈縻府州」を事例として（关于唐朝羈縻政策的一个考察——以唐朝前期营州都督府隶下"羈縻府州"作为事例）」『東洋史研究』八〇—二（二〇二一年）——四四頁。

第三章

川本芳昭「崔知遠と阿倍仲麻呂——古代朝鮮・日本における「中国化」との関連から見た（崔致远与阿倍仲麻吕——从与古代朝鲜、日本"中国化"关联的角度来看）」『九州大学東洋史論集』三一（二〇〇三年）一八一—二〇四頁。

菊池英夫「節度使制確立以前における「軍」制度の展開（节度使制度确立前"军"制度的发展）」『東洋学報』四四—二（一九六一年）二〇八—二四二頁。

———「節度使制確立以前における「軍」制度の展開（続編）（节度使制度确立前"军"制度的发展 续篇）」『東洋学報』四五—一（一九六二年）三三—六八頁。

———「府兵制度の展開（府兵制度的发展）」『岩波講座世界歴史5 東

アジア世界の形成Ⅱ（岩波世界历史讲座5东亚世界的形成Ⅱ）』岩波書店、一九七〇年、四〇七—四三九頁。

氣賀澤保規『府兵制の研究（府兵制研究）』同朋舍、一九九九年。

高明士/高瀬奈津子（訳）「賓貢科の成立と発展——東アジアの人士に開かれていた中国王朝仕官法の探求（宾贡科的形成与发展——面向东亚人士的中国王朝仕官法探究[1]）」『アジア・アフリカ文化研究所研究年報（東洋大学）（亚非文化研究所研究年报）』三六（二〇〇一年）三七—五〇頁。

齋藤茂雄「突厥第二可汗国の内部対立——古チベット語文書（P.t.1283）にみえるブグチョル（'Bug-čhor）を手がかりに（突厥第二可汗国的内部对立——以古吐蕃语文书（P.t.1283）所见'Bug-čhor为线索）」『史学雜誌』一二二—九（二〇一三年）三六—六二頁。

司馬光/田中謙二（編訳）『資治通鑑』筑摩書房、二〇一九年。

鈴木宏節「三十姓突厥の出現——突厥第二可汗国をめぐる北アジ情勢（三十姓突厥的出现——围绕突厥第二汗国的北亚局势）」『史学雜誌』一一五——〇（二〇〇六年）——三六頁。

————「唐代漠南における突厥汗国の復興と展開（唐代漠南突厥汗国的复兴与发展）」『東洋史研究』七〇——（二〇——年）三五—六六頁。

妹尾達彦「長安七五一年——ユーラシアの変貌（长安751年——欧亚的变迁）」『750年普遍世界の鼎立（750年普遍世界的鼎立）』山川出版社、二〇二〇年、一八二—二二八頁。

玉井是博「唐代防丁考」『支那社会経済史研究』岩波書店、一九四二年、

---

[1] 原文的中文标题为"宾贡科的起源与发展——兼述科举的起源与东亚士人共同出身之道"，载《唐史论丛》第6辑，1995年。

二三一—二四四頁。

外山軍治「唐代の漕運（唐代的漕运）」『史林』二二-二（一九三七年）二六四—三〇四頁。

林謙一郎「南詔王権の確立・変質と唐・吐蕃関係——和親（公主降嫁）の意味するもの（南诏王权的确立、变质与唐蕃关系——和亲（公主下嫁）的意义本身）」『唐代史研究』一二（二〇〇九年）五七—八七頁。

林美希『唐代前期北衙禁軍研究』汲古書院、二〇二〇年。

プーリィブランク（蒲立本，Pulleyblank）「安禄山の叛乱の政治的背景（上）［安禄山叛乱的政治性背景（上）］」『東洋学報』三五-二（一九五二年）一八六—二〇五頁。

————————————「安禄山の叛乱の政治的背景（下）［安禄山叛乱的政治性背景（下）］」『東洋学報』三五-三・四（一九五三年）三三二—三五七頁。

星斌夫『大運河——中国の漕運（大运河——中国的漕运）』近藤出版社、一九七一年。

堀敏一「均田制と租庸調制の展開（均田制与租庸调制的发展）」『岩波講座世界歴史5 東アジア世界の形成Ⅱ（岩波讲座世界历史5 东亚世界的形成Ⅱ）』岩波書店、一九七〇年、三六五—四〇六頁。

村山吉廣『楊貴妃——大唐帝国の栄華と滅亡（杨贵妃——大唐帝国的荣华与灭亡）』講談社、二〇一九年。

森公章『阿倍仲麻呂』吉川弘文館、二〇一九年。

森部豊「蕃将たちの活躍——高仙芝・哥舒翰・安禄山・安思順・李光弼（蕃将们的活跃——高仙芝、哥舒翰、安禄山、李光弼）」松原朗（編）『杜甫と玄宗皇帝の時代（杜甫与唐玄宗的时代）』勉誠出版、二〇一八年、一三五—一四六頁。

第四章

稲葉穣「安史の乱時に入唐したアラブ兵について（关于安史之乱时进入唐朝的阿拉伯兵）」『国際文化研究』五（二〇〇一年）一六—三三頁。

小野川秀美「河曲六州胡の沿革（河曲六州胡的沿革）」『東亜人文学報』一一四（一九四二年）一九三—二二六頁。

小畑龍雄「神策軍の成立（神策军的形成）」『東洋史研究』一八-二（一九五九年）一五——一七二頁。

————「神策軍の発展（神策军的发展）」『田村博士頌寿東洋史論叢』田村博士退官記念事業会、一九六八年、二〇五—二二〇頁。

金井之忠「唐の塩法（唐朝的盐法）」『文化』五-五（一九三八年）九—四五頁。

古賀登『両税法成立史の研究（两税法形成史研究）』雄山閣、二〇一二年。

齋藤勝「唐・回鶻絹馬交易再考」『史学雑誌』一〇八-一〇（一九九九年）三三—五八頁。

曽根正人『空海——日本密教を改革した遍歴行者（空海——改革日本密教的遍历行者）』山川出版社、二〇一二年。

中田美絵「不空の長安仏教界台頭とソグド人（不空在长安佛教界的崛起与粟特人）」『東洋学報』八九-三（二〇〇七年）二九三—三二五頁。

藤善真澄『安禄山』中央公論新社、二〇〇〇年。

————『安禄山と楊貴妃——安史の乱始末記（安禄山与杨贵妃——安史之乱始末记）』清水書院、二〇一七年。

船越泰次『唐代両税法研究』汲古書院、一九九六年。

プーリィブランク（蒲立本，Pulleyblank）「安禄山の出自について（关于安禄山的出身）」『史学雑誌』六一-四（一九五二年）三三〇—三四五頁。

前嶋信次「安史の乱時代の一二の胡語（关于安史之乱时代的几个胡语）」『東西文化交流の諸相（东西文化交流的诸相）』東西文化交流の諸相刊行会、一九七一年、二〇一一二一二頁。

森部豊「安禄山女婿李献誠考」『東西学術研究所創立六十周年記念論文集』関西大学出版部、二〇一一年、二四三―二六七頁。

―――「増補：7〜8世紀の北アジア世界と安史の乱（增补：7〜8世纪的北亚世界与安史之乱）」森安孝夫編『ソグドからウイグルへ（从粟特到回鹘）』汲古書院、二〇一一年、一七五―二〇五頁。

―――「「安史の乱」三論（"安史之乱"三论）」森部豊・橋寺知子編『アジアにおける文化システムの展開と交流（亚洲中文化体系的展开与交流）』関西大学出版部、二〇一二年、一―三四頁。

―――『安禄山―「安史の乱」を起こしたソグト人[1]（安禄山――发动"安史之乱"的粟特人）』山川出版社、二〇一三年。

横山裕男「唐の官僚制と宦官――中世的側近政治の終焉序説（唐朝的官僚制与宦官――中世性亲信政治的终结序说）」中国中世史研究会（編）『中国中世史研究――六朝隋唐の社会と文化（中国中世史研究――六朝隋唐的社会与文化）』東海大学出版会、一九七〇年、四一七―四四二頁。

李宇一「中唐期における左・右神策軍に関する一考察（关于中唐时期左、右神策军的一个考察）」『関西大学東西学術研究所紀要』五一（二〇一八年）三七三―四〇一頁。

歴史学研究会（編）『世界史史料3　東アジア・内陸アジア・東南アジアI――10世紀まで（世界史史料3 东亚、内亚、东南亚I――10世纪之前）』

―――――――――――

[1] 原书此处缺少副标题。

岩波書店、二〇〇九年（特别是"两税法"项目）。

第五章

稲葉一郎「『順宗実録』考」『中国史学史の研究（中国史学史研究）』京都大学学術出版会、二〇〇六年、三六八—四一五頁。

大形徹『不老不死——仙人の誕生と神仙術（长生不老——仙人的诞生与神仙术）』志学社、二〇二一年。

小野勝年『入唐求法巡礼行記の研究（入唐求法巡礼行记研究）』（全四卷）法蔵館、一九八九年。

戸崎哲彦『柳宗元 アジアのルソー（柳宗元 亚洲的卢梭）』山川出版社、二〇一八年。

Angela Schottenhammer（萧婷）. "Yang Liangyao's Mission of 785 to the Caliph of Baghdad: Evidence of an EarlynSino-Arabic Power Alliance？", *Bulletin de l' Ecole francaise d' Extreme-Orient*, 101, pp. 177-241, 2015.

村井恭子「九世紀ウイグル可汗国崩壊時期における唐の北辺政策（九世纪回鹘汗国崩溃时期的唐朝北境政策）」『東洋学報』九〇-一（二〇〇八年）三三—六七頁。

村上哲見『科挙の話——試験制度と文人官僚（科举的故事——考试制度与文人官僚）』講談社、二〇〇〇年。

室永芳三「唐長安の左右街功德使と左右街功德巡院（唐长安的左右街功德使和左右街功德巡院）」『長崎大学年教育学部社会科学論叢』三〇（一九八一年）——九頁。

横山裕男「「甘露の変」始末——唐代政治史の一齣（"甘露之变"始末——唐代政治史的一幕）」『長野大学紀要』五（一九七五年）八九—九九頁。

吉田豊・古川攝一（編）『中国江南マニ教絵画研究（中国江南摩尼教绘画研究）』臨川書店、二〇一五年。

エドウィン・O・ライシャワー（赖肖尔，Edwin O.Reischauer）/田村完誓訳『円仁 唐代中国への旅（圆仁 唐代中国之旅）』講談社、一九九九年。

李宇一「唐代「神策外鎮」再考」『史泉』一三三（二〇二一年）——三九頁。

渡辺孝「牛李の党争研究の現状と展望——牛李党争研究序説（牛李党争研究的现状和展望——牛李党争研究序说）」『史境』二九（一九九四年）六九——〇七頁。

第六章

赤木崇敏「ソグド人と敦煌（粟特人与敦煌）」森部豊（編）『ソグド人と東ユーラシアの文化交渉（粟特人与东欧亚的文化交流）』勉誠出版、二〇一四年、一一九——三九頁。

久保田和男「五代宋初の首都問題（五代宋初的首都问题）」『宋代開封の研究（宋代开封研究）』汲古書院、二〇〇七年、二三——五八頁。

佐竹靖彦「朱温集団の特性と後梁王朝の形成（朱温集团的特性与后梁王朝的形成）」『中国近世社会文化史論文集』台北・中央研究院歴史語言研究所、一九九二年、四八一——五三〇頁。

谷川道雄・森正夫（編）『中国民衆叛乱史1　秦～唐』平凡社、一九七八年。

内藤湖南『中国近世史』岩波書店、二〇一五年。

布目潮渢・中村喬編訳『中国の茶書（中国的茶书）』平凡社、一九七六年。

布目潮渢『茶経 全訳注』講談社、二〇一二年。

白玉冬「8世紀の室韋の移住から見た九姓タタルと三十姓タタルの関係（从8世纪室韦的迁移看九姓鞑靼与三十姓鞑靼的关系）」『内陸アジア史研究（内陆亚洲史研究）』二六（二〇一一年）八五——〇七頁。

———「沙陀後唐・九姓タタル関係考（沙陀后唐、九姓鞑靼关系考）」

『東洋学報』九七-三（二〇一五年）一一二五頁。

日野開三郎『唐末混乱史考』（日野開三郎東洋史学論集第一九巻）三一書房、一九九六年。

松井秀一「唐代後半期の江淮について——江賊及び康全泰・裴甫の叛乱を中心として（关于唐代后期的江淮——以江贼及康应泰、裴甫的叛乱为中心）」『史学雑誌』六六-二（一九五七年）一一二九頁。

家島彦一（訳注）『中国とインドの諸情報1——第一の書（中国与印度的各种情报1——第一书）』平凡社、二〇〇七年。

————（訳注）『中国とインドの諸情報2——第二の書（中国与印度的各种情报2——第二书）』平凡社、二〇〇七年。

山根直生「唐朝の破壊者、新時代の建設者？（唐朝的破坏者，新时代的建设者？）」『アジア人物史3 ユーラシア東西ふたつの帝国（亚洲人物史3 欧亚东西两大帝国）』集英社、二〇二三年（近刊）。

横山裕男「唐代の塩商（唐代的盐商）」『史林』四三-四（一九六〇年）一一一八頁。

终章

日野開三郎『五代史の基調（五代史的基调）』（日野開三郎東洋史学論集第二巻）三一書房、一九八〇年。

藤田豊八「南漢劉氏の祖先につきて（关于南汉刘氏的祖先）」『東洋学報』六-二（一九一六年）二四七一二五七頁。

宮崎市定「唐末五代——『宋と元』（「民族の試練」「冬来たりなば」〔唐末五代——《宋与元》（《民族的考验》《如果冬天来了》）〕」『宮崎市定全集』九、岩波書店、一九九二年、二九五一三四一頁。

森部豊「契丹国の建国と東ユーラシア史の新展開（契丹建国与东欧亚史的新发展）」『アジア人物史3 ユーランア東西ふたつの帝国（亚洲人物史3 欧亚东西两大帝国）』集英社、二〇二三年（近刊）。

森部豊・石見清裕『唐末沙陀「李克用墓誌」訳注・考察』『内陸アジア
言語の研究（内陆亚洲语言研究）』一八（二〇〇三年）一七—五二頁。

图表出处

关于书名的简称请参照《文献指南》。[1]

前插页

唐朝历代皇帝世系图：根据爱宕元、富谷至《中国历史 上——古代、中世
（中国の歴史 上——古代・中世）》（昭和堂，2005 年）第 251 页绘制。

唐全图：根据森安孝夫《丝绸之路与唐帝国（シルクロードと唐帝国）》
（讲谈社，2016 年）第 184—185 页绘制。

十节度使军力比较：根据森部丰《安禄山——发动"安史之乱"的粟特人
（安禄山——「安史の乱」を起こしたソグト人）》（山川出版社，2013
年）第 37 页为基础绘制。

第一章

图 1　北周、隋、唐帝室婚姻关系图：根据爱宕元、富谷至《中国历史
上——古代、中世》第 249 页绘制。

图 2　隋末群雄图：根据布目潮渢、栗原益男《隋唐帝国（隋唐帝国）》

---

[1] 中译本已将书目信息补充完整。

（讲谈社，1997年）第66页绘制。

图3　唐朝的律令官制：根据严耕望《论唐代尚书省之职权与地位》《唐史研究丛稿》（新亚研究所出版，1969年）第59页绘制。

图4　长安的宫城、皇城：根据妹尾达彦《长安的都市计划（長安の都市計画）》（讲谈社，2001年）第123页绘制。

第二章

图5　武则天一族谱系：根据气贺泽保规《则天武后（則天武后）》（讲谈社，2016年）第11页补充绘制。

表1　高宗、武则天时期的改元：笔者绘制。

图6　长安城：根据池田温等编《世界历史大系 中国史2 三国—唐（世界歴史大系 中国史2——三国～唐）》（山川出版社，1996年）第509页补充绘制。

图7　洛阳城：根据池田温等编《世界历史大系 中国史2 三国—唐》第511页补充绘制。

图8　洛阳的宫城、皇城：根据妹尾达彦《750年 普遍世界的鼎立（750年 普遍世界の鼎立）》（山川出版社，2020年）第201页绘制。

第三章

表2　唐代前期的给田规定：笔者绘制。

表3　官人永业田的规定：笔者绘制。

第四章

图9　"安史之乱"：根据朴汉济编著、吉田光男译《中国历史地图（中国歴史地図）》（平凡社，2009年）第79页绘制。

第五章

图10 藩镇上供、不上供图：根据朴汉济编著、吉田光男译《中国历史地图》第81页绘制。

图11 唐、回鹘、吐蕃三国会盟：根据森安孝夫《丝绸之路与唐帝国》第365页绘制。

图12 农业–游牧边境地带：转引自森部丰《安禄山——发动"安史之乱"的粟特人》第95页。

图13 大明宫：根据妹尾达彦《长安的都市计划》第177页绘制。

第六章

图14 唐末叛乱图：根据气贺泽保规《绚烂的世界帝国 隋唐时代（絢爛たる世界帝国 隋唐時代）》（讲谈社，2020年）第139页绘制。

图15 "黄巢之乱"：根据朴汉济编著、吉田光男译《中国历史地图》第82页绘制。

唐朝相关年表

年份	事　项
566	**李渊**在北周都城长安出生（一说565年）
613	杨玄感之乱爆发，隋末群雄割据时代开始
617	李渊在太原起兵。进入大兴城后，拥立隋恭帝
618	隋炀帝在江都遭到暗杀。李渊**建立唐朝**，年号武德，定都长安，讨伐薛举及其子薛仁杲
621	平定王世充、窦建德
624	颁布武德律令。东突厥入侵关中，引发迁都之议
626	**玄武门之变**爆发。**高祖**退位，**太宗**即位。东突厥颉利大可汗入侵至长安以北。缔结便桥盟约
628	平定梁师都，国内统一
630	**攻灭东突厥**。蒙古系游牧部族给太宗上呈"**天可汗**"称号
633	在鄂尔多斯东部到山西省北部安置突厥遗民，又在蒙古高原南部设立定襄都督府和云中都督府
637	颁布贞观律令
639	突厥王族暗杀太宗，未遂。阿史那思摩成为可汗，带领鄂尔多斯的突厥人、粟特人返回黄河以北
635	进攻**吐谷浑**，使之臣服

续表1

年份	事　项
640	攻灭高昌国，设置西州，又设立**安西都护府**。在天山北麓的可汗浮图城设置庭州
641	**文成公主**与**松赞干布**(或其子)联姻
643	阿史那思摩统治突厥遗民失败，返回鄂尔多斯
645	太宗远征高句丽(第一次)。**玄奘**归国，其后编纂《大唐西域记》
646	**薛延陀**灭亡
647	太宗远征高句丽(第二次)。设立燕然都护府
648	太宗远征高句丽(第三次)。契丹窟哥归顺，设立松漠都督府。**西突厥**的**阿史那贺鲁**归顺。攻灭龟兹王国，将安西都护府移至此地
649	太宗驾崩，**高宗**即位。吐蕃帝国的松赞干布去世
651	颁布永徽律令。阿史那贺鲁再次掀起独立运动。唐朝的西域统治瓦解
653	长孙无忌为永徽律作注，编订《律疏》。《五经正义》完成
655	武氏成为皇后。远征高句丽
657	镇压西突厥阿史那贺鲁的独立运动
658	安西都护府从西州迁往龟兹，在龟兹、于阗、疏勒、焉耆设置**安西四镇**
660	攻灭百济。高宗"风眩"发作
661	从帕米尔以西的索格底亚那到吐火罗，进而在锡斯坦设立西域十六都督府
663	燕然都护府移至蒙古高原北部，改称**瀚海都护府**。在蒙古高原南部设立**云中都护府**，统治突厥遗民。吐谷浑被吐蕃帝国所灭
664	云中都护府改称为**单于都护府**
666	高宗在泰山举行**封禅**仪式
668	攻灭**高句丽**，在平壤设立**安东都护府**
669	瀚海都护府改称为安北都护府

续表2

年份	事　项
670	因吐蕃入侵西域,安西都护府退往西州。安西四镇废止
674	皇帝改称天皇,皇后改称天后
676	统治朝鲜半岛失败,安东都护府向辽东城撤退
679	单于都护府的阿史德氏族发起独立运动,失败。在鄂尔多斯设置**六胡州**。修筑碎叶城
682	**阿史那骨咄禄独立**,建立**突厥第二帝国**,自称颉跌利施可汗
683	高宗在洛阳驾崩,**中宗**即位
684	中宗被废为庐陵王,幽闭于房州。**睿宗**即位。武皇太后改洛阳为神都。李敬业向武皇太后竖起反旗,失败
688	明堂完成
689	武皇太后采用**周朝历法**,制定**则天文字**
690	**武皇太后即位称帝,国号周**
691	突厥第二帝国颉跌利施可汗去世,其弟默啜即位,称阿波干可汗。全国建立大云寺
692	唐朝军队击败吐蕃帝国军,重建安西四镇,在龟兹设立安西都护府
696	契丹人松漠都督李尽忠叛乱,营州失陷
698	庐陵王(中宗)复位皇太子。**大祚荣独立**,自称振(震)国王,**渤海国诞生**
700	废止周历
705	宰相张柬之、右羽林将军李多祚等发动政变,暗杀**张易之、张昌宗**兄弟。中宗复辟,国号改回唐。武则天去世
706	中宗返回长安
707	**李重俊**等发动政变,暗杀武三思父子,政变失败
710	**韦后**与女儿**安乐公主**毒杀中宗。**李隆基**与**太平公主**发动政变,睿宗复位

续表3

年份	事　项
712	**玄宗**即位
713	太平公主策划政变，失败后被赐死
717	突厥阿波干可汗战死，**毗伽可汗**继位
721	六胡州叛乱
723	**宇文融**的括户政策达到顶峰
725	在泰山举行封禅仪式。**弙骑制**形成
734	**李林甫**成为宰相
737	在边境防卫体制中引入**长征健儿**制度
742	**安禄山**就任**平卢节度使**。突厥可汗被回鹘、拔悉密、葛逻禄联军击败。**突厥第二帝国**事实上灭亡
744	安禄山兼任范阳节度使。回鹘的骨力裴罗即位，自称**骨咄禄阙毗伽可汗**，回鹘帝国诞生
749	折冲府的府兵停止番上
751	唐朝与阿拔斯王朝军队在怛罗斯发生冲突，唐军败北
755	安禄山对唐朝发起独立运动
756	**肃宗**在灵武即位
758	**第五琦**担任盐铁使
762	玄宗、肃宗相继驾崩，**代宗**即位
763	"安史之乱"终结。吐蕃帝国军占领长安
764	**刘晏**上任转运使，实行漕运改革。**仆固怀恩之"乱"**（764～765）
779	代宗驾崩，**德宗**即位
780	**两税法**实行
781	成德节度使李宝臣去世。围绕继承人问题，与唐朝对立并发动叛乱。淮西节度使李希烈反叛。当年，"大秦景教流行中国碑"建立

续表4

年份	事　项
783	唐与吐蕃帝国订立盟约,划定边界(**建中会盟**)。为确保讨伐藩镇的军费,征收间架(房屋税)和除陌钱(交易税)。泾原士兵叛乱,拥立**朱泚**。德宗逃出长安
784	德宗下罪己诏,废止间架和除陌钱。朱泚被杀,德宗返回长安
786	敦煌(沙州)被吐蕃帝国占领,河西走廊也被吐蕃控制
787	宰相李泌建言联合回鹘、南诏、天竺、阿拔斯王朝,封锁吐蕃帝国
792	回鹘与吐蕃帝国发动北庭争夺战(789~792)。包含吐鲁番在内的天山东部地区到塔里木盆地以北成为回鹘的势力范围,塔里木盆地以南到河西走廊成为吐蕃的势力范围
794	云南重新归顺唐朝,册立南诏王
796	设立**神策护军中尉**,由宦官担任其职
805	德宗驾崩,顺宗即位。以王叔文为中心,开始政治改革(**永贞革新**),持续146天后失败。**宪宗**即位,对藩镇采取强硬政策
807	李吉甫献上《元和国计簿》
812	魏博节度使放弃河朔旧事,归顺唐朝
814	讨伐淮西节度使(至817年将其镇压)
819	平卢节度使解体,一分为三
820	宪宗被宦官暗杀。宦官拥立**穆宗**。成德节度使王承宗去世。魏博节度使田弘正被任命为成德节度使
821	幽州节度使刘聪放弃节度使,但幽州、成德相继发生兵变并独立。魏博也因兵变而独立。唐朝与吐蕃缔结和约(**长庆会盟**)。当时,吐蕃和回鹘之间也缔结了和约
824	穆宗驾崩,**敬宗**即位
827	敬宗被下层宦官暗杀。枢密使王守澄等拥立文宗。文宗时期,"牛李党争"激化
835	李训等意图诛杀宦官,失败(**甘露之变**)

年份	事　项
840	文宗病死，**武宗**即位。李德裕复位宰相。回鹘帝国灭亡
841	关闭江南的摩尼教寺院（**会昌毁佛**的开端）
842	吐蕃帝国赞普朗达玛被暗杀，**吐蕃帝国崩溃**
844	昭义节度使意图独立，失败
845	除弹压佛教外，基督教、伊斯兰教、琐罗亚斯德教也遭到排斥
846	武宗驾崩，**宣宗**即位。李德裕及其党派被驱逐出中央政界，"牛李党争"平息
851	敦煌重归唐朝，张议潮担任沙州归义军节度使
855	当年起，中国南部藩镇兵变多发
858	**康全泰**驱逐宣歙观察使
859	宣宗死于中毒，**懿宗**即位。浙江**裘甫叛乱**
860	裘甫被擒，赴长安处刑。武宁军节度使被兵变驱逐。唐朝将王式派往武宁军中肃清牙军
868	担任桂州守备的徐州军队以**庞勋**为中心叛乱北归，与唐朝发生冲突，徐州附近处于战斗状态
869	庞勋被镇压
873	懿宗驾崩，**僖宗**即位
874	**王仙芝叛乱**
875	**黄巢叛乱**，与王仙芝合流
878	沙陀人**李克用**占领云州
879	黄巢攻陷广州，除中国人外，还杀害十二万或二十万外国商人。南海贸易一度中断。黄巢北上，将与唐朝全面决战
880	李克用败北，亡命鞑靼。**黄巢进入长安**，定国号为"大齐"，改元"金统"
882	朱温归顺唐朝，被赐名**全忠**

续表6

年份	事 项
883	李克用参加讨伐黄巢,夺回长安。黄巢从长安逃出,占据蔡州。李克用在汴州击败黄巢,归途中险遭朱全忠暗杀
884	**黄巢自尽,叛乱终结**
885	僖宗返回长安。**田令孜**和李克用对立,奉僖宗逃亡兴元府。田令孜事实上失势,杨复恭担任左神策军护军中尉
888	僖宗返回长安,不久后病死,其弟**昭宗**即位
895	李茂贞进军并占领长安,昭宗逃到华州
898	昭宗返回长安。宦官幽禁昭宗,宰相崔胤救出昭宗。此后,崔胤与朱全忠联手,宦官与李茂贞联手,矛盾不断激化
901	宦官抢夺昭宗,逃至凤翔李茂贞处
903	朱全忠击败李茂贞,昭宗返回长安
904	昭宗移驾洛阳。昭宗遭到暗杀,朱全忠拥立**昭宣帝**
907	昭宣帝禅让于朱全忠,**唐朝灭亡**
908	昭宣帝受封济阴王,移至曹州后被毒死,谥号哀帝

译后记

硕士在读期间，我曾以唐代的中日关系作为研究的课题。毕业以后，我也长期对隋唐时期的东亚世界抱有浓厚的兴趣。每当向身边的朋友介绍自己的研究领域时，对方常常会投来嘉许的目光："这个题目好，那时的中国很强大啊！"这样的赞叹，或许能够反映出当代中国人对于唐朝的基本印象。

同样是硕士时期，我在导师张学锋教授的带领下参与宫崎市定《亚洲史论考》丛书的翻译工作。当时接手的第一篇论文就是《六朝隋唐的社会》，其中有一段在今天读来也颇具震撼力的论述："西汉是古代史上升的顶峰，从东汉开始呈现出下降的趋势，历史的发展进入了中世，而下降的谷底就是唐末乱世。"

将唐朝视作中国的中世，这是京都学派的代表性学说，然而对于大多数国内读者而言，把唐朝定位成中国历史的谷底，着实是难以接受的结论。当然，这篇论文是半个多世纪前的作品，如今看来自然有值得商榷的地方。那么，在今天的日本东洋史学者眼中，唐朝又会是怎样的面貌呢？能够解答这一问题的，正是眼前这本《何谓唐代：东欧亚帝国的兴亡与转型》。

2023年春天，我通过学术公众号得知此书的问世，未曾想不到半年就收到了浙江人民出版社的翻译邀请。为了第一时间向国内学界介绍这部新作，我欣然接受邀约，并留出时间集中用于翻译，最后在农历癸卯年结束前夕提交了译稿。翻译的过程本身也是学习的过程，如果可以稍稍陈述自己的感想，《何谓唐代》一书至少具备以下几个特点：

第一，作者具有广阔的历史视野。正如本书序章所说，唐朝往往被看作传统的中国王朝，对其论述也难免受到现代国家框架的束缚。作者则是将唐朝理解为"东欧亚大帝国"，尤其重视唐朝与欧亚内陆世界的联动，以及唐朝境内以粟特人为首的不同人群的动向，从"中央欧亚型国家"的角度指出了唐朝的历史意义。第二，作者对于唐朝后期的历史给予重点关注。就像"中文版自序"中提到的，唐朝后期的历史常常存在论述过于简略的问题，仿佛"安史之乱"刚刚过去，黄巢就登场了，然后唐朝就灭亡了。这样的印象或许来源于唐朝后期持续不断的政局动荡，各方势力的聚散离合令人眼花缭乱，而这些正是本书后半部分重点阐述的对象。借助作者条分缕析、详略得当的梳理，唐朝后期异常复杂的局势也逐渐变得清晰起来。第三，作者对于各类新说、异说采取兼收并蓄的开放态度。正文中随处可见"也有观点认为""但有学者持不同看法"等表述，有时也会对此略加评论。通过介绍多样性的学术观点，作者向我们全面展现出唐史研究的现状。不仅如此，书末还附有十分翔实的"文献指南"，既可以作为正文内容的进一步拓展，对于国内读者了解日本学界的动态也尤为受用。

《何谓唐代》中译本得以顺利面世，首先感谢我的导师张学锋教授，他的"隋唐考古"课程点燃了我对唐朝最初的兴趣。其次感谢父母和妻子的支持，他们为我从事翻译工作提供了安静舒适的环境。翻译期间有时需要从早晨奋战到深夜，他们分担了本应由我完成的家务，同时给予我精神上的陪伴与鼓励。最后，感谢浙江人民出版社李信先生的信任交托和大力支持。为了最大限度保留原书的魅力，当我埋头翻译之时，李信先生已经委托专业机构完成了书中地图的重绘。得益于此，本次原书中的历史地图全部得以保留。

蓦然回首，今年已经是硕士毕业后的第十个年头。虽然顺利完成了在职博士的学业，但始终没能成为学界的正规军，长期在圈子边缘踯躅徘徊。冯唐易老，李广难封，每当失落和不甘萦绕心头之时，十年间完成的译著是我为数不多的慰藉。倘若这些努力能够为中日学术交流提供一点助力，那么十年的光阴也算得上没有虚度吧？

马云超

2024年春，于南京大学